KB042855

포지셔닝

Positioning: The Battle for Your Mind, 20th Anniversary edition

인류 불변의 마케팅 클래식

포지셔닝

을유문화사

포지셔닝

인류 불변의 마케팅 클래식

발행일
2002년 1월 25일 초판 제 1쇄
2006년 7월 15일 초판 제19쇄
2006년 11월 30일 20주년 기념판 제 1쇄
2020년 9월 5일 20주년 기념판 제42쇄
2021년 3월 30일 40주년 기념판 제 1쇄
2024년 10월 30일 40주년 기념판 제13쇄

지은이 | 잭 트라우트, 앨 리스
옮긴이 | 안진환
펴낸이 | 정무영, 정상준
펴낸곳 | (주)을유문화사

창립일 | 1945년 12월 1일
주 소 | 서울시 마포구 서교동 469-48
전 화 | 02-733-8153
팩 스 | 02-732-9154
홈페이지 | www.eulyoo.co.kr
ISBN 978-89-324-7440-3 03320

옮긴이의 말

포지셔닝에서 이미 승패는 결정 난다

세월이 아무리 흘러도 변하지 않을 진리 하나는, 사업이든 정치든 혼자 하는 것이 아니라는 사실이다. 결국 타인의 물리적·정신적 도움 없이는 아무것도 이룰 수 없는 게 우리네 인생살이다. 그런 점에서 '성공'이라는 부푼 꿈을 실현하기 위해 오늘도 힘차게 매진하고 있는 현대인들에게 포지셔닝 이론이 시사하는 바는 생각보다 크다.

나의 제품은, 나의 서비스는, 나아가 나 자신은 과연 잠재 고객이나 타인의 마인드에 어떤 포지션을 점유하고 있는가? 또는 어떤 포지션을 점유해야 바람직한가? 어째서 나의 제품이나 나의 서비스, 나 자신에 대한 타인의 인식은 개선되지 않는가? 보다 긍정적이고 보다 높은 포지션을 점유하려면 어떻게 해야 하는가? 혹시 그동안 이런 사항들을 충분히 고려해 보지 않은 채 성공만 꿈꾸며 거듭되는 실패에 낙담한 적은 없는가?

오늘부터는 달라져야 한다. 잠재 고객이나 타인의 마인드에 나의 제품이나 서비스, 나 자신을 어떻게 포지셔닝 하느냐에 따라 이미 승리와 패배가 결정되기 때문이다.

저자 앨 리스와 잭 트라우트는 자신들의 이론을 실천에 옮기며 체험한 업계의 반응 및 성공과 실패를 진솔하게 털어놓는다. 펩시콜라는 어째서 코카콜라와 같은 위치에 오를 수 없는가? GE라는 이니셜은 통해도 RCA라는 이니셜은 통하지 않는 이유가 무엇인가? 포지셔닝 원칙을 거듭 위반하면서도 성공을 이끌어 내는 기업은 어째서 그런가? 캐딜락 세빌의 실패를 점친 저자들의 예언은 어떻게 빗나갔는가? 이 책에는 실제 사례가 제공하는 교훈과 재미가 가득 담겨 있다.

독자 여러분은 말보로 담배와 시바스 리갈, 버거킹, 맥도날드, GM, 프링글스, 버드 라이트 맥주 등의 홍보와 관련된 비화를 저자들 특유의 재치 넘치는 코멘트를 통해 접하며 생생한 흥미를 느낄 수 있을 것이다. 모쪼록 이 책이 여러분 자신과 제품이나 서비스의 포지션을 다시금 점검하는 계기가 되기를 바란다.

2021년 2월

안진환

40주년 기념 서문

지난 74년 동안 한국만큼 거대한 경제적 발전을 이룬 나라는 전 세계 어디에도 없다. 여기서 비교의 기간을 74년으로 특정한 이유는 내가 딱 74년 전에 미군 소속으로 서울에서 1년간 생활해 봤기 때문이다. 이후 지금까지 나는 마케팅 전문가로 경력을 쌓으며 고객을 만나고 강연을 하면서 70여 개 국가를 방문했다.

브라질에서 강연할 때 청중 앞에서 이렇게 말한 적이 있다. "상파울루에 가면 거리 곳곳에서 삼성이나 현대, 기아 같은 한국 브랜드를 알리는 광고판을 볼 수 있습니다. 하지만 서울에 가면 브라질의 브랜드를 알리는 광고판은 전혀 볼 수 없습니다." 세계의 많은 나라가 브라질과 비슷한 상황에 있다. 국내 경제에서는 나름 성공적인 면모를 보이지만 글로벌 시장에서는 취약하기 이를 데 없는 상황 말이다. 한국은 거기에 속하지 않는다.

『포지셔닝』이 처음 출간되고 40년이 흘렀지만, 그 원칙은 여전히 유효하다. 전통적인 마케팅 접근 방식에서는 상품이나 서비스를 보고 어떤 특징과 이점을 전달할 수 있을지 고민한다. 그러나 포지셔닝 접근 방식에서는 잠재 고객이나 가망 고객의 마인드를 들여다보고 어느 부분이 '열려 있는지', 또는 어느 부분을 '열 수 있는지' 파악한다.

한국의 모 기업은 처음에 '가성비 좋은 제품'이라는 '열린' 구멍을 메우며 미국 시장에 진출했다. 그리고 1999년부터 2011년까지 놀라운 성장률을 과시했다. 그러나 이 기업의 성장세는 갑작스럽게 꺾여 2012년부터 2020년까지 9년 동안 기대에 못 미치는 성장률을 기록했다.

그 이유는 무엇일까? 럭셔리 모델로 브랜드를 확장했기 때문이다(이것이 바로 12장에서 설명하고 있는 '라인 확장의 함정'이다). 이러한 실수를 피하려면 포지셔닝 원칙을 알아야 한다.

새로운 한국어판 서문을 의뢰받아 기쁜 마음을 전하며, 한국의 독자 여러분 모두 상황에 맞는 포지셔닝 원칙을 활용해 확고한 성공의 길에 올라서기 바란다.

2021년 봄
저자 앨 리스

세계 각지에서 2위 그룹에 속해 있는
광고 에이전시들에게 이 책을 바친다

일러두기

1. 이 책의 원서는 1981년에 처음 출간되었고, 2001년에 20주년 개정판이 나왔다. 본문 좌우에 배치된 캡션 코멘트들은 2001년 개정판 출간 당시 새롭게 추가된 내용이다. 따라서 본문의 일부 내용은 2021년 현재 상황과 다소 차이가 있을 수 있다.
2. 기업명, 브랜드명, 제품명의 한글 표기는 국립 국어원의 표기 원칙을 기본적으로 따랐으나, 관례로 굳어진 일부 표기는 예외로 두었다.
3. 단행본과 정기 간행물은 『』, 논문·기사·편지 등 짧은 글은 「」, 기타 영화·만화 등의 작품은 〈 〉로 표기했다.

1위가 되길 바라며…

포지셔닝이 큰 성공을 거두며 세계 전역의 광고·마케팅 관계자들의 화두로 자리한 지 오래다. 그러나 그 개념의 성공은 의도치 않았던 결과를 초래했다. 우리 둘(리스와 트라우트)을 광고 비즈니스에서 빠져나와 마케팅 전략 비즈니스에 들어가게 만든 것이다.

고객들은 자신의 광고 에이전시가 '전략적'이기를 원치 않았다. 광고 에이전시가 '창조적'이기만을 원했다. 그러나 포지셔닝에 대해 알고 난 이후 고객들은 직접 포지셔닝 하기를 원하게 되었다. 그래서 우리는 마케팅 전략가가 되었고 결코 뒤를 돌아보지 않았다.

차례

옮긴이의 말 05

40주년 기념 서문 07

들어가며 18

리스와 트라우트가 개발한 '포지셔닝'은 커뮤니케이션 과잉 사회에서 발생하는 커뮤니케이션 문제에 대처할 수 있도록 하는 최초의 개념이다.

01. 포지셔닝이란 무엇인가 26

오늘날 많은 사람이 비즈니스와 정치에서 커뮤니케이션의 역할을 오해한다. 커뮤니케이션 과잉 사회에서 사실은 커뮤니케이션이 제대로 이뤄지지 않고 있는 것이다. 따라서 요즘은 어느 기업이든 잠재 고객의 마인드에 하나의 '포지션'을 반드시 만들어야 하는 상황에 있다. 자기 기업의 강점과 약점은 물론 경쟁 기업들의 강점과 약점도 충분히 고려한 포지션이 필요하다.

02. 마인드에 대한 공격 36

기업도 많고, 상품도 많으며, 마케팅 관련 소음 또한 너무나 많다. 미국의 국민 1인당 광고비 지출은 연간 2백 달러에 이른다.

들어가며

"커뮤니케이션만 원활하게 이루어졌어도……."

이런 진부한 탄식을 얼마나 많이 들어 왔는가? "커뮤니케이션이 원활하게 이루어지지 않았기 때문"이라는 말은 문제가 발생했을 때 사람들이 가장 흔하게, 그러면서도 거의 유일하게 내세우는 이유다.

우리는 사업 문제나 정부 문제, 노동 문제, 결혼 문제 등 인간사의 모든 문제에 커뮤니케이션의 실패를 결부한다.

이러한 태도는 어떻게 설명할 수 있을까? 당사자의 감정을 전하고 이유를 설명할 여유만 있다면, 이 세상 대부분의 문제를 어떻게든 해결할 수 있다고 가정하는 것과 다름없다. 사람들은 당사자들이 마주 앉아 대화를 나누기만 하면 어떠한 문제든 해결할 수 있다고 믿는 것 같다.

과연 그럴까?

오늘날의 커뮤니케이션은 사실 그 자체가 문제다. 우리는 역사상 처음으로 커뮤니케이션 과잉 사회에 들어서 있다. 매년 전달하는 내용은 많아지는 반면 사람들이 수용하는 내용은 줄고 있다.

커뮤니케이션에 대한 새로운 접근 방식

이 책은 '포지셔닝'이라 불리는 커뮤니케이션에 대한 새로운 접근 방식을 다룬다. 그리고 이 책에 소개하는 많은 사례는 커뮤니케이션의 모든 형식 중에 가장 어려운 주제인 '광고'를 주축으로 삼고 있다.

광고는 사실 수용자의 관점에서 볼 때 높이 평가할 수 없는 커뮤니케이션의 한 형식이다. 광고라는 것은 대체로 사람들이 원하거나 좋아하는 것이 아니기 때문이다. 경우에 따라서는 철저한 혐오의 대상이 될 수도 있다.

또한 많은 지식인에게 광고는 영혼을 기업에 팔아넘기는 일, 요컨대 진지하게 연구할 만한 가치가 없는 문제로 치부되기도 한다.

이러한 평판에도 불구하고, 어쩌면 바로 그러한 평판 때문에 광고 분야는 커뮤니케이션의 여러 이론에 대한 훌륭한 시험대가 되기도 한다. 광고 분야에서 효과가 있는 커뮤니케이션 이론이라면 정치나 종교, 혹은 매스 커뮤니케이션을 필요로 하는 그 밖의 모든 활동 영역에서도 그 효과를 볼 수 있기 때문이다.

따라서 정치나 전쟁, 사업 분야는 물론 이성을 구하는 학문에서도 이 책에 인용한 사례들을 엿볼 수 있을 것으로 보인다. 사실 타인의 마인드에 영향을 끼치는 모든 행동 양식이 이 책의 사례로 쓰일 수 있다고 봐도 무방하다. 자동차나 콜라, 컴퓨터를 판매하는 경우, 입후보자를 지지하는 경우, 자신의 경력을 내세우려 하는 경우 등 모든 경우가 해당할 수 있다.

포지셔닝은 광고의 본질을 바꾼 콘셉트다. 그러나 그 콘셉트가 너무나 단순해서 사람들은 보통 그 위력을 이해하지 못하기도 한다.

우리는 — 포지셔닝 콘셉트의 폭발적인 성공에 — 넋을 잃게 되었다. '허위 선전big lie'은 결코 포지셔닝 사고방식의 일부가 아니었다. 한편 워싱턴의 정치 전략가들로부터 포지셔닝 콘셉트에 대해 더 많은 정보를 알려 달라는 전화가 빗발치기 시작했다.

아돌프 히틀러Adolf Hitler도 포지셔닝을 실천한 인물에 속한다. 프록터 앤드 갬블Procter & Gamble이나 성공한 많은 정치가의 경우도 마찬가지다.

포지셔닝의 정의

포지셔닝의 출발점은 상품이다. 하나의 상품이나 하나의 서비스, 하나의 회사, 하나의 단체 또는 한 개인으로부터 시작하는 것이다. 어쩌면 여러분 자신으로부터 시작할 수도 있다.

그러나 포지셔닝은 상품에 대한 어떤 행동을 취하는 것이 아니라, 잠재 고객의 마인드에 어떤 행동을 가하는 것이다. 즉, 잠재 고객의 마인드에 해당 상품의 위치를 잡아 주는 것이다.

> 새롭게 보강한 정의 하나: 포지셔닝은 잠재 고객의 마인드에서 자기 자신을 차별화하는 방식이다.

따라서 이 콘셉트를 '상품 포지셔닝'으로 보는 것은 옳지 않다. 실제로 상품 자체에 어떤 행동을 가하는 것이 아니기 때문이다.

포지셔닝이 어떤 변화를 일으키지 않기 때문에 이렇게 말하는 것은 아니다. 포지셔닝은 변화를 일으킨다. 그러나 이름과 가격, 포장에서 이루어지는 변화, 즉 포지셔닝이 일으키는 변화를 상품 자체에 대한 변화로 볼 수는 없지 않겠는가. 이러한 변화는 기본적으로 잠재 고객의 마인드에 가치 있는 위치를 확보하기 위해 행하는 표면적인 변화에 속한다.

포지셔닝은 또한 커뮤니케이션 과잉 사회에서 잠재 고객을 귀 기울이게 한다는 문제와 씨름하기 위한 최초의 구체적 사유 방식이다.

포지셔닝의 시발점

광고 전문지 『애드버타이징 에이지』의 편집장 랜스 크레인의 개인적인 관심 덕에, 우리가 기고한 '포지셔닝'에 대한 시리즈가 3회(1972년 4월 24일자, 5월 1일자, 5월 8일자 발행본)에 걸쳐 잡지에 실렸다. 이 시리즈 연재가 그 어떤 단일 사건보다 더 크게 포지셔닝 콘셉트를 유명하게 만들지 않았나 생각한다. 또한 이 일은 우리에게 대중성의 위력에 대한 깊은 인상을 남겼다.

지난 10년 동안 광고계에 획을 그은 한 단어를 말하라면, 그것은 바로 '포지셔닝'이다.

포지셔닝은 광고와 판매, 마케팅에 종사하는 사람들 사이에서 폭발적인 인기를 누리며 전문 용어로 자리 잡았다. 미국뿐 아니라 전 세계에서 말이다.

대부분의 사람들은 우리가 『애드버타이징 에이지Advertising Age』라는 전문 잡지에 「포지셔닝 시대The Positioning Era」라는 시리즈 논문을 게재한 1972년을 포지셔닝 콘셉트의 원년으로 본다.

이후 우리는 전 세계 16개국을 돌며 광고업체 및 관계자들을 대상으로 '포지셔닝' 강연을 5백 회 이상 가졌다. 이와 동시에 우리는 『애드버타이징 에이지』 기사를 '오렌지색 소책자'로 만들어 12만 부 이상 배포했다.

이렇게 출발한 '포지셔닝'은 이후 광고라는 게임 방식을 바꿔 놓기 시작해 오늘날과 같은 광고에 이르게 했다.

불행히도 오늘날에는 '포지셔닝'보다 '모호함'이 만연하고 있다.

"우리 제품은 미국에서 세 번째로 잘 팔리는 커피입니다." 상카Sanka의 라디오 광고다.

세 번째라니? '최초'나 '최고', '제일'에 연연하던 옛 시절 광고 카피는 어떻게 된 거지?

그렇다. 광고만 내면 물건이 팔리던 옛 시절은 영원히 가 버렸고, 아울러 그 시절에 쓰이던 광고 카피들도 사라져 버렸다. 이렇게 오늘날에는 최상급이 아니라 비교급이 쓰이는 것이다.

Avis is only No.2
in rent a cars.
So why go with us?
We try damned hard.
(When you're not the biggest, you have to.)
We just can't afford dirty ashtrays. Or half-empty gas tanks. Or worn wipers. Or unwashed cars. Or low tires. Or anything less than seat-adjusters that adjust. Heaters that heat. Defrosters that defrost.
Obviously, the thing we try hardest for is just to be nice. To start you out right with a new car, like a lively, super-torque Ford, and a pleasant smile. To know, say, where you get a good pastrami sandwich in Duluth.
Why?
Because we can't afford to take you for granted.
Go with us next time.
The line at our counter is shorter.

광고사에서 가장 유명한 끝맺음 카피 가운데 하나를 담고 있는 에이비스의 최초 포지셔닝 광고: "우리 카운터 앞의 줄은 더 짧습니다."

"에이비스Avis는 렌터카업계에서 2위에 불과합니다. 그런데 고객은 어째서 우리를 이용할까요? 우리가 더 열심히 일하기 때문입니다."

"허니웰Honeywell, 또 다른 컴퓨터 회사."

"세븐업Seven-up: 절대 콜라가 아닙니다."

매디슨 애비뉴Madison Avenue(유수의 광고 에이전시가 밀집해 있는 미국 뉴욕의 거리 이름 – 역주)에서는 이것들을 '포지셔닝 슬로건'이라고 부른다.

또한 이런 포지셔닝 슬로건을 작성하는 광고 종사자들은 시간과 연구비를 들여 시장에서의 포지션이나 틈새를 찾는 데 매진하고 있다.

그러나 포지셔닝은 이제 매디슨 애비뉴만의 관심사가 아니다. 물론 그럴 만한 이유가 있다.

누구든 포지셔닝 전략을 활용해 인생이라는 게임에서 앞서 갈 수 있다.

이 점을 생각해 보라. 당신이 포지셔닝 원칙들을 이해하거나 활용하지 않는 이 순간, 당신의 경쟁자는 분명 그렇게 하고 있을 것이다.

01 포지셔닝이란 무엇인가

어떻게 해서 포지셔닝과 같은 '적극적인 판매' 콘셉트가 창의성을 내세우는 비즈니스에서 이처럼 인기를 끌게 된 것일까?

사실 지난 10년의 세월은 '현실로의 복귀'가 특징이다. 예컨대 밀러Miller의 라이트 맥주Lite Beer의 경우, 백기사와 까만 안대를 쓴 해적이 "당신이 좋은 맥주에서 원했던 모든 것, 저칼로리!" 라는 포지셔닝 콘셉트에 자리를 내주었다.

포지셔닝 슬로건을 정하는 데에는 시적인 것도 괜찮고, 예술적인 것도 나쁘지 않다. 하지만 가장 중요한 것은 기본적인 포지셔닝 전제에 대한 명확하고 직접적인 정의의 설명이다.

오늘날 성공을 하려면 현실에 토대를 두어야 한다. 그리고 잊지 말아야 할 중요한 사실은, '현실'은 이미 잠재 고객의 마인드에 들어 있다는 점이다.

창조적이 되는 것, 즉 기존의 마인드에 없는 어떤 새로운 것을 만드는 일은 과거에 비해 점점 어려워지고 있다. 하지만 전혀 불가능한 것도 아니다.

우선 포지셔닝의 기본 접근 방식을 알아야 한다. 그것은 뭔가 다르고 뭔가 새로운 것을 만들어 내는 게 아니다. 이미 마인드에 들어 있는 내용을 조작하고, 기존의 연결 고리를 다시 엮는 것이다.

과거에 효과적이었던 전략이라고 해서 오늘날의 시장에서도 효과적일 수는 없다. 기업도 많아졌고, 상품도 많아졌으며, 마케팅 관련 소음 또한 너무나 많아졌기 때문이다.

'너무나 많다'는 게 진정으로 무엇을 의미하는지 우리는 잘 몰랐었다. 현재 미국의 일반 슈퍼마켓은 4만 개에 달하는 재고 관리 단위를 갖고 있다.

사람들이 우리에게 가장 많이 묻는 질문은 '왜 그런가?'이다. 광고와 마케팅에 왜 새로운 방법이 필요한 것일까?

커뮤니케이션 과잉 사회

1인당 연간 광고비 2백 달러는 광고에 대한 포괄적 정의에 기초해 산출한 수치다. 만약 그 기준을 '미디어 지출'로 잡는다면, 1972년 광고비는 110달러 선이고 오늘날은 880달러 선에 이른다. 지금 우리는 커뮤니케이션 과잉 사회에 살고 있지만, 개선될 기미는 전혀 보이지 않는다.

위의 질문에 대한 대답은 우리가 커뮤니케이션 과잉 사회에 살고 있기 때문이라는 것이다. 오늘날 미국의 인구 1인당 광고비는 대략 연간 2백 달러 선이다.

만일 광고에 연간 1백만 달러를 쓴다면, 이는 소비자 1인당 0.5센트도 안 되는 광고비로 공략한다는 뜻인데, 이 비용은 다시 365일로 분산된다. 게다가 소비자는 이미 2백 달러 어치의 다른 광고들을 접하고 있다(연간 1백만 달러의 광고비를 쓴다 해도 그것은 2백 달러 대비 0.5센트, 즉 전체 광고 물량의 20만분의 5 정도 밖에 차지하지 못한다는 의미다-역주).

이렇게 커뮤니케이션 과잉 현상이 빚어지고 있는 사회에서 광고의 '영향'을 언급하는 것은 메시지의 잠재적 효과를 지나치게 과장하는 것과 다를 바 없다. 이는 시장의 현실과는 아무런 관계가 없는 자기중심적 관점에 불과할 뿐이다.

이처럼 거칠고 험한 커뮤니케이션 정글 속에서 큰 점수를 얻을 수 있는 유일한 희망은 대상을 세분화하여 목표를 선별한 후 거기에 집중하는 것이다. 한마디로 '포지셔닝'을 해야 하는 것이다.

오늘날과 같은 방대한 커뮤니케이션 사회를 살아가는 사람들은 공급 과잉에 대한 방어 수단으로, 주어지는 정보량의 상당 부분을 정화해 이전의 지식이나 경험에 부합되는 정보만 수용하는 경향이 있다.

지금까지 광고를 통해 사람들의 생각을 바꿔 보려는 시도에 얼마나 많은 돈이 허비되었던가. 일단 어떤 생각이 머릿속에 자리하게 되면 그것을 바꾸기란 너무나 어려운 일이다. 더욱이 광고와 같은 미약한 힘으로는 불가능한 일이다. '그런 얘기로 나를 혼란스럽게 하지 마. 내 마음은 이미 정해졌어.' 이것이 대부분의 사람이 살아가는 방식이다.

인간의 마인드를 바꾸려는 어리석은 짓이 포지셔닝 콘셉트에서 가장 중요한 교리가 되어 버렸다. 이것이 아마도 마케팅 종사자들이 가장 많이 위반하는 원칙일 것이다. 문자 그대로 매일 수백만 달러가 잠재 고객의 마인드를 바꾸려는 기업들의 헛된 시도로 낭비되고 있다.

보통 사람들은 대부분 자신이 모르는 이야기는 잠자코 들을 수 있다(바로 이것이 '뉴스'가 효과적인 광고 방법에 속하는 이유다). 그러나 자신이 틀렸다는 말에는 참으려 하지 않는다. 마인드를 바꾸려는 광고가 불행으로 직결되는 이유가 여기에 있다.

극도로 단순화한 마인드

커뮤니케이션 과잉 사회에서 일반인이 취하는 유일한 방어 수단은 마인드를 단순화하는 것이다.

하루 24시간밖에 없다는 자연의 법칙이 바뀌지 않는 한, 사람들은 결코 머릿속에 더 많은 내용을 집어넣을 방법을 찾지 않을 것이다.

일반적으로 사람의 마인드는 물에 푹 젖은 스펀지와 같아서 이미 들어 있는 내용을 없애지 않고서는 새로운 정보를 흡수할 수 없다. 그런데 우리는 이미 포화 상태인 그 스펀지에 더 많은 정보를 계속 쏟아부으면서 메시지가 전달되지 않는다고 실망하는 것이다.

물론 광고는 커뮤니케이션이라는 빙산의 일각에 불과하다. 우리는 매우 폭넓고 다양한 방법으로 커뮤니케이션을 한다. 그리고 그 방법의 종류는 기하급수적으로 증가하고 있다.

매체는 그 자체로 메시지가 될 수는 없지만, 메시지에 막대한 영향을 미친다. 이는 매체가 전달 체계의 역할뿐 아니라 일종의 필터 역할도 하기 때문이다. 그래서 본래의 내용 중에서 극히 일부만이 수신자의 마인드에 도달한다.

게다가 메시지 수신자가 받는 내용은 커뮤니케이션 과잉 사회의 특성에서도 영향을 받는다. '겉만 번지르르한 일반성'이 커뮤니케이션 과잉 사회의 생활 양식으로 자리한 것이다. 그런 겉치장이 무리 없이 통용된다는 것은 말할 필요도 없다.

또한 기술적으로 우리는 커뮤니케이션의 양을 현재보다 적어도 열 배 이상 증대할 수 있다. 이미 우리는 위성에서 직접 텔레비전 방송을 수신하며 대략 50개 이상의 채널을 즐기는 시대를 이야기하고 있다.

이미 우리는 위성에서 직접 텔레비전 방송을 수신하며 약 50개 이상의 채널을 즐기는 시대에 살고 있다. 머지않은 미래에 수신 가능한 채널은 5백 개로 늘어난다고 한다. 기술적으로 가능하다는 이야기로 생각하고 싶다. 시청자들이 주로 선택하는 채널이 평균 대여섯 개에 불과한 마당에 채널을 과연 5백 개나 만들 필요가 있을까?

그뿐이 아니다. 최근 텍사스 인스트루먼츠Texas Instruments는 칩 하나에 9만 2천 비트의 정보를 저장할 수 있는 '자기 거품magnetic bubble' 메모리 장치를 개발했다고 발표했다.

굉장한 일이다. 그러나 우리의 머리를 위한 '자기 거품'은 누가 만들어 줄까? 누가 오늘날의 이 복잡한 문제에 대처하도록 잠재 고객들을 돕기 위해 애쓰고 있을까? 넘쳐 나는 정보에 사람들은 어떻게 반응할까? 더 이상 견디지 못하고 정보의 유입 밸브를 잠가 버리지는 않을까? 그렇게 마음껏 이용할 수 있는 정보를 가능하면 적게 받아들이려고 애쓰지 않을까?

커뮤니케이션 자체가 커뮤니케이션의 문제라 하겠다.

극도로 단순화한 메시지

커뮤니케이션 과잉 사회에서 취해야 할 최선책은 메시지를 극도로 단순화하는 것이다.

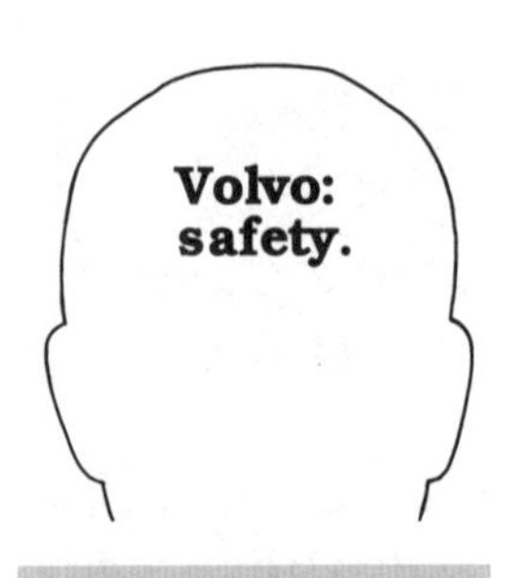

극도로 단순화한 메시지에 대한 포지셔닝 콘셉트는 이후 우리의 '한 단어 주입' 이론으로 발전했다. 그에 따라 볼보Volvo는 'safety(안전성)'를, BMW는 'driving(주행감)'을, 페덱스FedEx는 'overnight(하룻밤에)'를, 크레스트Crest는 'cavrties(구강)'를 주입했다.

건축술에서와 마찬가지로 커뮤니케이션에서도 적은 것이 좋다. 마인드에 파고들기 위해서는 메시지를 날카롭게 갈아야 한다. 즉, 애매하거나 불필요한 것을 없애야 한다. 나아가 되도록 오랫동안 기억에 남을 수 있으려면 조금 더 단순화해야 한다.

커뮤니케이션에 의존해 먹고사는 사람들은 극도로 단순화해야 할 필요성을 잘 알고 있다.

가령 당신에게 선거 운동을 맡긴 정치가와 만나고 있다고 치자. 만난 지 5분도 지나지 않아 당신은 일반 유권자들이 다음 5년 동안 그 정치가에 대해 알게 될 내용보다 훨씬 더 많은 것을 알게 될 것이다.

당신이 아무리 그 후보에 관해 이야기한다 해도, 사실 유권자의 마인드에 남는 내용은 거의 없다. 따라서 당신은 일반적 의미의 '커뮤니케이션'을 해서는 안 된다.

당신이 할 일은 선별이다. 당신은 그 후보에 관한 내용 가운데 유권자의 마인드에 가장 쉽게 인식될 수 있는 최선의 소재를 선별해야 한다.

일단 마인드에 한 단어를 주입하고 나면 계속 활용해야 한다. 상실하지 않으려면 말이다.

메시지가 제대로 전달되는 것을 방해하는 장애물은 커뮤니케이션의 양이다. 이 문제의 본질을 올바르게 이해할 때 자연히 그 해결책도 알 수 있다.

정치 후보나 상품, 자기 자신의 장점을 전달하고자 할 때에는 안과 밖을 바꿔 놓아야 한다.

상품 자체나 당신 자신의 마인드에서 해결책을 찾지 말고, 잠재 고객의 마인드에서 문제의 해결책을 찾아야 한다는 의미다.

다시 말해, 메시지 가운데 극히 일부만이 전달되므로 발신자보다는 수신자의 측면에 집중해야 한다. 요컨대 잠재 고객의 인식에 집중해야지, 상품이라는 실체에 집중해서는 안 된다.

존 린지John Lindsay(1921~2000. 미국의 정치인 겸 변호사-역주)는 이렇게 말한 바 있다. "정치에서는 인식이 현실이다." 이는 광고에서도 그렇고, 비즈니스에서도 그러하며, 인생에서도 마찬가지다.

그렇다면 진실은 어떻게 될까? 실제적 상황의 사실들은 어떻게 되는 것일까?

그런데 진실이란 과연 무엇일까? 또 객관적 현실이란 무엇일까? 사람들은 대부분 자신만이 보편적 진리에 이르는 열쇠를 쥐고 있다고 직관적으로 믿는 경향이 있다. 그러나 우리가 진실을 이야기한다고 할 때 우리가 이야기하는 진실은 과연 무엇인가? 안쪽에서 보는 관점인가, 아니면 바깥쪽에서 보는 관점인가?

Restructure perceptions.

진실은 무의미하다. 중요한 것은 마인드에 존재하는 인식이다. 포지셔닝 사고방식의 핵심은 인식을 현실로 받아들이고 그러한 인식을 재구성해 원하는 포지션을 창출하는 것이다. 나중에 우리는 이 과정을 '밖에서 안으로 보는' 사고방식으로 정의했다.

여기에는 큰 차이가 있다. 다른 시대에 쓰였던 말을 인용하자면 '고객이 언제나 옳다'라는 말을 신봉하라는 것이다. 이 말을 확대해 보면 상품을 팔려는 사람, 또는 커뮤니케이션을 전달하려는 쪽이 언제나 옳지 않다는 말이 된다.

발신자가 옳지 않고 수신자가 옳다는 전제를 인정하라는 것이 어쩌면 냉소적으로 들릴지도 모르겠다. 하지만 다른 대안은 없다. 타인의 마인드에 당신의 메시지를 심으려 한다면 말이다.

더욱이 안에서 내다보는 관점이 밖에서 들여다보는 관점보다 언제나 더 정확하다고 어느 누가 단언할 수 있겠는가?

심리학 연구는 마인드의 작용 방식을 이해하는 데 매우 유용하다. 광고란 한마디로 '심리학 실습'이다.

관점을 뒤바꾸고 상품보다는 잠재 고객에 초점을 맞춤으로써, 당신은 선별 과정을 단순화하는 동시에 커뮤니케이션 효과를 크게 높일 여러 원칙과 콘셉트를 배울 수 있을 것이다.

02 마인드에 대한 공격

현대인들은 '커뮤니케이션'이라는 콘셉트에 푹 빠져 있다(심지어 어느 진보적인 초등학교에서는 '발표 시간'을 '커뮤니케이션 시간'으로 부른다). 그러나 그런 현대인들이 커뮤니케이션 과잉 사회의 폐단을 늘 인식하며 살아가는 것은 아니다.

커뮤니케이션에서 지나침은 모자람과 같다. 사업이나 사회에서 일어나는 많은 문제를 풀기 위해 커뮤니케이션을 지나치게 이용한 결과, 우리의 채널은 포화 상태가 되어 버렸다. 실제로 모든 메시지 가운데 극히 일부만이 수용되고 있고, 언제나 가장 중요한 메시지가 수용되는 것도 아니다.

전달의 체증 현상

광고를 예로 들어 보자. 전 세계 인구의 불과 6퍼센트밖에 안 되는 미국인이 전 세계 광고의 57퍼센트를 차지하고 있다. (사람들은 미국의 에너지 소비량이 엄청나다고 생각한다. 사실 미국인은 전 세계 에너지의 33퍼센트를 소비할 뿐이다.)

물론 광고는 커뮤니케이션이라는 거대한 물줄기를 이루는 작은 수로에 불과하다.

지난 20년간 가장 주목할 만한 발전 가운데 하나는 마케팅 사고방식의 전 세계적 확산이다. 현재 개도국 가운데 상당수의 광고 규모가 미국 수준에 육박하고 있다. 오늘날 세계 시장에서 미국의 광고가 차지하는 규모는 20년 전의 57퍼센트에 비해 상대적으로 많이 줄어든 3분의 1 이하다.

오늘날 책 출간 부수는 하루 1천 권이다. 미 의회 도서관에만 매해 30만 권의 책이 추가되고 있다.

이번에는 책을 예로 들어보자. 미국에서는 매년 약 3만 권의 책이 출간된다.

출간 부수만 놓고 보면 별것 아니라고 생각할 수도 있지만, 한 해에 출간된 책을 모두 읽을 경우 하루 24시간 책만 읽는다 해도 17년이 걸린다는 점을 생각해 보면 결코 만만한 양이 아니다.

어느 누가 해마다 쏟아져 나오는 모든 책을 읽을 수 있겠는가? 신문의 경우를 살펴보자. 매년 미국의 신문사들은 1천만 톤 이상의 신문 용지를 사용한다. 이는 곧 일반인 1인당 매년 43킬로그램의 신문 용지를 소비한다는 의미다(대략 미국인의 연간 쇠고기 소비량과 같다).

Internet
Television
Radio
Magazines
Newspaper
Books

각각의 새로운 매체는 기존 매체를 대체하지 못했다. 오히려 각 매체는 기존의 모든 매체에 변화와 변경을 초래했다. 라디오는 오락 매체였다. 그러나 오늘날 라디오는 뉴스와 음악, 토크쇼 매체다. 휴스턴에만 185개의 라디오 채널이 있으며, 미국 전역의 라디오 방송국 수는 현재 12,458개에 달한다. 사람들의 마인드에 대한 이러한 커뮤니케이션의 공격이 앞으로 완화될 기미는 전혀 보이지 않는다. 『뉴욕 타임스』의 일요판은 여전히 약 50만 개의 단어를 수록하고 있다.

과연 보통 사람이 이 모든 정보를 소화할 수 있을까, 하는 의문이 생기지 않을 수 없다. 『뉴욕 타임스New York Times』 같은 대도시 신문의 일요판은 대략 50만 단어를 수록한다. 이것을 전부 읽으려면 평균 독서 속도인 분당 3백 단어로 읽을 때 약 28시간이 걸린다. 일요판 신문 하나를 다 읽으려고 마음먹는다면 일요일 하루뿐 아니라 한 주 내내 피로에 시달리게 된다는 의미다.

그렇다면 전달되는 양은 과연 얼마나 될까?

이제 텔레비전을 예로 들어보자. 텔레비전은 반세기에 가까운 역사를 자랑한다. 그러나 기존의 그 어떤 매체보다도 강력하고 침투력이 높은 텔레비전도 라디오나 신문, 잡지를 대체하지는 못했다. 오히려 이 세 가지의 오래된 매체들은 예전보다 더 크고 강력해지기만 했다.

결국 텔레비전은 부가적인 매체가 된 셈이다. 그런데 그 텔레비전에 의해 추가되는 커뮤니케이션의 양은 상상을 초월한다.

미국 가정의 98퍼센트가 적어도 1대 이상의 텔레비전 수상기를 보유하고 있다(6분의 1은 2대 이상을 보유하고 있다).

텔레비전을 보유한 전체 가정의 96퍼센트는 4개 이상의 방송을 수신할 수 있다(6분의 1은 10개 이상의 방송을 수신할 수 있다).

미국의 일반 가정에서 텔레비전을 보는 시간은 하루 평균 7시간 22 분이다(이는 일주일에 51시간이 넘는 양이다).

영화와 마찬가지로 텔레비전에 나타나는 영상도 초당 30회의 속도로 바뀌는 정지 화면이다. 미국의 일반 가정은 하루 79만 5천 장의 정지 화면에 노출되고 있는 셈이다.

영상의 양만 엄청난 게 아니다. 우리는 엄청난 양의 종이도 일상적으로 접하고 있다. 사무실 한 구석에 놓인 복사기를 예로 들어 보자. 미국 회사들이 현재 보유하고 있는 서류의 양은 대략 3,240억 장에 달하고, 여기에 매년 720억 장이 추가된다(서류를 복사하는 데 드는 비용만 매년 40억 달러 수준이다).

미국 국방성 청사 여기저기에 놓인 복사기들은 매일같이 국방성 전체에 배포할 35만 장의 서류를 토해 내는데, 이는 두툼한 소설책 1천 권에 해당하는 분량이다.

PC의 급격한 이용 증가에도 불구하고 우리는 여전히 종이에 파묻혀 산다. 사무 근로자 1인당 연간 종이 사용량은 113킬로그램에 달한다. '종이 없는 사무실'은 아직도 먼 이야기 같다.

몽고메리Bernard Law Montgomery(1887~1976. 영국의 군인-역주) 원수는 이렇게 말한 바 있다. "제2차 세계 대전은 교전국들의 종이가 바닥나면 끝날 것이다."

포장지는 또 어떠한가. 아침 식사용 227그램짜리 시리얼 포장에는 1,268단어에 달하는 광고 카피가 적혀 있다. 이와 더불어 영양에 관한 무료 소책자가 제공된다(여기엔 약 3천2백 단어가 적혀 있다).

사람들의 마인드에 대한 공격은 그야말로 다양한 방식으로 이루어지고 있다. 미국 의회는 매년 약 5백 개의 법안을 통과시킨다(끔찍한 분량이다). 여기에다 감독관청들이 매년 약 1만 개의 새로운 법률과 법규를 공포한다.

미 연방 법전은 현재 8만 페이지에 달하고, 매년 5천 쪽씩 추가되고 있다.

국가 차원에서는 매년 25만 건의 법안이 상정되고, 이 가운데 약 2만 5천 건이 입법 기관을 통과하여 법률의 미로 속으로 사라진다.

물론 법을 몰라서 범법을 했다는 변명은 통하지 않지만, 이쯤 되면 입법자들조차 자신들이 만든 법을 모른다 해도 이해할 만하다. 이렇게 입법자들은 우리가 도저히 따라잡을 수 없을 만큼 많은 법률을 계속해서 통과시키고 있다. 설령 따라잡을 수 있다고 해도 하나의 법률이 다른 주에서 어떻게 다르게 적용되는지 그것까지 세세히 기억할 미국인은 거의 없을 것이다.

홍수처럼 감당할 수 없을 정도로 쏟아지는 이러한 커뮤니케이션을 과연 누가 읽고 보고 들을 수 있단 말인가?

이렇게 마인드의 고속도로에서는 체증 현상이 일어나고 있다. 엔진은 과열되고, 곧 울화가 치밀게 마련이다.

브라운, 코널리, 쉐보레

캘리포니아 주지사를 역임한 제리 브라운Jerry Brown을 얼마나 알고 있는가? 미국 사람 대부분이 알고 있는 사항은 다음 네 가지뿐이다. (1) 젊다. (2) 잘생겼다. (3) 팝 가수 린다 론스태드Linda Ronstadt와 사귀었다. (4) '작은 정부' 옹호론자다.

언론지상에서 소개하는 캘리포니아 주지사에 대한 정보로는 충분하지 않다. 브라운은 한 해에 자기 자선에 대한 책을 네 권이나 출간한 인물이기도 하다.

20년이 지나면서 사람들은 제리 브라운에 대해서 한 가지 사실을 더 알게 되었을 뿐이다. 그가 캘리포니아주 오클랜드의 시장까지 역임했다는 사실 말이다.

사실 미국인들은 자신이 거주하는 주 외의 주지사에 대해서는 이름도 모르는 경우가 많다.

1980년 대통령 선거인 예비 선거에서 텍사스주의 존 코널리John Connally는 1천1백만 달러를 소비하고도 대의원은 한 명밖에 확보하지 못했다. 상대적으로 덜 알려진 존 앤더슨John Anderson

이나 조지 부시George Bush가 수백 명의 대의원을 확보했는데 말이다.

코널리의 문제점은 무엇이었을까? 그는 자동차 판매상으로 아주 널리 알려져 있었다. 그의 선거 운동에 참여했던 한 전략가는 이렇게 말했다. "그러한 인식이 너무 깊어서 우리는 그것을 도저히 바꿀 수 없었다."

커뮤니케이션 과잉 사회에서는 커뮤니케이션 자체에 어려움이 따른다. 그래서 오히려 커뮤니케이션이 일어나지 않을 때 상황이 좋아지는 경우가 종종 있다. 적어도 장기적으로 스스로를 포지셔닝 할 준비를 하기 전까지는 말이다. 첫인상을 만들 기회는 한 번만 오는 법이다.

Camaro
Cavalier
Corvette
Impala
Lumina
Malibu
Metro
Monte Carlo
Prizm

2000년에 나온 위의 9가지 모델은 1972년의 10가지 모델과 큰 차이 없이 잠재 고객의 마인드에 파고들지 못하고 있다. 여기서 초래되는 혼동이 바로 쉐보레가 포드Ford를 따라잡지 못하는 이유다.

다음에 제시하는 이름들은 당신에게 무엇을 의미하는가? 카마로, 카프리스, 쉐베트, 콩쿠르, 코르벳, 임팔라, 말리부, 몬테카를로, 몬자, 베가.

자동차 이름들이다. 짐작이 맞았는가? 그런데 이 이름들이 모두 쉐보레Chevrolet의 모델명이라는 사실은 알고 있었는가?

쉐보레는 최근 전 세계에서 가장 많이 광고되고 있는 상품 가운데 하나다. 최근 제너럴 모터스General Motors는 미국에서 쉐보레를 판촉하는 데 무려 1억 3천만 달러를 썼다. 이 금액은 하루에 35만 6천 달러, 1시간에 1만 5천 달러에 해당하는 액수다.

그런데 소비자들이 쉐보레에 대해 알고 있는 것은 무엇인가? 쉐보레의 엔진, 트랜스미션, 타이어에 대해 알고 있는가? 시트와 천, 핸들에 대해서 알고 있는가?

솔직하게 이야기해 보자. 당신은 얼마나 많은 쉐보레 모델을 알고 있는가? 그리고 그 모델들의 차이점도 알고 있는가?

바람직한 쉐보레 광고를 구상해 보자.

"야구와 핫도그, 애플파이, 그리고 쉐보레."

커뮤니케이션 과잉 사회의 문제를 해결할 수 있는 유일한 해답은 바로 이러한 포지셔닝이다. 잠재 고객의 마인드에 일어나는 체증 현상을 뚫고 들어가려면 지나치다 싶을 만큼 단순화한 접근 방식을 써야 한다.

이 책에서 제시하는 바가 충격적이거나 비도덕적으로 비쳐질 수도 있다(다행히도 불법적이거나 비효과적이지는 않다). 다시 한 번 강조하지만, 전달 체증을 뚫으려면 매디슨 애비뉴의 기술을 활용해야 한다.

현재 미국의 직장인 중 거의 절반은 정보 업무에 종사하고 있다. 사실상 어느 누구도 커뮤니케이션 과잉 사회에 깊이 관여하여 생기는 결과에 영향 받지 않을 사람은 없다.

또한 가정에서나 직장에서나 누구든 매디슨 애비뉴의 교훈을 익히면 분명히 얻는 게 있을 것이다.

매체 폭발

아무도 미래를 알 수는 없다. 매체 목록에 인터넷이 추가되었다. 우리는 인터넷이 우리의 삶에 가장 지대한 영향을 끼치는 가장 거대한 매체가 되리라 확신한다.

메시지가 자취를 감추는 또 하나의 이유는, 인간이 커뮤니케이션 욕구를 충족하기 위해 만든 수많은 매체 때문이다.

상업 텔레비전, 케이블 텔레비전, 유료 텔레비전 등 다양한 텔레비전이 있다.

라디오에는 AM과 FM이 있다.

옥외 광고에는 포스터, 간판 등이 있다.

신문에는 조간, 석간, 일간, 주간, 일요판 등이 있다.

잡지에는 대중지, 고급지, 전문지, 비즈니스지, 업계지 등이 있다. 여기에 버스와 트럭, 전차, 지하철, 택시 등이 가세한다. 말하자면 오늘날에는 움직이는 것은 무엇이든 '스폰서의 메시지'를 실어 나른다고 해도 과언이 아니다.

오늘날 공중 화장실 문에도 광고판이 있다.

사람의 몸조차도 아디다스Adidas나 구찌Gucci, 푸치Pucci, 글로리아 반더빌트Gloria Vanderbilt 같은 상품의 걸어 다니는 간판 역할을 하고 있지 않은가.

다시 광고를 예로 들어 보자. 제2차 세계 대전 직후, 미국의 1인당 광고비는 연 25달러였다. 오늘날에는 그 여덟 배가 되었다(어느 정도는 물가 상승률에 의한 증가분으로 볼 수 있지만, 실질적인 광고량도 확실히 증가했다).

그렇다면 당신은 자신이 구입하는 상품에 대해 제2차 세계 대전 직후보다 여덟 배 더 상세히 알고 있는가? 이전보다 많은 광고를 접하고 있다 하더라도, 당신의 마인드는 이전이나 지금이나 일정량의 정보만 흡수할 수 있다. 광고를 접하는 양은 크게 증가한 반면, 광고로부터 받아들이는 정보량은 예전과 별 차이가 없는 것이다. 소비자가 광고로부터 받아들이는 양에는 일정한 한계가 있고, 광고는 1인당 광고비 연 25달러 시절에 이미 그 한계를 넘어섰다. 다시 말해 사람들의 0.9리터짜리 뇌의 용량은 그 정도밖에 수용할 수 없다.

상품 개발: 29퍼센트
전략 기획: 27퍼센트
홍보: 16퍼센트
연구 개발: 14퍼센트
재정 전략: 14퍼센트
광고: 10퍼센트
법률 비용: 3퍼센트

광고량의 급속한 성장 결과로, 광고 효율성은 떨어지고 홍보를 마케팅 도구로 이용하는 추세는 늘어났다. 최근 미국광고연합이 1천8백 명의 간부 사원들을 대상으로 실시한 직무별 중요도 인식에 관한 설문 조사는 홍보가 광고보다 높이 평가되고 있음을 보여 준다.

1인당 2백 달러라는 수준에서 본다면, 미국의 일반 소비자는 캐나다인에 비해 이미 연간 2배나 많은 메시지를 접하고 있는 셈이다. 이는 영국인의 4배, 프랑스인의 5배에 해당하는 양이다.

얼마의 비용을 쏟아붓든 그것은 광고주의 마음이다. 우리가 광고주의 재정 능력까지 걱정할 필요는 없지만, 그러한 광고들을 흡수하는 잠재 고객의 정신 능력에 대해서는 다소 의문을 가질 수밖에 없다.

매일 수많은 광고 메시지가 소비자의 마인드에 파고들기 위해 치열한 경쟁을 벌이고 있다. 그 결과 사람들의 마인드는 전쟁터가 되어 버렸다. 15센티미터 폭의 두뇌 속에서 광고 전쟁이 벌어지고 있는 것이다. 그리고 그 전쟁은 너무도 치열해서 기다려 주지도 않고, 용서하는 일도 없다.

광고는 실패하면 비싼 대가를 치러야 하는 잔인한 비즈니스다. 그러나 그러한 광고 전쟁에서 커뮤니케이션 과잉 사회에 대처하는 데 도움이 될 원칙들이 개발되었다.

상품 폭발

20년의 세월이 흐르면서 슈퍼마켓은 더욱 비대해졌다. 2001년 현재 일반 슈퍼마켓에서는 평균 4만 개의 품목 혹은 브랜드를 진열하고 있다. 이 수치를 일반인들이 보통 사용하는 어휘 수와 비교해 보라. 대략 8천 단어 수준이다.

메시지를 미아로 만드는 또 다른 원인은 우리가 정신적·육체적 욕구를 충족하기 위해 개발해 온 엄청난 수의 상품들 때문이다.

식품의 경우를 예로 들어 보자. 미국의 슈퍼마켓은 1981년 평균 약 1만 품목의 상품 또는 브랜드를 진열하고 있다. 소비자들은 그 많은 상품 사이에서 어떤 상품을 선택해야 할지 고민스럽다. 지금 이 순간에도 상품 수는 헤아릴 수 없을 만큼 늘고 있다. 유럽에는 이미 일반 슈퍼마켓보다 제품도 장소도 몇 배나 큰 슈퍼마켓(하이퍼마켓으로, 대략 3만~5만 가지 품목을 진열한다)이 생겼다.

포장 제품업계도 끊임없이 확대되고 있다. 식품·잡화 대부분의 포장지 한 면에 표시되어 있는 통일 상품 코드(바코드)는 10자리 숫자를 나타낸다. (참고로 미국의 사회 보장 번호는 9자리다. 이 시스템은 2억 명 이상의 사람들을 관리하도록 고안된 것이다.)

이러한 상황은 산업 현장에서도 찾아볼 수 있다.

예를 들면 『토머스 등록부*The Thomas Register*』에는 8만 개의 기업 리스트가 수록되어 있다. 무작위로 두 가지 종류를 추출해 보니 292개 제조업체의 원심 펌프 메이커와 326개 제조업체의 전자 제어기 메이커가 나왔다.

미국 특허청에 등록되어 있는 상표는 45만 개이며, 매년 2만 5천 개의 새로운 상표가 추가되고 있다(이 밖에도 수십만 개의 제품이 상표 없이 팔리고 있다).

보통 뉴욕 증권 거래소에 등록되어 있는 1천5백여 기업들이 해마다 5천 가지 이상의 주요 신제품을 시장에 내놓는다. 그리고 추측건대, 상대적으로 덜 중요한 신제품의 시장 진출은 이보다 더 많을 것이다. 말하자면 대략 4백만에 달하는 미국 기업들이 매년 내놓는 상품이나 서비스 수가 수백만에 이른다는 것이다.

품목	1970년	1980년
포테이토칩	10	78
청량음료 브랜드	20	87
치실	12	64
소프트웨어 타이틀	0	250,000
운동화	5	285
콘택트 렌즈	1	36
생수 브랜드	16	50
여성용 메리야스	5	90

이 도표의 수치를 자세히 보면 상품 폭발을 실감할 수 있을 것이다.

담배를 예로 들어 보자. 오늘날 176개 이상의 담배 브랜드가 시장에 나와 있다(이 브랜드를 모두 취급하려면 담배 자판기의 길이가 최소 9미터는 되어야 할 것이다).

의약품의 예를 살펴보자. 미국 시장에는 처방전을 필요로 하는 약이 10만여 종이나 되지만, 그중 상당수가 소수 전문의에 의

처방 의약품 승인에 관한 엄격한 FDA 규정 덕에 처방 약품의 수는 크게 증가하지 않았다. 결국 실질적인 폭발이 일어난 곳은 (슈퍼에서 마음대로 구입할 수 있는) 비처방 약품 부문이다. 오늘날 타이레놀Tylenol의 가짓수는 50종이 넘는다.

해 한정적으로 쓰이고 있다. 결국 일반 개업의들 앞에는 실제로 이용할 수 있는 의약품에 대한 수많은 정보를 지속적으로 따라잡아야 하는 복잡하고 까다로운 작업이 놓여 있는 셈이다.

사실 이는 복잡하고 까다로운 작업이 아니라 초인적인 능력을 요하는 작업이다. 설령 초인이라 해도 이 약품들의 일부 밖에는 손댈 수 없을 것이다. 그 이상을 기대하는 것 자체가 무리다. 두뇌가 아무리 우수하다 해도 그 수용 능력에는 한계가 있기 때문이다.

그렇다면 일반인들은 상품과 매체 폭발에 어떻게 대처해야 할까? 생각만큼 잘 대처하기는 힘들 것이다. 인간 두뇌의 감수성에 관한 연구 결과인 '감각과하중感覺過荷重'이라는 현상의 실재가 분명해졌기 때문이다.

과학자들은 이 연구 결과를 통해 사람은 개인마다 한정된 양의 감각밖에는 수용할 수 없다는 사실을 발견했다. 따라서 일정 한계를 넘으면 두뇌가 백지 상태가 되어 정상적으로 기능하지 못하게 된다는 것이다. (일부 치과의사들은 이 발견을 치료에 응용하고 있다. 환자에게 이어폰을 끼게 하고 통증의 감각이 없어질 때까지 소리를 높이는 것이다.)

광고 폭발

아이러니한 것은, 광고 효과는 줄어든 반면 광고량은 늘어나고 있는 현상이다. 늘고 있는 것은 광고의 양만이 아니다. 광고 효과를 얻고자 하는 사람의 수도 늘고 있다.

이제는 의사와 변호사, 치과의사, 회계사 등도 광고를 이용한다. 심지어 교회, 병원, 정부 같은 기관에서도 광고를 하기 시작했다(1978년 미국 정부는 1억 2845만 2천2백 달러를 광고에 썼다).

얼마 전까지만 해도 전문가 집단에서는 직접 나서서 광고하는 것을 체면을 깎는 일로 치부했다. 그러나 경쟁이 치열해지면서 돈을 체면보다 중시하는 사람이 점점 늘어나자 변호사, 치과의사, 안과의사, 회계사, 건축사 들도 자기 선전의 필요성을 절감한 것이다.

오늘날 우리는 넘쳐 나는 법률 서비스 광고를 목격한다. ("다쳤습니까? 1-800-LAWSUIT로 전화해 소송을 상담하십시오.") 회계 서비스 광고도 마찬가지다. 그러나 미국의 노인 의료 보험과 국민 의료 보장 제도, 그리고 세금 관련 법안은 의료계에 무료 진료 투자 확대를 종용해 왔다.

전문 직종의 치열해진 경쟁 환경을 한번 짚어 보자. 10년 전만 해도 미국의 변호사 수는 13만 2천 명 선이었다. 그러나 현재 그 수는 43만 2천 명에 달한다. 10년 사이에 무려 30만 명이 늘어나 밥벌이에 달려들고 있는 것이다.

이러한 상황은 의료계도 마찬가지다. 커뮤니케이션 과잉 사회가 의료 과잉 사회도 되고 있기 때문이다. 미 의회 산하 기술 평가국에 따르면, 1990년에는 약 18만 5천 명의 의사가 남아돌 것이다.

이렇게 남아도는 의사들이 개업을 하면 어떻게 환자를 끌어들일까? 물론 광고 외에는 다른 방법이 없다.

> 21세기를 맞이하는 광고계의 가장 주목할 만한 사건은, 월스트리트의 끝없는 자금력을 이용해 각종 매체에 엄청난 광고 물량을 쏟아붓고 있는 닷컴 기업들의 등장이다.

그러나 광고가 그들 직업의 품위를 떨어뜨린다는 생각에서 광고를 반대하는 전문가들도 있다. 물론 그럴 것이다. 하지만 오늘날 효과적인 광고를 하려면 고고함을 버리고 땅에 바짝 엎드려 울려오는 고객의 소리를 들어야 한다. 즉, 광고로 효과를 얻으려면 누구든 잠재 고객과 똑같은 사고방식을 가져야 하는 것이다.

광고 세계에서는 자존심이나 위엄을 따르다 보면 파멸만이 있을 뿐이며, 오만한 정신을 추구하다 보면 추락만이 있을 뿐이다.

03 마인드에 대한 진입

우리의 커뮤니케이션 과잉 사회에서 역설 하나는, 커뮤니케이션보다 더 중요한 것은 아무것도 없다는 사실이다. 커뮤니케이션이 진행되는 한 무엇이든 가능하지만 커뮤니케이션이 없으면 아무것도 될 수 없다. 당신이 어느 정도의 재능과 야심을 갖고 있는가 하는 문제와는 관계가 없는 셈이다.

행운이라는 것도 대개는 커뮤니케이션이 잘되었을 때의 결과다. 적절한 것을 적절한 사람에게 적절한 시간에 말해 준 결과라는 의미다. 그것은 휴스턴에 있는 NASA(미국 항공 우주국) 관계자들이 말하는 "우주의 창窓"을 발견해 내는 것과 같다.

포지셔닝은 마인드에 있는 창을 찾기 위해 마련된 조직 체계다. 이는 적절한 커뮤니케이션이란 적절한 때에, 적절한 상황에서만 발생할 수 있다는 콘셉트에 기초한다.

마인드에 쉽게 들어가는 방법

사람들의 마인드에 들어가는 가장 쉬운 방법은 첫 번째가 되는 것이다. 이 원칙의 타당성은 몇 가지 간단한 질문을 통해 입증이 가능하다.

북대서양을 처음으로 단독 비행한 사람은? 찰스 린드버그Charles Lindbergh다.

그렇다면 북대서양을 두 번째로 단독 비행한 사람은? 쉽게 대답할 수 없다.

달 표면을 최초로 걸은 사람은 누구인가? 물론 닐 암스트롱 Neil Annstrong이다.

그렇다면 두 번째로 달에 착륙한 사람은?

세계에서 가장 높은 산의 이름은? 히말라야 산맥의 에베레스트다.

그렇다면 두 번째로 높은 산은?

당신이 처음으로 사랑을 고백한 사람은?

두 번째로 사랑을 고백한 사람은?

마인드에 좋은 포지션을 차지한 첫 번째 사람, 첫 번째 산, 첫 번째 회사를 쫓아내기란 정말 어려운 일이다.

사진의 코닥Kodak, 컴퓨터의 IBM, 복사기의 제록스Xerox, 렌터카의 허츠Hertz, 콜라의 코카콜라Coca-Cola, 전기의 제너럴 일렉트릭General Electric 등이 여기에 해당한다.

'메시지를 확실하게 마인드에 고착하기' 위해 가장 필요한 것은 메시지 그 자체가 아니라 마인드다. 순수한 마인드, 즉 다른 브랜드에 물들지 않고 비어 있는 마인드다.

Kodak
IBM
Xerox
Hertz
Coca-Cola
GE

이 브랜드들의 공통점은 무엇인가. 모두 자기 범주에서 최초의 것으로 마인드에 자리하고 있다는 점이다. 오늘날 이 브랜드들은 여전히 업계를 주도하고 있다. "더 나은 것보다는 최초의 것이 되는 게 더 낫다"는 것이 가장 강력한 포지셔닝 아이디어다.

비즈니스에서 진실인 것은 자연 현상에서도 진실이다.

'각인 학습'(태어나서 바로 몸에 익히는 학습)이란 용어가 있다. 갓 태어난 동물이 그 어미와 처음으로 만나서 어미의 특징을 몸에 기억하는 것을 가리키는 생물학 용어다. 새끼가 자신의 기억 속에 어미의 특징을 잊지 않도록 고정하는 데에는 불과 수초밖에 걸리지 않는다고 한다.

이 각인 학습 덕에 — 사람들의 눈에는 오리들이 다 똑같아 보일지 모르나 — 태어난 지 하루밖에 안된 새끼 오리라도 여러 오리 중에 어김없이 자기 어미를 분간한다.

그러나 이 모든 것이 언제나 올바르게 진행되는 것은 아니다. 만약에 각인 과정에서 생김새가 전혀 다른 개나 고양이, 또는 사람과 같은 다른 종족을 처음 만난 오리는 그 대체물을 자신의 진짜 어미로 여기게 되기 때문이다.

사랑에 빠지는 것도 어떤 면에서 보면 이와 마찬가지다. 물론 사람은 오리보다 훨씬 더 뛰어난 선택안眼을 지니고 있다. 하지만 스스로 자신하고 있는 만큼 그렇게 뛰어나지는 않다.

가장 중요한 것은 받아들이기에 있다. 두 사람이 각자 서로의 생각을 받아들일 수 있는 상태에서 만나야 사랑에 빠질 수 있다. 서로가 마음의 창을 열고 싶어 하는 시점에 만나야 한다는 얘기다. 이는 두 사람 중 어느 한쪽도 다른 어느 누구와 깊은 애정 관계에 있지 않은 상태를 말한다.

결혼이란 가장 좋은 사람과 하는 것이라기보다는 상대적으로 좋은 맨 처음의 사람과 하는 것이라고 봐야 옳다. 이는 비즈니스에서도 마찬가지다. 가장 좋은 대상과 거래를 하는 게 아니라 상대적으로 좋은 첫 번째 대상과 거래를 트는 것이다. 연애든 비즈니스든, 성공을 하려면 상대방의 마인드에 최초로 들어가는 것의 중요성을 이해하지 않으면 안 된다.

결혼을 위해 배우자 로열티를 구축하는 것과 같은 방식으로 슈퍼마켓에서도 브랜드 로열티(소비자가 특정 브랜드를 최고로 여겨 관련 상품을 거듭 구매하려는 '충절')를 구축해야 한다. 누구보다도 먼저 도달한 다음, 상대의 마음이 바뀔 수 있는 여지를 주지 않도록 최선을 다해야 하는 것이다.

마인드 진입의 어려움

만약에 찰스 린드버그나 닐 암스트롱, 크리넥스Kleenex나 허츠와 같은 첫 번째가 아닌 경우에는 어떻게 해야 할까? 다른 경쟁 상대가 이미 잠재 고객의 마인드에 최초로 들어가 있다면 어떻게 해야 할까?

그런 상황에서는 마인드에 들어간다 해도 두 번째밖에는 되지 않는다. 두 번째 앞에 놓인 길은 험난함 그 자체다.

인류 역사상 지금까지 출판된 책 가운데 가장 많이 팔린 책은 무엇일까? (또한 활자로 인쇄된 최초의 책은?) 물론 성경이다.

그렇다면 두 번째로 많이 팔린 책은 무엇일까? 그런데 이런 문제에 신경 쓸 사람이 과연 있기나 할까?

뉴욕은 미국에서 가장 큰 화물 항구다. 그렇다면 두 번째는 어디일까? 혹시 알고 있는가? 버지니아주 햄프턴로즈다.

북대서양을 두 번째로 단독 비행한 사람은 누구일까? (우리 저자들은 이 질문에 대한 답을 정말로 알고 싶다. 일부러 우푯값 들여서 어밀리아 이어하트Amelia Earhart라는 답을 보내오는 사람이 있을까 봐 밝혀 두는데, 어밀리아는 여성으로서 북대서양을 처음 단독 비행한 사람이지, 남녀 통틀어 북대서양을 두 번째로 단독 비행한 사람은 아니다. 그렇다면 또 다른 의문이 든다. 북대서양을 두 번째로 단독 비행한 여성은 누구일까?)

만약에 개인적으로든 정치적으로든 기업적으로든, 잠재 고객의 머릿속에 첫 번째로 들어갈 수 없다면, 거기가 바로 포지셔닝 문제의 시발점이 된다.

육체적인 경쟁에서 승리의 가능성은 언제나 가장 빠른 말이나 최고의 팀, 최고의 선수에게 있다. 일찍이 데이먼 러년Damon Runyan(1880~1946. 미국의 기자 겸 작가-역주)은 이렇게 말한 바 있다. "경마에서 언제나 빠른 말이 이기는 것은 아니며, 전쟁에서도 언제나 강한 자가 승리하지는 않는다. 하지만 내기를 한다면 기본적으로 빠른 자와 강한 자 편에 걸어야 한다."

그러나 정신적인 경쟁에서는 도박이란 있을 수 없는 일이다. 정신적인 싸움에서는 첫 번째 사람이나 첫 번째 상품, 첫 번째 정치가가 사람들의 마인

버트 힌클러Bert Hinkler가 대서양을 두 번째로 단독 비행한 인물이다. 하지만 솔직히 말해 보자. 버트 힌클러라고 들어본 적 있는가? 버트는 집을 떠난 이후로 소식이 끊겼다고 한다. 버트란 사람이 이걸 보고 집에 전화라도 해 줬으면 좋겠다. 어머니가 걱정하고 계실 테니까. 물론 농담이다. (그건 그렇고, 대서양 단독 비행에 성공한 두 번째 여성은 베릴 마컴Beryl Markham이다. 상대적으로 덜 알려진 인물인 것이다.)

두 번째도 물론 성공할 수 있다. 리더 브랜드에 도전한 다음 브랜드들을 보면 알 수 있다. 콜게이트Colgate에 도전한 크레스트, 코닥에 도전한 후지Fuji, 허츠에 도전한 에이비스, 코카콜라에 도전 한 펩시Pepsi……. 그러니까 가장 심각한 문제는 3위나 4위 브랜드라는 얘기다.

드를 점하는 데 단연 유리하다.

광고에서는 최초로 포지션을 구축한 상품이 엄청난 이점을 누린다. 제록스와 폴라로이드Polaroid, 버블 염Bubble Yum 등 몇 개의 예만 살펴봐도 금방 알 수 있다.

광고를 할 때 가장 좋은 방법은 업계에서 최고의 상품을 선보이는 것이다. 그러나 그보다 더 좋은 방법은 첫 번째가 되는 것이다.

연애는 두 번째가 오히려 멋질지도 모르지만, 어느 누구도 북대서양을 두 번째로 단독 비행한 사람이 누구인지에 대해서는 관심을 갖지 않는다. 두 번째 사람이 더 뛰어난 비행사였는지도 모르는데 말이다.

물론 두 번째나 세 번째, 혹은 203번째란 문제에 대처하는 포지셔닝 전략도 있다(제8장 「경쟁 상대에 대한 재포지셔닝」 참고).

그러나 잊지 말아야 할 것은, 첫 번째로 인식될 수 있는 방법을 먼저 찾아봐야 한다는 것이다. 큰 연못 속의 작은 물고기가 되는 것보다 작은 연못 속의 큰 물고기가 되는 것이 — 그리고 그 후 연못의 크기를 넓혀 나가는 편이 — 더 낫기 때문이다.

광고에서 얻는 교훈

광고업계는 린드버그의 교훈을 힘겹게 터득했다. 증권 시장의 전성기가 1920년대였다면, 광고 비즈니스의 전성기는 1960년대였다. 우리는 그때를 "정열의 1960년대"라고 부른다. '뭐든지 잘되던' 그 1960년대에 마케팅은 늘 북적대는 파티 분위기였다.

모두 흥청망청 놀았고, 실패에 대해서는 별로 생각하지도 않았다. 기업들은 자금만 넉넉하고 뛰어난 인재만 있으면 어떠한 마케팅 계획도 성공할 것으로 생각했다.

그러나 그러한 착각 속에 안주하다가 침몰한 난파선의 잔해가 아직도 해변가로 밀려오고 있다. 듀퐁DuPont의 코팸, 개블링거Gablinger 맥주, 컨베어Convair 880, 보트Vote 치약, 핸디 앤디Handy Andy 클리너 등이 이에 해당된다.

지나간 일은 결코 되돌릴 수 없고, 이는 광고 비즈니스에서도 마찬가지다.

최근에 한 소비자 제품 제조업체의 사장은 이렇게 말했다. "지난 2년간 새로 출시된 브랜드 가운데 성공한 브랜드를 손가락으로 꼽아 보라. 아마 새끼손가락은 남을 것이다."

많은 기업이 노력을 하지 않고 있다는 얘기가 아니다. 슈퍼마켓에는 '어느 정도 성공한' 브랜드들이 진열대마다 가득하다. 시장에서 성공한 제품을 그대로 모방한 제품의 제조업체는 '우리의 제품도 기억에 남을 만한 광고 캠페인만 하면 리더를 따라잡을 수 있을 것'이라는 희망 섞인 기대에 사로잡혀 있다.

또 한편으로 그들은 할인 쿠폰이나 딜스deals(일정액 이상 구입할 경우 지급하는 사은품-역주), POPpoint-of-purchase 디스플레이에 기대를 건다. 그러나 그들이 바라는 이익은 쉽게 얻어지지 않고, 설령 '멋진' 광고 캠페인을 전개한다 해도 브랜드 순위를 뒤엎기는 요원해 보일 뿐이다. 상황이 이렇다 보니 광고 문제가 거론될 때마다 경영진은 당연히 회의적인 반응을 보인다. 결국 광고의 위력을 내세울 수 있는 새로운 방법을 모색하는 대신, 현재 진행하는 일의 비용 삭감 계획만 결정하고 회의는 끝난다. 부동산 중개업이나 매체 구매 서비스, 직접 거래 등이 증가하고 있는 것이 그 증거다.

이와 같은 상황은 광고 종사자를 아이스크림 장사나 해야 할 처지로 내몰기에 충분하다.

시장의 이러한 대혼란은 광고가 과거와 같은 효력을 발휘하지 못한다는 사실에 그 원인이 있다. 그러나 전통적인 방법론이 어디 쉽게 사라지던가. 현상을 옹호하는 측에서는 '제품이 우수하고 계획이 탄탄하며 광고물이 독창적일 경우, 광고가 그 기능을 다하지 못할 아무런 이유가 없다'고 주장한다.

그러나 그들은 중요한 이유를 간과하고 있다. 바로 시장 자체의 문제를 보지 못하는 것이다. 오늘날 시장의 소음 수준은 너무 커서 새로운 목소리가 받아들여지지 않고 있다.

오늘날의 커뮤니케이션 과잉 사회에서는 낡고 전통적인 방법을 이용한 메시지로 성공을 거둘 가능성이 거의 없다.

우리는 어떻게 해서 오늘날과 같은 상황에 이르렀을까? 이를 이해하려면 최근의 커뮤니케이션 역사를 개관해 볼 필요가 있다.

상품 시대

먼저 1950년대로 돌아가 상품 지향 시대의 광고를 살펴보자. 1950년대는 '경쟁 상품보다 약간 더 나은 상품', 그리고 판촉을 위한 어느 정도의 돈만 있으면 모든 것이 잘 풀렸던 좋은 시대였다.

당시 광고인들의 주요 관심은 상품 특성과 소비자 이익에만 집중되어 있었다. 그들은 그저 로서 리브스Rosser Reeves(1910~1984, 미국의 광고 전문가로 텔레비전 광고의 선구자-역주)가 언급한 "독특한 판매 제안Unique Selling Proposition: USP"을 찾기 바빴다.

그러나 1950년대 후반에 이르러서 테크놀로지라는 것이 본모습을 드러내기 시작했고, 그에 따라 USP를 만들어내는 것이 점점 어려워졌다.

이러한 상품 시대의 종말은 시장을 빠른 속도로 잠식해 버린 모방 상품의 범람과 함께 시작되었다. '뛰어난 신제품'은 경쟁사의 유사 상품들에 침식당했을 뿐 아니라, 오히려 그 유사품들이 오리지널보다 더 낫다는 이야기까지 나돌게 되었다.

경쟁은 더욱 심해졌고 언제나 공정하지도 않았다. 심지어 어느 제품 매니저는 이렇게 토로하기도 했다. "작년에 우리는 특별히 내세울 것이 없어서 우

USP는 다른 식으로 만들어 낼 수도 있다. 신간 『튀지 말고 차별화하라*Diffrentiate or Die*』를 참고할 것.

1950년대 광고 종사자들은 독특한 상품 특성 아니면 소비자 이익만 찾았다. 그러고 나서 그들은 그것을 마인드에 주입하기 위해 대규모 광고에 의존했다.

리 제품의 포장에다 '신新개량품' 이라고 표시했어요. 그런데 올해 연구 개발팀이 진짜 '신개량품'을 만들어 냈지 뭡니까? 이번에는 뭐라고 해야 좋을지 고민입니다."

요즈음 연방 공정 거래 위원회는 '신개량품'이라는 표현에 특히 회의적인 시각을 보낸다. 그것은 회사가 그것을 입증할 수 없다면 함부로 써서는 안 되는 말이다.

이미지 시대

다음 단계는 이미지 시대였다. 성공한 기업은 상품 판매에 있어서 명성이나 이미지가 특정한 상품 특성보다 훨씬 더 중요한 역할을 한다는 사실을 깨달았다.

이미지 시대의 창시자인 데이비드 오길비David Ogilvy는 이 주제에 관한 유명한 연설 중에 "모든 광고는 브랜드의 이미지 확립을 위한 장기 투자다"라고 주장했다. 그리고 그는 해서웨이Hathaway 셔츠, 롤스로이스Rolls-Royce, 슈웹스Schweppes 등의 광고를 통해 이 주장의 타당성을 증명했다.

1960년대 광고계 종사자들은 명성이나 이미지가 특정한 상품 특성보다 더 중요하다는 사실을 깨달았다.

그러나 이미지 시대는 우후죽순처럼 쏟아져 나온 모방형 기업과 함께 끝났다. 모방형 상품이 상품 시대를 종식한 것과 마찬가지로 말이다. 여러 기업

예전의 맥주 카피라이터들은 품질, 맛, 기호 등을 표현하기에 적절한 낱말을 찾는 데 심혈을 기울였다.

"홉에서 느끼는 진정한 키스!"

"하늘처럼 맑은 천연수로 빚었습니다."

"위대한 라이트 맥주에서 발견하는 진정한 풍미!"

그러나 오늘날 광고 속의 시정詩情은 시에서의 시정과 마찬가지로 죽은 것과 다름없다.

최근에 나온 광고 중에 크게 성공한 사례로 미켈롭Michelob 캠페인을 들 수 있다. 이 브랜드는 교통 표지판의 '멈춤' 표지판과도 같은 시적인 캠페인을 통해 매우 효과적으로 출시되었다.

"퍼스트 클래스는 미켈롭"이 바로 그것이다. 이 광고 카피는 미켈롭 브랜드를 미국산 프리미엄 맥주로 포지셔닝했다. 그 결과, 불과 수년 만에 미켈롭은 미국에서 가장 많이 팔리는 맥주 가운데 하나가 되었다. 프리미엄 가격이 붙었음에도 말이다.

그렇다면 미켈롭이 진짜 미국 최초의 프리미엄 맥주였을까? 그렇지 않다.

켈롭은 맥주 애음가의 마인드
들어간 최초의 프리미엄 맥
가 아니었다. 최초는 하이네
Heineken이었다. 그래서 미
롭은 '어밀리아 이어하트' 전
을 구사했다. 그러니까 하이
켄을 최초의 '외국산 프리미
맥주로, 미켈롭을 최초의 '국
' 프리미엄 맥주로 포지셔
는 전략을 쓴 것이다. 그러
행히도 미켈롭은 이후 "퍼
클래스" 광고를 "밤은 미켈
것"과 같은 광고로 대체하
수를 저질렀다. 참으로 안
일이 아닐 수 없다. 처음
한 포지션을 그냥 유지
도 미켈롭은 미국 맥주
가운데 2·3위 안에 들 수
것이다.

이 고유의 명성을 쌓기 위해 앞다투어 나서는 바람에 상대적으로 소수의 기업만 성공할 수 있었다.

그리고 일부 성공한 기업도 주로 기술 혁신으로 성공한 것이지 결코 획기적인 광고로 성공한 것은 아니었다. 제록스와 폴라로이드가 그 대표적인 예다.

포지셔닝 시대

오늘날 분명한 사실 하나는 광고가 새로운 시대에 접어들고 있다는 점이다. 즉, 독창성 하나만으로는 더 이상 성공을 보장할 수 없는 시대가 되었다.

1960·1970년대의 호황은 1980년대에 접어들어 힘든 현실로 대체되고 말았다.

이 커뮤니케이션 과잉 사회에서 성공하려면 기업은 잠재 고객의 마인드에 하나의 포지션, 즉 그 기업의 강점과 약점은 물론 경쟁 회사의 강점과 약점까지 염두에 둔 포지션을 창조해야 한다.

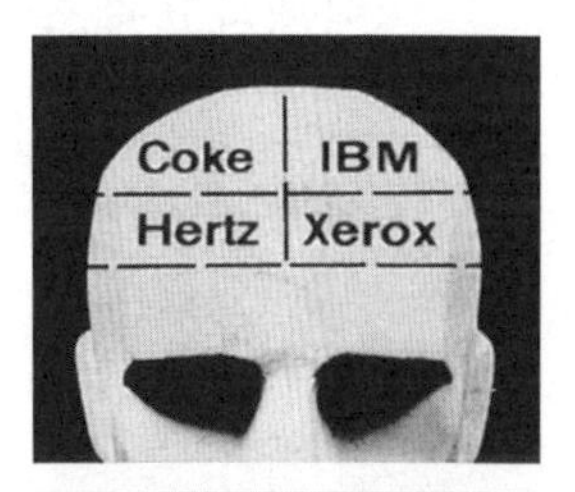

1970년대의 광고 종사자들은 포지셔닝 전술을 빠르게 채택했다. 거기에는 잠재 고객의 마인드에서 다른 브랜드가 점유하지 않은 포지션에 대한 탐색도 포함되었다.

광고는 이제 '전략이 왕'인 시대로 접어들었다. 포지셔닝 시대에서는 무언가를 발명하거나 발견하는 것만으로는 부족하다. 오히려 그러한 것은 불필요할지도 모른다. 어쨌든 분명한 것은 잠

광고업계가 포지셔닝이라는 새로운 유행에 편승하는 데에는 그리 긴 시간이 걸리지 않았다. 이 광고는 『애드버타이징 에이지』의 기사가 나가고 한 달이 채 지나지 않아 한 영국 기업이 낸 것이다. 우리에 대한 크레디트 표기는 전혀 없었다.

재 고객의 마인드에 가장 먼저 들어가지 않으면 안 된다는 사실이다.

IBM은 컴퓨터를 발명하지 않았다. 스페리랜드Sperry-Rand가 발명했다. 그러나 IBM은 잠재 고객의 마인드에 컴퓨터 포지션을 확립한 첫 번째 기업이 되었다.

아메리고 베스푸치가 발견한 것

15세기의 스페리랜드는 바로 크리스토퍼 콜럼버스Christopher Columbus였다.

학교에서 배우는 것처럼 콜럼버스는 아메리카를 처음 발견한 사나이다. 하지만 그는 노력에 비해 보잘것없는 보상을 받았다. 황금을 독차지하려는 욕심에 눈이 멀어 입을 굳게 다무는 실수를 저지른 것이다.

그러나 아메리고 베스푸치Amerigo Vespucci는 달랐다. 15세기의 IBM이었던 셈이다. 아메리고는 콜럼버스보다 5년이나 늦게

아메리카를 발견했지만 두 가지 일을 제대로 했다.

첫째, 그는 신세계를 아시아와는 확연히 다른 별개의 대륙으로 포지셔닝 했다. 이는 당시 지리학에 혁명을 야기했다.

둘째, 그는 자신이 발견한 것과 자기 이론에 대한 글을 널리 알렸다. 특히 중요한 것은 그의 세 번에 걸친 탐험을 낱낱이 기록한 다섯 통의 편지다. 그중 하나인 「문더스 노버스Mundus Novus」는 이후 25년 동안 무려 40여 개 언어로 번역되었다.

그는 죽기 전에 스페인 카스티야(에스파냐 중부 지역의 옛 왕국-역주)의 시민권을 받았고 요직에 등용되기도 했다.

결과적으로 유럽 사람들은 아메리고 베스푸치를 아메리카의 발견자로 믿게 되었고, 신대륙에 그의 이름을 붙이게 되었다.

한편 크리스토퍼 콜럼버스는 교도소에서 생을 마감했다.

미켈롭이 발견한 것

지금은 하늘나라의 거대 광고 회사에서 한자리하고 있을 왕년의 유명한 카피라이터들이 만약에 다시 태어나 최근의 광고 캠페인을 본다면, 그들은 또 한 번 세상을 떠날지도

맥주 광고의 경우를 살펴보자. 예전의 맥주 카피라이터들은 제품 특성에 맞는 카피의 방향을 찾기 위해 제품을 연구했다. 그리하여 '진짜 드래프트' 필스Piels라든가 '[...] 밸런타인Ballantine과 같은 상품 특성을 찾아냈다.

미켈롭은 맥주 애음가의 마인드에 최초로 '프리미엄 맥주'라는 포지션을 구축했을 뿐이다.

밀러가 발견한 것

슐리츠Schlitz 맥주의 그 유명한 슬로건 속에 담긴 시적인 표현이 어떤 식으로 포지셔닝을 죽이는지 눈여겨보기 바란다.

"위대한 라이트 맥주에서 발견하는 진정한 풍미!"

이 캠페인이 한창이던 시절이든 지금이든, 우리 주변에서 슐리츠가 버드와이저Budweiser나 패브스트Pabst보다 더 라이트(저칼로리로 순하다는 뜻-역주) 하다고 생각하는 사람이 얼마나 있을까? 실제로 슐리츠의 슬로건은 맥주 애음가들에게 이탈리아 오페라의 서사시 같은 인상밖에 주지 못했다.

한편 밀러 양조 회사는 그들의 맥주 가운데 하나를 진짜 라이트 맥주로 포지셔닝 하는 방안을 궁리하게 되었다.

그래서 밀러는 '라이트' 맥주라는 브랜드를 개발해 출시했다. 이는 공전의 히트를 기록했고, 이후 수많은 모방 브랜드가 쏟아져 나왔다. 흥미로운 사실은 슐리츠 라이트도 이 대열에 합류했다는 것이다(아마도 그 제품은 '위대한 라이트, 라이트 맥주에서 발견하는 진정한 풍미!' 정도로 선전하면 알맞았을 것이다).

오늘날 사람이나 상품이 성공을 거두는 유일한 길은 경쟁 상대들의 동태를 살피고, 메시지를 마인드에 침투시키는 데 걸림돌이 되는 시적인 감상이나 독창성 따위를 제거하는 것이다. 절제

포지셔닝이 전부는 아니다. '라이트' 비어는 포지셔닝에서는 탁월한 성공을 거두었지만 법적으로는 재앙과 같았다. 밀러는 '라이트'라는 이름을 맥주 범주에서 독점적으로 소유할 수 없다는 사실을 뒤늦게 발견했다. 그래서 시장에 쏟아져 나온 수십 종의 다른 라이트 맥주들과 차별화하기 위해서 서둘러 '라이트'라는 이름을 '밀러 라이트'로 바꾸었다. 여기서 우리는 한 가지 교훈을 배울 수 있다. 브랜드명을 일반 보통 명사로 지어서는 안 된다는 것이다. 밀러는 이어서 '제뉴인 드래프트 라이트'와 '밀러 라이트 아이스' 등 다른 라이트 맥주를 선보이며 '라이트' 브랜드를 오염시켰다. 그 결과 지금은 '버드 라이트'가 1위다.

되고 단순화된 메시지만이 잠재 고객의 마인드에 침투할 수 있기 때문이다.

수입 맥주의 성공 사례를 하나 더 들어 보자. 이 맥주의 포지셔닝 전략은 너무나 맑고 투명한 까닭에 예전의 맥주 카피라이터들이라면 광고로 받아들일 엄두조차 내지 못했을 것이다.

"지금까지 미국에서 가장 인기 있는 독일 맥주를 마셔 왔다면, 이제는 독일에서 가장 인기 있는 독일 맥주를 맛보십시오."

이는 벡스Beck's 맥주가 뢰벤브로이Lowenbrau에 대응하여 효과적인 포지셔닝에 성공한 좋은 예다.

이 광고는 벡스 맥주를 미국에서 가장 인기 있는 맥주로 만들었다. 매출은 해마다 상승을 거듭했다. 반면 뢰벤브로이는 싸움을 포기한 것은 물론 국산 브랜드로 전락했다.

위와 같은 맥주 광고에 혼란스러워하는 구세대들은 다음과 같은 TWA 광고에 대해서는 어떻게 생각할까? "탑승객들은 우리의 광폭 동체를 더 선호합니다. 747 L-1011." 다시 말해서 DC 10

스타일은 없다는 얘기다.)

이는 확실히 "유나이티드 항공 United Airlines과 함께 쾌적한 비행을 즐기세요"와 같은 고전적인 캠페인의 콘셉트나 수법과는 거리가 멀다.

이처럼 미국의 광고에 이상한 일이 벌어지고 있다. 우호적이거나 시적인 것과는 뚜렷이 멀어지고 있는 것이다. 그런데 그 효과는 커지고 있는 실정이다.

"미국인이 가장 선호하는 독일 맥주"라는 캠페인은 벡스 맥주를 최고의 수입 브랜드로 포지셔닝 하는 데 도움을 주었다. 그러나 불행히도 독일 맥주인 벡스 맥주는 영어 이름이란 한계에 부딪힌 반면 네덜란드 맥주인 하이네켄은 독일 이름이라는 특혜를 누렸다. 이렇듯 브랜드 이름은 포지셔닝만큼 중요하다. 어쩌면 그보다 더 중요할 수도 있다.

04 마인드의 작은 사다리

메시지가 직면하는 바를 보다 잘 이해하기 위해서 모든 커뮤니케이션의 최종 목적지인 인간의 마인드를 조금 더 자세히 살펴보기로 하겠다.

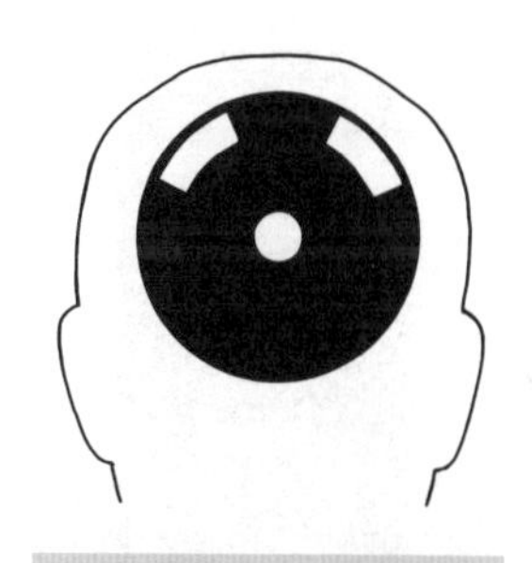

인간의 마인드에 대한 연구를 거듭할수록 우리는 인간의 마인드와 컴퓨터 메모리 뱅크의 관계에서 더 많은 유사성을 발견하게 되었다. 새로운 브랜드를 마인드에 집어넣으려면 이미 해당 범주를 차지하고 있는 옛 브랜드를 지워 버리거나 다시 포지셔닝 해야 한다. 컴퓨터도 마찬가지 방식으로 작동하지 않는가.

컴퓨터의 기억 장치와 같이 인간의 마인드는 선택되어 남겨진 각각의 정보를 나누어 수록할 수 있는 장소, 즉 포지션이라는 것을 보유하고 있다. 기능상 인간의 마인드는 컴퓨터와 매우 흡사하다. 그러나 한 가지 중요한 차이점이 있다. 컴퓨터는 입력하는 것을 그대로 받아들이는 반면 마인드는 그렇지 않다는 점이다. 사실 정반대다.

인간의 마인드는 스스로 '평가'할 수 없는 새로운 정보를 거부하는 경향이 있다. 바꿔 말하면, 현재의 마인드 인식에 부합하는 새로운 정보만 받아들이고 나머지는 걸러내는 습성이 있다.

기대한 대로 보게 된다

두 장의 추상화를 준비한 다음, 한 장에는 아무 이름이나 기입하고 다른 한 장에는 피카소Pablo Picasso의 이름을 적어 넣는다. 그런 다음 사람들에게 의견을 물어보라. 아마 기대한 대로 답을

'기대한 대로 맛을 느끼게 된다.' 우리가 이 얘기를 하고 13년이 지난 후, 코카콜라는 마케팅 역사상 가장 참담한 실패작 중 하나로 꼽히는 '뉴코크'를 선보였다. 코카콜라는 자체 조사를 통해 이미 확립된 제품의 맛을 개선하려 애쓰는 바보짓이 실패의 원인이었음을 밝혔다. 눈을 가리고 하는 시음 테스트에서는 소비자들이 분명히 3대 1 정도로 뉴코크를 선호했지만, 실제로 상표를 보고 사서 마실 때에는 4대 1 정도로 기존의 코카콜라(이제는 '코카콜라 클래식'으로 불린다)를 선호했다.

듣게 될 것이다.

상반된 견해를 갖고 있는 두 사람, 이를테면 민주당원과 공화당원에게 어떤 논쟁거리가 담긴 기사를 읽게 한 다음 각자에게 개인적인 의견이 바뀌었는지 물어보라.

민주당원은 기사 중에 자신의 견해를 뒷받침한 사실들만 거론할 테고, 공화당원은 같은 기사 속에서 자신의 견해를 옹호하는 데 유리한 부분만 도출하려 할 것이다. 마인드의 변화는 웬만해선 일어나지 않는다. 대개 기대한 대로 보기 때문이다.

싸구려 와인을 50년 된 프랑스의 부르고뉴산 와인의 빈 병에 넣은 다음 친구의 눈앞에 놓인 잔에 아주 조심스럽게 따른 후 의견을 물어보라.

맛 또한 기대한 대로 느끼는 것이다.

샴페인 시음 테스트에서 종종 값싼 캘리포니아산 브랜드가 고급 프랑스산 브랜드를 능가하는 결과가 나올 때가 있다. 상표가 붙어 있었다면 있을 수 없는 일이다.

각자 기대한 대로 맛을 느끼는 것이다.

만약 그렇지 않다면 광고의 역할은 더 이상 소용없게 된다.

일반 소비자에게 이성이 감성보다 우세하다면 광고는 불필요한 그 무엇이 되고 만다. 적어도 오늘날과 같은 자리에는 서지 못할 것이다.

모든 광고의 가장 중요한 목표 중 하나는 기대감을 높이는 것이다. 즉, 상품이나 서비스가 소비자의 기대를 충족할 것이라는 환상을 만드는 게 광고의 역할이다. 그것도 신속하게 말이다.

따라서 생각에 반하는 기대감을 만들면 어떤 상품이든 어려움에 처하게 된다. 개블링거 맥주의 제품 소개 광고가 좋은 예다. 그 광고는 개블링거 맥주가 다이어트용 제품이기 때문에 맛이 없을 것이라는 느낌을 갖게 만들었다.

두말할 것도 없이 그 광고는 그대로 효력을 발휘했다! 소비자들이 그것을 마셔 보고, 맛이 없다고 쉽게 단정해 버린 것이다.

불충분한 그릇

사람의 마인드는 이미 갖고 있는 지식이나 경험에 부합하지 않는 정보를 거부하는데, 실제로 활용할 수 있는 기존 지식이나 경험을 그렇게 많이 갖고 있는 것도 아니다.

이 커뮤니케이션 과잉 사회에서 사람의 마인드는 아주 불충분한 그릇에 불과하다.

하버드대학교의 심리학자인 조지 밀러George A. Miller 박사에 따르면, 보통 사람의 마인드는 한 번에 일곱 단위 이상을 다룰 수 없다고 한다. 기억할 필요가 있는 목록에 가장 많이 쓰이는 숫자

조지 밀러 박사가 『사이컬러지컬 리뷰Psychological Review』 1956년 3월호에 기고한 기사의 제목은 "7이라는 신비의 숫자"였다. 이 기사에서 밀러 박사는 7을 신봉하는 각종 사례를 지적했는데, 거기에는 7음계, 즉 '도레미파솔라시'와 7요일, 즉 '월화수목금토일'도 포함되어 있다.

가 일곱 자리인 것도 이 때문인지 모른다. 일곱 자리 전화번호, 세계 7대 불가사의, 일곱 장으로 승패를 겨루는 세븐카드 포커 게임, 백설 공주와 일곱 난쟁이 등등.

누군가에게 특정 상품 범주를 정해 주고 거기서 그가 기억하는 브랜드명을 열거해 보라고 해 보라. 일곱 개 이상을 열거하는 사람은 매우 드물 것이다. 이는 관심도가 높은 범주라 해도 마찬가지다. 관심도가 낮은 상품 범주일 경우 대부분의 소비자는 기껏해야 한두 개의 브랜드명밖에는 나열할 수 없을 것이다.

오늘날에는 알람 암호, 사회 보장 번호, 이메일 주소, 팩스 번호, 패스워드 등도 기억해야 한다. 몇 개의 자릿수로 구성된 숫자나 문자가 단어를 밀어내는 세상이다.

십계명의 열 가지를 모두 암송해 보라. 그것이 너무 어렵다면 암癌의 일곱 가지 위험 신호는 어떠한가? 아니면 요한계시록의 네 기수騎手는?

한 신문에서 실시한 조사 결과에 따르면, 미국인 1백 명당 80명 정도는 정부 내각의 각료 이름을 한 사람도 말하지 못했다. 24세의 한 음악가는 이렇게 답했다고 한다. "부통령 이름이 뭐더라?"

우리의 정신적인 저장 용기가 이 같은 질문을 처리할 수 없을 만큼 작은데, 해마다 토끼처럼 번식하고 있는 모든 브랜드명을 어떻게 기억할 수 있단 말인가?

30년 전만 해도 여섯 개의 주요 담배 회사들이 미국의 애연가들을 위해 열일곱 가지의 브랜드를 제공했다. 그런데 오늘날에는 176종 이상의 담배가 판매되고 있다.

기술 발전과 더불어 시작된 '신모델 붐'은 자동차업계부터 맥주업계, 렌즈업계에 이르기까지 모든 업계를 휩쓸어 왔다. 지금 디트로이트 자동차 시장에서는 크기나 모양이 각기 다른 3백 종에 달하는 자동차 모델이 판매되고 있다. 매버릭, 모나크, 몬테고, 몬자 등등.

가만, 쉐보레 몬자야, 아니면 머큐리Mercury 몬자야? 사람들은 헷갈리지 않을 수 없다.

이러한 혼동과 복잡성에 대처하기 위해 사람들은 모든 것을 단순화하는 법을 배웠다.

자식의 지적 발달 상태를 말해 달라고 하면 대부분의 부모는 어휘 수나 독해력, 수학 능력 등을 거론하지 않는다. "지금 중학교 1학년이에요"라고 말하는 것이 일반적인 대답이다.

사람들은 종종 이름보다는 포지셔닝 콘셉트를 더 잘 기억하기도 한다. 뇌손상을 입고 장녀의 이름을 기억하지

현재 웹사이트의 수는 1천만 개를 넘어섰고, 소프트웨어 타이틀은 대략 25만 개, 책 타이틀은 약 4백만 개다. 그리고 매년 7만 7천 개의 신간 타이틀이 추가되고 있다(이 책은 옛 타이틀에 속하니 다행이다).

심플 새턴Simple Saturn은 오직 한 가지 모델만 출시한 유일한 미국 자동차 브랜드로서 꽤 오랫동안 성공을 거두었다. 또한 새턴의 판매상들은 평균적으로 다른 모델을 취급하는 판매상들보다 많은 수입을 올렸다. 그렇다면 새턴 자동차 회사는 이어서 어떻게 했을까? 쉽게 짐작할 수 있을 것이다. 그들은 "새턴에서 나온 다음 번 '대박'"이라는 슬로건을 내걸고 차체를 넓힌 모델, 즉 'L' 시리즈를 출시했다.

못하는 사람도 큰딸임은 인식하고 "우리 큰애야!" 하고 부를 수 있는 것이다.

이처럼 사람이나 물건 또는 브랜드에 순위를 매기는 것은 기억해야 할 대상을 조직적으로 관리하는 편리한 방법일 뿐 아니라, 일상의 복잡다단함에 매몰당하지 않는 데 절대적으로 필요한 수단이기도 하다.

상품의 사다리

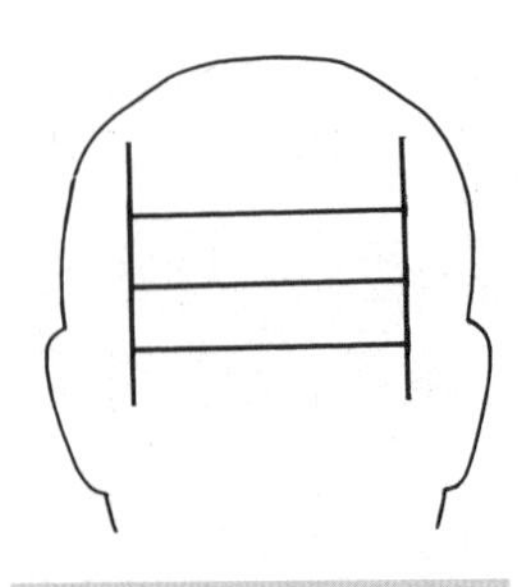

모든 상품 영역에 대해서 잠재 고객은 위와 같은 모양의 사다리를 마인드에 새겨 두는 경향이 있다. 당연히 맨 위 칸에 해당 영역의 1위를 올려놓고, 2위는 두 번째 칸에, 3위는 세 번째 칸에 올려놓는다. 칸의 수는 3개 정도가 전형적이고, 7개가 최대라고 보면 된다(7의 규칙이 있지 않은가).

폭발적인 상품 증가에 대응하기 위해 사람들은 마인드에 제품과 브랜드의 순위를 매기는 법을 배워 왔다. 이 개념을 이해하려면 사람의 마인드에 여러 개의 사다리가 있는 것으로 가정하고 각 사다리의 한 칸, 한 칸을 브랜드명으로 보면 된다. 또한 각각의 사다리는 각각의 다른 상품 영역을 나타내는 것으로 생각하면 된다.

어떤 사다리에는 많은 가로대가 있을 것이고(일곱 개면 많은 것이다), 또 어떤 사다리에는 가로대가 적거나 없을 수도 있다.

만약 어떤 기업이 특정 업계에서 시장의 점유율을 높이길 원한다면, 자사의 브랜드를 현재의 사다리 위치에서 위쪽으로 올려놓거나(대개의 경우 이는 불가능하다), 자사의 브랜드를 어떻게든 경쟁사의 포지션과 연결해야 한다.

그럼에도 여전히 많은 회사가 경쟁사들의 위치는 무시한 채 마케팅이나 광고 계획을 진행하고 있다. 그들은 아무도 없는 빈 공간에 자기 상품을 광고하는 셈이다. 그러면서 그들은 메시지가 제대로 전달되지 않는다고 낙담하곤 한다.

위 칸에 있는 경쟁사들의 위치가 확고한 데다가 제대로 적용할 만한 수단이나 포지셔닝 전략마저 없다면 사다리의 위 칸으로 올라가는 것은 극히 어려운 일이다.

사다리는 있지만 가로대가 없는 상품 영역도 있다. 장례식용 관의 경우가 그렇다. 이것들의 이름을 기억하고 싶은 사람이 어디 있겠는가. 그래도 이런 영역에서 1위 브랜드는 있기 마련이다(미국의 경우 베이츠빌 Batesville이다).

시장에 새로운 상품 영역을 도입하고자 하는 광고주는 반드시 소비자들의 마인드에 새로운 사다리를 설치해야 한다. 이 경우에도 새로운 상품 영역을 기존의 상품 영역과 대응하여 포지셔닝 해야 한다. 제품의 무엇이 새롭고 어떤 점이 다른가에 대해서 기존의 것과 관련되지 않는 한, 소비자의 마인드가 이와 관련해 이해할 여지를 갖지 않기 때문이다.

그렇기 때문에 새로운 상품을 출시하는 경우, 그 상품이 어떠어떠하다는 점을 말하기보다는 그 상품이 어떠어떠하지 않다는 점을 호소하는 게 때로는 더 큰 효과를 발휘한다.

예를 들어, 최초의 자동차는 '말[馬]이 없는' 마차라는 콘셉트를 제시했다. 기존의 수송 형태에 대항하는 포지셔닝 전략을 썼고 그러한 전략이 먹혔다는 얘기다.

'장외' 베팅이나 '무연' 가솔린, '무가당' 소다와 같은 새로운 콘셉트들은 기존 콘셉트에 대항해 최상으로 포지셔닝을 한 좋은 예라 하겠다.

'대항'의 포지셔닝

오늘날 시장에서 경쟁 상대의 포지션은 당신의 포지션만큼 중요하다. 어떤 경우에는 경쟁 상대의 포지션이 더 중요할 수도 있다. 이에 대한 적절한 예로 포지셔닝 시대 초기에 성공한 에이비스 캠페인이 있다.

에이비스 캠페인은 대항 포지션을 창출한 전형적인 예로서 마케팅 역사에 길이길이 기억될 것이다. 에이비스는 리더에 대항하는 포지셔닝 전략을 펼쳤다.

"에이비스는 렌터카업계에서 2위에 불과합니다. 그런데 고객은 어째서 우리를 이용할까요? 우리가 더 열심히 일하기 때문입니다."

당시 에이비스는 13년 연속 적자 상태에 있었다. 그런데 스스로 2위임을 인정한 후 흑자로 돌아서기 시작했다.

첫해에 120만 달러를 벌었고, 2년째에는 260만 달러, 3년째는 5백만 달러를 벌었다. 그 후 이 회사는 ITT에 팔렸다.

에이비스가 상당한 이익을 올릴 수 있었던 것은, 허츠의 포지션을 인정하고 거기에 정면충돌하는 것을 피했기 때문이다.

반면 허츠는 소비자들에게 계속 어느 기업이 1위인지를 상기시킴으로써 자리를 지켜 오고 있다. "허츠가 있고, 그러고는 없습니다."

에이비스 캠페인의 성공 요인을 더 쉽게 이해하기 위해, 소비자의 마인드에 '렌터카'라는 표지가 붙은 사다리가 있다고 한번 가정해 보자.

사다리의 칸마다 각각의 브랜드명이 들어 있다. 허츠가 맨 위에 있고 두 번째는 에이비스, 세 번째는 내셔널National이다.

마케팅 종사자 중에는 에이비스 캠페인의 성공 사례를 잘못 해석하는 사람이 많다. 그들은 더 열심히 일했기 때문에 에이비스가 성공한 것이라고 생각하고 있다.

그러나 그것은 잘못된 생각이다. 에이비스가 성공한 이유는 스스로를 허츠와 관련시켰기 때문이다(만일 열심히 일하는 것이 성공의 비결이었다면 해럴드 스태슨Harold Stassen은 계속해서 사장 자리에 있을 것이다).

에이비스 캠페인은 우리의 광고계가 비교 광고를 어느 정도 허용하는지 알 수 있는 사례가 되기도 했다. 처음에

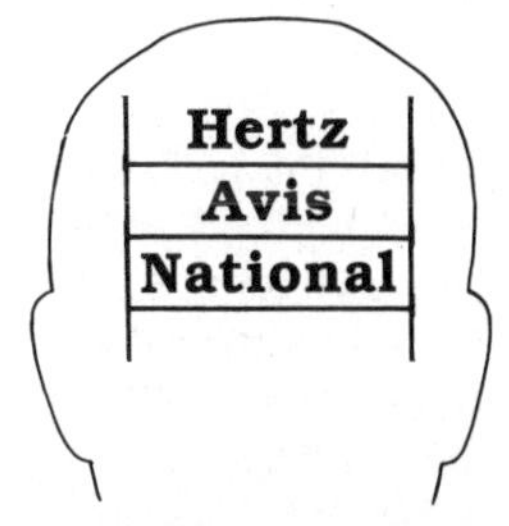

이것이 전형적인 잠재 고객의 마인드에 있는 '렌터카' 영역의 사다리다. 에이비스나 내셔널로부터 차를 빌리는 소비자조차도 자신의 마인드에는 이렇게 담아 두고 있을 것이다. 사람들은 에이비스가 사다리 맨 위 칸에 있기 때문에 그 회사로부터 차를 빌린 게 아니었다. 에이비스가 리더가 아니라는 시실에도 불구하고 차를 빌린 것이다. "그런데 고객은 어째서 우리를 이용할까요? 우리가 더 열심히 일하기 때문입니다."

『포지셔닝』이 출간되고 얼마 후, 연방 상거래 위원회는 우리를 워싱턴 D.C.로 초청했다. 비교 광고 금지 규정과 관련해 계류 중인 사안에 대해 우리의 코멘트를 듣겠다는 취지였다. 당시 제안된 규정에 따르면, "우리는 더 열심히 일합니다"와 같은 비교 광고는 쓸 수 없지만 '~보다 더 열심히 일합니다' 와 같이 대상을 명시하는 비교 광고는 쓸 수 있었다. 우리는 에이비스 슬로건에 들어 있는 광고문이, 독자가 '허츠보다 더……'라는 생각을 추가한다는 사실을 전제로 쓰였음을 지적했다. 최상의 광고 문구는 항상 불완전한 형태를 취한다. 최상의 광고 문구는 언제나 독자로 하여금 단어나 문구를 추가해 생각을 완성하게끔 만드는 것이다. 그래야 소비자를 '연루'시킬 수 있고, 그래야 광고 아닌가.

『타임Time』지는 "우리가 더 열심히 일하기 때문입니다"라는 에이비스의 카피가 허츠에 대한 비교 광고라며 게재를 거부했다. 그리고 다른 잡지들도 『타임』의 결정을 따랐다.

이 때문에 광고 담당 기획자는 당황했고, 결국 해당 카피를 "우리가 '지독하게damned' 열심히 일하기 때문입니다"로 수정하는 데 동의했다(이런 비속어 표현이 비교하는 말보다 공격성이 약하다고 여겨진 것 같다).

그러나 이 광고의 게재가 취소된 직후, 『타임』은 마인드를 바꾸어 기존의 카피를 받아들이기로 했다(카피 수정에 동의한 그 기획자는 해고되었다).

'대항'의 포지션을 확립하는 것은 전형적인 포지셔닝 전략에 속한다. 만약 어떤 기업이 첫 번째가 아니라면, 2위의 포지션을 차지하는 첫 번째라도 되어야 한다. 이 또한 결코 쉬운 일이 아니다.

허니웰은 컴퓨터업계를 떠났다. 이제 컴퓨터업계의 2위는 휴렛팩커드Hewlett-Packard다. (그러나 아무도 모르고 있다. 휴렛팩커드가 실수를 저질러 2위에 머무르게 되었음을.)

그러나 불가능한 것도 아니다. 에이비스가 렌터카업계에서 벌이고 있는 캠페인은 버거킹Burger King이 패스트푸드업계에서, 그리고 허니웰Honeywell이 컴퓨터업계에서 벌이는 캠페인과 같다.

‘비非콜라’ 포지션

또 하나의 전형적인 포지셔닝 전략은 다른 이가 차지하고 있는 사다리에 살금살금 기어올라 자리를 잡는 것이다. 세븐업이 바로 그 예다. 이 아이디어의 진가는 코카콜라와 펩시Pepsi가 차지하고 있는 막대한 점유율을 파악하면 바로 이해할 수 있다. 미국에서 소비되는 청량음료 세 병 가운데 거의 두 병이 콜라다.

세븐업은 ‘비콜라’ 포지셔닝 전략을 펼침으로써 상품을 이미 소비자의 마인드에 있는 것과 연결하는 데 성공했고, 이와 더불어 콜라를 대체할 수 있는 음료로 자리했다(그래서 콜라 사다리의 세 가로대가 첫째 코카콜라, 둘째 펩시, 셋째 세븐업으로 그려지게 되었다).

이 비콜라 포지셔닝으로 세븐업은 괄목할 만한 판매 수치를 기록하며 성장했다. 1968년 비콜라 포지셔닝을 펼친 이후 연간 판매 순익이 8,770만 달러에서 1억 9천만 달러로 상승한 것이다. 오늘날 세븐업은 세계에서 세 번째로 많이 팔리는 청량음료다.

세븐업은 두 개의 전선에서 전투를 벌이고 있었다. 하나는 콜라와 맞붙은 전선, 다른 하나는 스프라이트Sprite와 맞붙은 전선이었다. 비콜라 캠페인은 탁월했지만, 그들은 궁극적으로 스프라이트와의 전쟁에선 패하고 말았다. 현재 스프라이트가 레몬 라임 브랜드 가운데 1위다. 세븐업은 많은 실수를 저질렀다. 몇 가지 예를 들면, 일관성 있는 광고를 하지 않았고, 라인 확장에 매달렸으며(‘세븐업 골드’도 나왔었다), 비콜라 캠페인에 병행해야 할 명백한 조치조차 취하지 않았다. 청량음료 소비자들에게 세븐업이 ‘콜라가 아님’을 강조하는 한편, 세븐업이 ‘무엇’인지 밝히는 데에도 주력했어야 했다.

이와 같은 포지셔닝 콘셉트의 보편성을 증명하는 사례는 또 있다. 매코믹 커뮤니케이션McCormick Communications사는 로드아일랜드주 프로비던스의 삼류 방송국이자 아름다운 음악을 전문으로 하는 라디오 방송국 WLKW를 그 지방에서 제일가는 방송국으로 만들었다. 그들이 취한 전략은 WLKW를 '비非 록 음악 방송국'으로 포지셔닝 하는 것이었다.

독특한 포지션을 발견하려면 인습적인 논리를 잊어야 한다. 인습적인 논리란 자신의 콘셉트를 자기 자신 속에서, 또는 제품 속에서 찾으려는 행태를 말한다.

독특한 포지션은 반드시 소비자의 마인드에서 찾아야 한다.

세븐업의 비콜라 아이디어가 상품 속에서 찾아낸 것일까? 아니다. 콜라 애호가의 마인드에서 찾아낸 것이다.

FWMTS 함정

포지셔닝에서 성공하려면 무엇보다 일관된 자세가 중요하다. 세월이 바뀌어도 한 번 정한 포지션을 고수해야 하는 것이다.

그러나 대부분의 기업들은 포지셔닝에서 멋지게 성공을 하고 나면 매번 우리가 'FWMTS'라고 부르는 함정에 빠지고 만다. 즉, '자신을 성공하게 만들어 준 것을 망각하는Forget What Made Them Successful' 함정에 빠지고 마는 것이다.

에이비스는 ITT에 팔린 직후 더 이상 2위로 만족할 수 없었다. 그래서 "에이비스는 1위가 되려고 합니다"라는 광고를 냈다.

이런 광고를 낸 에이비스의 간절한 염원은 충분히 이해가 간다. 그러나 심리적으로든 전략적으로든 그것은 잘못이었다.

에이비스는 허츠에서 활용 가능한 약점을 찾아내지 못하는 한 1위가 될 수 없었기 때문이다.

이전의 에이비스 캠페인은 참으로 훌륭했다. 마인드의 상품 사다리에서 2위인 에이비스를 1위인 허츠에 연결할 뿐 아니라, 어느 정도의 '약자 옹호 심리'도 함께 이용하는 수법이었다.

Avis is going
to be No.1.
Avis
We try harder.

잠재 고객은 이런 광고를 접하면 이렇게 생각한다. '웃기고 있네.'

그러나 새로운 캠페인은 흔해 빠진 허풍 광고에 불과했다.

과거 20년간 에이비스는 각양각색의 광고 캠페인을 벌여 왔다. "마법사, 에이비스", "공항을 급하게 빠져나갈 필요가 없습니다" 등이 그렇다.

그러나 에이비스를 얘기할 때 마인드에 떠오르는 단 하나의 테마는 무엇인가?

물론 "에이비스는 2위에 불과합니다"이다. 그러나 에이비스는 지난 몇 년간, 소비자 마인드에 존재하는 유일한 콘셉트를 무시하는 행보를 거듭했다. 언젠가 내셔널이 매출에서 에이비스를 앞지르면, 그제야 에이비스는 잃어버린 2위 콘셉트의 소중한 가치를 깨달을 것이다.

오늘날 당신이 진정으로 성공을 원한다면 결코 경쟁자의 포지션을 간과하거나 도외시해서는 안 된다. 아울러 자기 포지션에서 물러나서도 안 된다. 조앤 디디온Joan Didion은 이 점과 관련해 불멸의 명언을 남겼다. "상황에서 맞춰서 놀라."

FWMTS 함정에 빠진 또 다른 기업은 세븐업 제조사다. 비콜라 포지셔닝을 통해 세븐업은 코크나 펩시의 대용품으로 훌륭하게 자리했다. 그런데 최근에 내놓은 광고를 보면 이렇게 말하고 있다. "미국은 이제 세븐업 쪽으로 얼굴을 돌리고 있다."

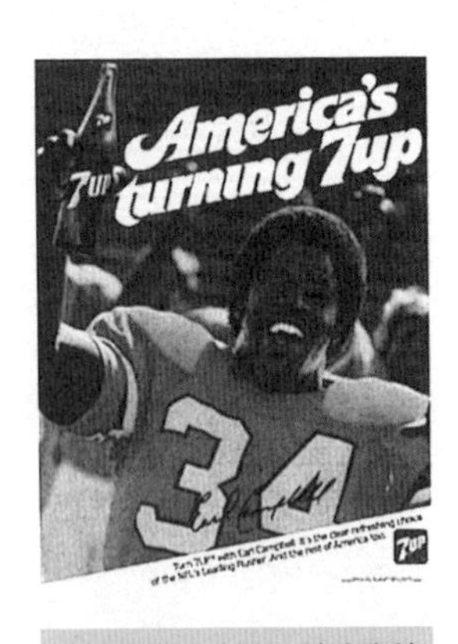

이러한 광고가 바로 일관성 없는 접근 방식의 전형적인 예다. 세븐업은 현재 시장의 리더인 스프라이트의 절반 정도에 해당하는 시장 점유율을 보이고 있다(미국은 세븐업 쪽으로 얼굴을 돌리지 않았던 것이다).

미국은 절대 세븐업 쪽으로 얼굴을 돌리지 않고 있다. 세븐업은 에이비스처럼 자신의 염원을 광고하고 있는 셈이다. 이 광고는 콘셉트 측면에서 에이비스의 그것과 전혀 다르지 않다.

그리고 에이비스의 광고와 마찬가지로 효과도 없다.

05 현재 위치에서는 목적지에 도달할 수 없다

옛날에 차를 몰고 가던 한 여행객이 농부에게 근처 마을로 가는 길을 물어보았다.

농부는 이렇게 대답했다. "이 길을 따라서 1마일쯤 내려가다가 갈림길에서 왼쪽으로 꺾으시오. 아니, 그래선 안 되겠는데. 그러지 말고 다시 뒤로 돌아가서 반 마일쯤 가다가 멈춤 표시판이 있는 곳에서 오른쪽으로 꺾으시오." 그러더니 농부는 다시 "그렇게 해도 안 되겠는데"라고 했다.

다시 한참을 생각하던 농부는 어리둥절해 있는 여행객에게 이렇게 말했다. "아무래도 여기서는 그곳까지 갈 수 없겠소이다."

이러한 일이 오늘날의 많은 대중과 정치가, 상품의 운명에 빈번하게 일어나고 있다. 종종 우연한 이유로 '현재 위치에서는 목적지에 도달할 수 없는' 포지션에 처하게 되는 것이다.

미국은 세븐업 쪽으로 얼굴을 돌리지 않고 있고, 에이비스는 1위가 되지 못할 것이다. 그렇게 되기를 염원하는 것만으로는 될 수 없는 일이다. 많은 양의 광고로도 이룰 수 없기는 마찬가지다.

꺾일 줄 모르는 '할 수 있다'는 신념

미국의 베트남 전쟁 경험은 여러 면에서 볼 때, 미국에 팽배한 '할 수 있다'는 신념이 반영된 전형적인 예라 하겠다. 모두가 열심히 노력만 하면 무엇이든 가능하다고 생각한 것이다. 그러나 열심히 노력하고 많은 돈과 병력을 투입했지만, 외부의 힘만으로는 문제를 해결할 수 없었다.

현재의 위치에서 목적지에 도달할 수 없었던 것이다.

베트남 전쟁이 보여 준 수많은 실례에도 불구하고, 우리는 아직도 '할 수 있다'는 환경 속에서 살고 있다. 그러나 아무리 열심히 노력해도 안 되는 일은 우리 주위에 널려 있다.

이젠 48세도 무리다. 오늘날의 하이테크 CEO들은 대개 20대 아니면 30대다.

결코 사장이 될 수 없는 55세의 수석 부사장을 예로 들어보자. 사장이 몇 년 후 65세로 정년퇴직을 하게 되면 이 사회는 48세 정도 되는 후계자를 사장으로 선임할 것이다. 55세라는 나이는 이미 사장이 되는 궤도에서 벗어나 있는 것이다. 승진 기회를 잡으려면 적어도 현재 그 직위에 있는 사람보다 10년은 더 젊어야 한다.

마인드 쟁탈전에서도 종종 궤도를 벗어난 상품에 이러한 일들이 일어난다.

오늘날 어떤 회사가 훌륭한 상품과 탁월한 판매력을 바탕으로 훌륭한 광고 캠페인을 벌인다 해도 '현 위치에서는 목적지에 도달할 수 없는' 포지션에 빠지면 반드시 비참한 결과를 맞이하고 만다. 아무리 많은 비용을 투자해도 마찬가지다.

RCA가 컴퓨터 산업에서 겪은 경험이 대표적인 예다.

재난의 조짐

1969년 우리는 『인더스트리얼 마케팅Industrial Marketing』지에 "포지셔닝, 오늘날의 모방형 시장에서 사람들이 즐기는 하나의 게임"이라는 제목의 글을 기고했다. 주로 RCA를 예로 들어 설명하고, 포지셔닝이라는 게임의 법칙에 근거하여 몇 가지 상황을 예측하는 내용이었다(상대적으로 크고 강한 경쟁자가 점유한 마인드 포지션에 대처하는 과정을 묘사하기 위해 '포지셔닝'이라는 말을 사용한 최초의 글이다).

이 가운데 특히 한 가지 예상이 놀라울 정도로 정확하게 들어맞았다. 우리는 컴퓨터 산업에 관한 한 "IBM이 구축한 포지션과 정면 대결을 벌이는 기업은 가망이 없다"고 전망했다.

포지셔닝에 관한 최초의 글은 우리가 1969년 『인더스트리얼 마케팅』지 7월호에 기고한 기사다. 오늘날까지도 사람들은 우리에게 이렇게 묻는다. "소비자 제품과는 성격이 다른 B2B 제품에 대해서는 어떻게 포지셔닝을 적용해야 하는지요?" 우리가 "포지셔닝은 원래 산업 차원의 콘셉트로 출발한 것" 이라고 답하면 그들은 믿으려 하지 않는다. 왜 그럴까? 우리의 대답이 그들의 마인드에 있는 인식에 부합하지 않기 때문이다. 모든 훌륭한 광고 아이디어는 소비자 부문에서 나온다는 그들의 인식 말이다. 여기서도 한 가지 배울 게 있다. 결코 사실을 무기로 인식과 싸우려 들지 말라. 인식이 언제나 이기기 마련이다.

이 표현에서 가장 핵심적인 용어는 "정면 대결"이다. 시장의 리더와 싸워 성공을 거두는 것이 아예 불가능하다는 얘기가 아니다. 포지셔닝 법칙에 따르면 정면 대결로는 성공할 수 없다는 지적일 따름이다.

이러한 주장을 접한 1969년 당시의 일부 사람들은 비판의 눈길을 보냈다. RCA와 같은 강력한 대기업이라면 컴퓨터 사업에서도 성공할 수 있는데 그것을 비관적으로 보다니 정신 나간 게 아니냐는 것이었다.

1970년에 들어서면서 RCA는 위력을 자랑이라도 하듯 총공세를 퍼부었다. 업계 전문지에는 연일 믿기지 않는 기사들이 1면을 장식했다.

이것이 RCA가 『월스트리트 저널The Wall Street Journal』과 그 밖의 업계지에 게재한 '정면 대결' 광고다. 수년 동안 일부 사람들은 포지셔닝 광고를 '헤드라인에 경쟁자를 언급하는 광고'인 것으로 알았다. 물론 반드시 그런 건 아니다. 포지셔닝은 사실 경쟁자를 '언급하든, 그렇지 않든' 아무런 관계가 없다. 마케팅 캠페인을 벌이기 전에 경쟁자의 강점과 약점을 '고려해 보는' 것과 관계가 있는 것이다.

『비즈니스 위크Business Week』지 1970년 9월 19일자 지면에는 "RCA, 1위를 향해 맹공을 퍼붓다"라는 헤드라인이 실렸다.

『포춘Fortune』지는 1970년 10월호에 "RCA, IBM에 정면 도전장을 내밀다!"라는 기사를 게재했다.

『애드버타이징 에이지』 1970년 10월 26일자 지면에도 "RCA의 컴퓨터 전략, IBM과 정면 대결"이라는 기사가 실렸다.

그리고 이러한 RCA의 의도를 재천명하듯 RCA의 회장 겸 사장인 로버트 사노프Robert W. Sarnoff는 1970년 말까지 RCA가 컴퓨터 업계에서 "확고한 2위 자리"를 확보할 것이라고 전망했다.

제너럴 일렉트릭의 잭 웰치Jack Welch는 소망을 토대로 삼는 '할 수 있다' 신념을 거의 말살했다. 1위나 2위가 아니면 업계에서 밀려나는 것이다.

또한 그는 컬러텔레비전을 포함한 이전의 사업을 벌일 때보다 훨씬 더 많은 자금을 컴퓨터 사업에 투자했음을 지적하면서, 컴퓨터 사업을 1970년대 초반에 견실한 이익 포지션에 자리 잡게 하는 것이 목표라고 말했다.

사라지는 '할 수 있다'는 신념

그러나 그러한 목표를 천명하고 1년도 지나지 않아 지붕이 무너지기 시작했다.

『비즈니스 위크』는 1971년 9월 25일자 지면에 "RCA를 강타한 2억 5천만 달러짜리 대실패" 라는 헤드라인이 붙은 기사를 실었다.

어마어마한 액수다. 어떤 사람의 계산에 따르면, 이 돈을 모두 1백 달러짜리로 바꿔 록펠러 센터의 인도에 쌓으면 RCA 빌딩 53층에 있는 사노프 회장의 집무실보다 더 높이 올라간다.

사실 그 무렵은 컴퓨터 제조업체들에게 악몽 같은 시절이었다. 1970년 5월 제너럴 일렉트릭도 수년간의 적자 끝에 컴퓨터 사업 부문을 허니웰에 팔아넘김으로써 패배를 시인했다.

이렇게 대형 컴퓨터 메이커 두 개가 차례로 넘어가는 것을 보고는 '내가 그렇게 된다고 했잖아!' 하고 말하고 싶은 충동을 참을 수 없었다. 그래서 우리는 『인더스트리얼 마케팅』 1971년 11월호에 "다시 찾아온 포지셔닝, 왜 제너럴 일렉트릭과 RCA는 귀담아 듣지 않았는가?"라는 제목의 글을 실었다.

제너럴 일렉트릭과 RCA가 컴퓨터 라인을 접고 난 후, 우리는 다시 『인더스트리얼 마케팅』 1971년 11월호에 기고를 했다. 이 글은 포지셔닝 콘셉트에 불을 붙이는 계기가 되었고, 이와 더불어 우리는 더 많은 정보와 기사의 사본을 요청하는 사람들의 성화에 시달렸다.

그러면 IBM 같은 회사와 대항하기 위해서는 어떤 광고와 판매 전략이 필요할까? 우리는『인더스트리얼 마케팅』에 기고한 두 개의 기사에서 몇 가지 제안을 한 바 있다.

IBM에 대항하는 방법

컴퓨터업계는 종종 '백설 공주와 일곱 난쟁이'로 언급되어 왔다. 백설 공주는 마케팅 역사상 보기 드문 무적의 포지션을 확고히 구축해 온 IBM을 가리킨다.

Burroughs
Control Data
GE
Honeywell
NCR
RCA
Univac

이 이름들이 메인프레임 컴퓨터 분야에서 IBM과 경쟁하는 불운을 겪은 일곱 개의 컴퓨터 회사들이다. 그렇다면 IBM과의 경쟁에서 가장 선전한 회사는 어디였을까? 애석하게도 이 중에는 없다. 결국 세계 2위의 컴퓨터 기업이라는 위치를 차지한 회사는 디지털 이큅먼트였다. 디지털 이큅먼트는 '어밀리아 이어하트' 접근 방식을 이용했다. 그들이 최초로 인식될 수 있는 새로운 영역인 소형 컴퓨터 분야를 창출한 것이다.

IBM은 컴퓨터 산업의 60퍼센트를 점유하는 반면, 난쟁이들은 그중 가장 큰 것도 10퍼센트에 채 못 미치는 점유율을 보이고 있다.

그러면 IBM처럼 막강한 포지션을 갖고 있는 회사에는 어떻게 대항해야 할까?

우선 현실을 인정하지 않으면 안 된다. 그리고 컴퓨터 분야의 다른 많은 회사와 마찬가지로 움직여서는 안 된다. IBM과 똑같이 행동하려는 여타 회사들과는 다르게 움직여야 한다는 의미다.

IBM이 구축한 포지션과 정면 대결을 벌인다면 성공 가능성은 없다. 이러한 사실은 지금까지의 역사가 충분히 증명하고 있다.

소규모 회사들은 이러한 사실을 잘 이해하는 것 같다. 문제는 비교적 규모가 큰 기업들이다. 그들은 자신들이 IBM의 포지션에 대항해 굳건한 포지션을 세울 수 있다고 생각하는 듯하다. 그러나 불운한 어느 중역이 토로했듯이 "이 세상엔 돈이 그렇게 많이 있는 게 아니다." 결국 '현 위치에서 목적지에 도달할 수 없는' 포지션에 처하게 되는 셈이다.

최근에 우리는 IBM과 함께 '메인 프레임 컴퓨터' 콘셉트를 최첨단 포지션으로 대체하는 문제를 연구한 적이 있다. 우리는 '통합 컴퓨팅'을 그들의 포지션으로 삼으라고 권고했다. 컴퓨터 분야에서 다른 어떤 기업이 그들보다 더 잘 이것저것 규합해서 통합적으로 놀 수 있겠는가.

'불에는 불로 맞서라'라는 진부한 격언이 있다. 그러나 고인이 된 하워드 고시지Howard Gossage(1917~1969. 미국의 광고 전문가-역주)는 이렇게 말하곤 했다. "바보 같은 소리! 불에는 물로 맞서야 한다."

IBM과 싸우는 경쟁자들에게 유리한 전략은, 잠재 고객의 마인드에 이미 존재하고 있는 자신의 포지션을 최대한 살려서 이를 컴퓨터의 새로운 포지션과 연결하는 것이다. RCA의 예를 들어 설명해 보겠다. RCA는 과연 컴퓨터 라인에 어떻게 포지셔닝 해야 했을까?

1969년에 쓴 기사에서 우리는 하나의 제안을 한 바 있다. "RCA는 커뮤니케이션업계의 리더다. 그들이 컴퓨터 라인을 커뮤니케이션 사업과 연결하여 포지셔닝 한다면, 그들 자신의 포지션을 충분히 활용할 수 있을 것이다. 비록 그들이 일의 많은 부분을 무시하는 게 되겠지만 강력한 교두보는 마련할 수 있을 것이다."

금전 등록기 분야에서 강력한 포지션을 점하고 있는 NCR의 경우를 살펴보자.

성공의 기회란 그리 자주 오지 않는다. 사실 많은 회사에 그런 기회는 한 번밖에 안 온다. '올바른 포크'를 잡으면 크게 성공할 수 있지만 '틀린 포크'를 잡으면 시들거나 소멸하는 수밖에 없다. RCA는 '틀린 포크'를 잡았고, 결국 제너럴 일렉트릭에 흡수되어 부수적인 브랜드로 전락하고 말았다. RCA는 '커뮤니케이션 컴퓨터'라는 포크를 잡았어야 했다.
아이러니하게도 이후 커뮤니케이션은 모든 유형의 컴퓨터를 위한 진정한 시장으로 성장했다. 현재 IBM과 선 마이크로시스템스Sun Microsystems를 위시한 거의 모든 컴퓨터 회사가 대부분의 마케팅 자원을 인터넷을 지배하기 위한 전투에 쏟아붓고 있다. 궁극적인 커뮤니케이션 네트워크인 인터넷을 지배하기 위해서 말이다.

NCR은 소매 데이터 입력 시스템의 개발에 총력을 기울여 컴퓨터 사업에서도 많은 발전을 이룩했다. 요컨대 금전 등록기를 컴퓨터화하는 노력이었다.

그러나 전반적 상황에 대한 전망이 흐린 곳에서 확실한 포지션을 찾으려는 노력은 낭비나 다름없다. 그보다는 오히려 다른 사업 영역에서 노력하는 편이 더 바람직하다. 찰리 브라운Charlie Brown(만화 〈피너츠Peanuts〉의 주인공-역주)이 말한 것처럼 "너무 심각해서 피해 달아날 수밖에 없는 문제는 없다."

사실 평범한 성공보다는 철저한 실패가 때로는 더 바람직할 수도 있다.

낙오자는 대개 더 열심히 노력하는 것이 문제의 해결 방법이라고 생각하기 쉽다. 그러나 실패의 포지션에 빠져들고 있는 기업은 단지 열심히 노력하는 것으로 이익을 얻을 수는 없다.

중요한 것은 무엇을 하느냐가 아니라 언제 하느냐다. 특별한 노력이란, 상품 리더십이라는 귀중한 지위를 확립하기 위한 초기 단계에 이루어져야 큰 도움이 되는 것이다.

그러한 지위만 확립하면 모든 것이 가능하게 된다. 하지만 그렇지 않은 경우에는 일이 아주 어렵게 전개된다('맨 앞에서 썰매를 끄는 개만이 경치의 변화를 즐길 수 있다'는 에스키모인의 속담을 생각해 보라).

NCR은 유혹의 말에 넘어가 IBM과 정면 대결에 들어갔다. 그리하여 사경을 헤매게 되었고, 간신히 회복하여 오늘날에는 '트랜잭션' 분야로 돌아와 있다.

제너럴 일렉트릭의 스미스와 존스

한 가지 사례를 살펴보면 이 원칙을 쉽게 이해할 수 있다. 제너럴 일렉트릭에 사장 자리를 노리는 두 사람이 있었다. 한 사람은 스미스J. Stanford Smith, 또 한 사람은 존스Reginald H. Jones였다.

스미스는 전형적인 '할 수 있다' 사상을 가진 중역이었고, 그래서 컴퓨터 사업이 맡겨졌을 때 그것을 기꺼이 받아들였다.

반면 현실적이었던 존스는 제너럴 일렉트릭이 시장을 지배할 만큼 일찍 컴퓨터 사업에 들어서지 못했음을 알고 있었다. 존스는 그처럼 늦은 단계에서 IBM을 따라잡으려고 하면 회사에 너무 많은 부담이 생기고, 따라잡는다 해도 막대한 출혈을 감수해야 한다는 판단을 내렸다.

스미스가 컴퓨터 사업에 실패하자 존스에게 그 사업을 맡을 기회가 주어졌다. 존스는 컴퓨터 사업에서 손을 뗄 것을 회사에 건의했으며, 이 건의가 받아들여져 결국 제너럴 일렉트릭은 컴퓨

스미스와 존스의 이야기에는 약간의 보충 설명이 필요하다. 스미스는 제너럴 일렉트릭의 산업 광고 및 판촉부 부장이었다. 그리고 우리 둘은 모두 그 부서에서 처음 사회생활을 시작했다. 따라서 우리는 스미스를 매우 잘 알았다. 그는 우리가 만나 본 마케팅 종사자 중에 가장 훌륭한 인물이었을 것이다. 사실 스미스가 제너럴 일렉트릭 컴퓨터를 구할 수 없었다면 다른 누구도 마찬가지였을 것이다. 이 일은 우리에게 매우 깊은 인상을 남겼다. '현 위치에서는 목적지에 도달할 수 없는' 상황이 바로 이런 경우고, 누구든 이런 불운으로부터 자유롭지 못하다.

터 사업 부문을 허니웰에 매각하고 컴퓨터업계에서 완전히 철수했다.

이것이 후에 존스가 제너럴 일렉트릭의 CEO가 될 수 있었던 하나의 이유다. 반면 스미스는 인터내셔널 페이퍼International Paper사에서 경력을 마치게 되었다.

이처럼 컴퓨터 산업에서 벌어진 일들은 다른 모든 산업에서도 발생할 수 있다. 어떤 업계든 강력한 리더(컴퓨터의 IBM, 복사기의 제록스, 자동차의 제너럴 모터스)와 그 뒤를 따르는 다수의 군소업체가 있기 때문이다.

지금까지 예를 든 포지셔닝의 역할, 즉 컴퓨터 산업에서의 역할을 이해한다면 그러한 지식을 다른 대부분의 상황에서도 응용할 수 있다.

컴퓨터에 효과가 있는 것은 자동차나 콜라에도 효과가 있고, 그 반대의 경우도 마찬가지다.

06 업계 리더의 포지셔닝

에이비스나 세븐업 같은 기업은 마케팅 리더에 대항할 수 있는 대체 포지션을 찾아냈다.

그러나 대부분의 기업은 성공하든 못하든 열세가 되고 싶어 하지 않는다. 그들은 모두 허츠나 코카콜라 같은 리더가 되고 싶어 한다.

그렇다면 어떻게 해야 리더가 될 수 있을까? 실제로는 아주 간단하다. 찰스 린드버그나 닐 암스트롱을 기억하는가?

많은 사람, 많은 기업 가운데 최초가 되는 것이다.

Campbell's
Carnation
Coca-Cola
Colgate
Crisco
Del Monte
Eveready
Gillette
Gold Medal
Goodyear
Hammermill
Hershey's
Ivory
Kellogg's
Kodak
Life Savers
Lipton
Manhattan
Nabisco
Palmolive
Price Albert
Sherwin-Williams
Singer
Swift
Wrigley's

이들은 25개의 각기 다른 상품 영역에서 1923년도에 1위를 차지했던 브랜드들이다. 그리고 77년이 흐른 2000년 말, 이 중에 세 곳(에버레디Eveready, 맨해튼Manhattan, 팜올리브Palmolive)만이 리더 자리를 상실했다. 이는 리더의 위력이 어떠한지를 여실히 보여 준다. 리더십 하나가 가장 효율적인 마케팅 전략이 되는 이유가 여기에 있다.

리더십의 확립

역사적으로 볼 때, 마인드에 가장 빨리 침투한 브랜드는 대개 2위에 비해 두 배, 3위에 비해 네 배나 많은 장기적 시장 점유율을 차지한다. 그리고 이러한 관계는 좀처럼 바뀌지 않는다.

코카콜라와 펩시콜라 간에 벌어지는 격렬한 시장 쟁탈전을 보라. 펩시가 '챌린지' 캠페인을 통해 수년간 성공적인 마케팅 전략을 펼쳐 왔음에도, 여전히 콜라 시장은 코카콜라가 주도하고 있다. 도대체 왜, 펩시가 그렇게 선전을 펼쳐 왔는데도 코카콜라 6병당 펩시는 4병 팔리는 구도는 바뀌지 않을까?

2000년의 상황을 한번 살펴보자. 허츠는 여전히 건재하고, 제너럴 모터스는 비틀거리고 있으며, 파이어스톤은 타이어를 날려 버렸다. 그리고 웨스팅하우스는 사라졌다. 세상의 경쟁이 점점 더 치열해지고 있다는 얘기다.

어떤 영역에서든 리더 브랜드는 2위 브랜드보다 훨씬 더 잘 팔린다. 허츠는 에이비스보다, 제너럴 모터스는 포드Ford보다, 굿이어Goodyear는 파이어스톤Firestone보다, 맥도날드McDonald's는 버거킹보다, 제너럴 일렉트릭은 웨스팅하우스Westinghouse보다 훨씬 더 잘 팔린다.

그럼에도 많은 마케팅 전문가는 첫 번째가 되는 데서 얻는 막대한 이점을 간과한다. 그들은 코닥이나 IBM, 그리고 코카콜라의 성공을 '예리한 마케팅' 덕으로 너무도 빈번하게 돌린다.

리더의 실패

그러나 다른 영역에 잘못 뛰어들 때, 즉 아무리 마케팅 리더라 해도 결코 최초가 될 수 없는 새로운 영역에 신제품을 내놓는다면, 그 신제품은 일반적으로 열세를 면치 못한다.

코카콜라는 닥터 페퍼Dr. Pepper에 비하면 명실상부한 거대 기업이다. 그러나 코카콜라가 닥터 페퍼의 경쟁 상품인 미스터 피브Mr. Pibb를 출시했을 때, 그 애틀랜타 거인은 막대한 인적·물직

자원을 쏟아붓고도 닥터 페퍼의 매출에 별다른 흠집을 내지 못했다. 미스터 피브는 처량한 2위에 머물 수밖에 없었다.

IBM은 제록스보다 훨씬 더 큰 데다가 충분한 기술력과 노동력, 자금력까지 갖춘 기업이다. 그러나 IBM이 제록스와 경쟁이 되는 복사기 라인을 도입했을 때 어떻게 되었는가?

결과는 비참했다. 제록스의 복사기는 여전히 IBM 복사기보다 열 배나 더 높은 시장 점유율을 차지하고 있다.

코닥은 로체스터의 거인으로서 즉석카메라 사업에 진출하면서, 짐작건대 폴라로이드를 격퇴할 수 있을 것으로 생각했을 것이다. 그러나 결과는 달랐다. 코닥은 자사의 전통적인 카메라 사업에 상당한 손실을 입히면서 시장 점유율은 밑바닥을 맴돌았을 뿐이다.

거의 모든 물질적 이점은 리더에게 돌아간다. 마음을 바꿀 강력한 이유가 생기지 않는 한 소비자는 가장 최근에 구입한 브랜드를 다시 선택하기 마련이다. 상점에서도 가급적 리더 브랜드로 진열대를 채우려 하지 않겠는가.

코카콜라의 시도는 그칠 줄 모른다. 최근 코카콜라는 스포츠 음료 파워에이드PowerAde로 게토레이Gatorade에 도전하고 있다. 이 싸움에서 누가 이길 것 같은가? 물론 게토레이다.

무엇이 리더를 만드는가? 바로 추격자들이다. 리더는 절대로 경쟁자들을 업계에서 완전히 밀어내려고 애써서는 안 된다. 모종의 범주나 영역을 창출하려면 그들이 필요하기 때문이다. 폴라로이드는 소송을 제기해 코닥을 즉석사진업계에서 몰아내는 심각한 실수를 저질렀다. 결국 두 기업 모두 손해를 보았다.

상대적으로 규모가 크고 성과가 좋은 기업은 일반적으로 우수한 대학 졸업자를 선점하는 이점을 누린다. 그런 기업에 뛰어난 지원자가 더 많이 몰리기 때문이다.

이렇듯 리더 브랜드는 여러 면에서 유리하다.

간단한 예로 비행기 안에서 제공하는 콜라, 진저에일, 맥주 등의 브랜드는 한 종류뿐이다.

다음번에 미국 국적 비행기로 여행할 일이 있을 때, 기내에서 제공되는 이들 세 가지 상품의 브랜드가 각각 코카콜라, 캐나다 드라이Canada Dry, 버드와이저인지 아닌지 한번 확인해 보길 바란다.

리더십이 차별화의 최대 요소다. 리더십이야말로 브랜드 성공의 담보물이다.

균형의 불안정

사실 몇몇 영역에서는 두 개의 리더 브랜드가 팽팽히 맞서고 있다.

이런 현상이 빚어지는 주요한 까닭은 이들 영역이 본래 불안정하기 때문이다. 그러나 이런 영역에서도 조만간 하나의 브랜드가 우위에 서고, 최종적으로는 5 대 3, 또는 2 대 1이라는 안정된 비율의 톱 브랜드가 형성될 것으로 기대된다.

소비자는 닭과 같다. 모두가 알고 있고 받아들이고 있는 서열, 즉 모이를 쪼아 먹는 순서를 따라야 마음이 훨씬 편해지는 것이다.

허츠와 에이비스.

하버드와 예일.

맥도날드와 버거킹.

두 브랜드가 근접해 있을 때, 언젠가 어느 한쪽이 우위에 서고 이후 몇 년 동안 시장을 지배할 가능성이 높다.

예를 들면, 1925년에서 1930년까지 포드와 쉐보레는 막상막하였다. 그러다가 1931년에 이르러 쉐보레가 선두를 차지했다. 이후 불황과 전쟁으로 인한 혼란 상황을 포함해 쉐보레가 포드에게 수위를 빼앗긴 경우는 네 번뿐이다.

특별한 노력을 기울여야 하는 시기는 상황이 불투명해 보일 때다. 어느 한쪽이 뚜렷한 우월성을 보이지 못할 때인 것이다. 이런 경우 특별한 노력이 필요하다. 한 해의 판매 경쟁에서 확실하게 이기면, 이후 몇십 년간의 승리가 보장되곤 하기 때문이다.

제트기가 이륙하려면 정격 출력의 110퍼센트가 필요하다. 그러나 기체가 9킬로미터 상공에 이르면 조종사는 출력을 70퍼센트로 떨어뜨릴 수 있으며, 그러면서도 시속 약 960킬로미터로 비행할 수 있게 된다(일단 탄력을 받으면 그만큼 힘이 덜 들게 된다는 의미다).

우리는 '균형의 불안정'이란 생각을 발전시켜 후에 '쌍대성의 법칙'을 만들었다. 그러니까 모든 영역에서 궁극적으로 두 개의 브랜드가 영역을 지배하게 된다는 이론이다. 쉐보레와 포드, 코크와 펩시, 버드와 이저와 밀러, 듀라셀Duracell과 에너자이저Energizer, 소더비Sotheby's와 크리스티Christie's 등이 그 예다. 신과 악마도 여기에 속할까?

리더십 유지를 위한 전략

질문 : 몸무게 약 360킬로그램의 고릴라는 어디서 잠을 잘까?

답 : 자기가 원하는 곳이면 아무 데서나 잔다.

리더는 원하는 것이면 아무거나 할 수 있다. 단기적으로 보면 리더는 거의 무적이다. 기세만으로 모든 것을 압도할 수도 있다. (오래된 레슬링 격언이 있다. '상대 몸 위에 있는 한 절대 제압당하지 않는다.)

제너럴 모터스나 프록터 앤드 갬블, 그 밖의 리더들은 금년이나 내년 일을 걱정하지 않는다. 그들은 장기적인 일을 걱정한다. 지금부터 5년 후에는 어떤 일이 벌어질까? 그리고 10년 후에는 어떤 일이 일어날까? (단기적으로 문제가 되는 것은 정부뿐이다. 리더의 모토는 다음과 같아야 한다. '계속 밀어붙여. 정부가 개입하기 전까지는 괜찮아.')

Microsoft did just this and they did indeed hear from the Feds.

마이크로소프트Microsoft는 실제로 이렇게 해서 정부의 개입을 불러일으켰다.

리더들은 안정된 장기적 미래를 확보하려면 자신의 단기적 유연성을 이용해야 한다. 실제로 마케팅 리더들은 하나의 가로대만 있는 사다리에 자기 브랜드를 못 박아 마인드 안에 주입하는 기업들이다. 그렇다면 과연 그러한 목적을 달성한 이후 리더들은 무엇을 해야 하고, 무엇을 해서는 안 될까?

해서는 안 될 일

기업이 해당 포지션을 점유하고 있는 상태에서 '우리가 1위입니다'와 같은 광고처럼 분명한 사실을 되풀이하는 광고는 의미가 없다.

잠재 고객의 마인드에 해당 상품 영역을 강화하는 것이 훨씬 더 바람직하다. 예를 들면, IBM의 광고는 대개 경쟁 상대는 무시한 채 컴퓨터의 가치를 알리는 데 역점을 둔다. 자사의 컴퓨터만이 아닌 모든 컴퓨터의 가치를 말이다.

'우리가 1위입니다'라는 광고는 왜 좋은 생각이 아닐까?

그 이유는 심리적인 데 있다. 우선 당신 회사가 1위인 줄 이미 알고 있는 소비자들에게 계속 '우리가 1위'라고 광고하면 소비자들은 의아심을 품게 된다. 무슨 이유로 그렇게 불안해하며 왜 계속 그런 광고를 할까, 하고 말이다.

또는 그런 식의 광고를 해도 잠재 고객들이 당신이 1위라는 사실을 모를 수도 있다. 왜 그럴까? 당신이 당신의 리더십을 잠재 고객의 관점이 아닌 당신 자신의 관점에 따라 정의했기 때문일 것이다. 그런 광고로는 효과를 볼 수 없다.

우리는 리더가 해서는 안 될 일에 대해서 다시 생각하게 되었다. 어느 것이 리더 브랜드인지 모르고 시장에 나오는 새로운 잠재 고객들이 항상 생기는 영역도 있기 때문이다. 따라서 하이네켄과 같은 리더들에게는 아마도 항상 자신의 리더십을 전달하는 광고를 하는 게 타당할 것이다. 불행히도 하이네켄은 "미국의 수입 맥주 1위"라는 광고를 접었고, 결국 그들의 리더십을 코로나 엑스트라Corona Extra에 넘기고 말았다. 물론 리더십은 항상 일정 수준의 겸손과 함께 전달되어야 한다는 사실에는 변함이 없다.

리더 포지션의 확립은 결코 스스로의 관점만으로는 이룰 수 없다. '미시시피 동부에서 1천 달러 이하로는 가장 잘 팔리는 고성능 라디오!' 이런 식의 광고는 안 된다.

리더의 포지션은 소비자의 관점에 따라 확립해 나가야 한다. 다음에 소개할, 서로 병행해서 사용해야 할 두 가지 기본 전략은 서로 모순되어 보이지만 결코 그렇지 않다.

되풀이하여 상기시키기

코카콜라가 왜 계속 '진품' 캠페인을 이용하지 않는지 이해가 가지 않는다 "언제나 코카콜라 Always Coke"는 그저 그들만의 소망이었을 뿐이다. 요즘 나오는 "코카콜라 인조이Coca-cola Enjoy"는 유치하기까지 하다.

코카콜라의 고전적인 광고 캠페인 '진품The real thing'은 모든 리더가 효과적으로 사용할 수 있는 전략이다.

리더 포지션을 확보하는 기본 요소는 잠재 고객의 마인드에 가장 먼저 침투하는 것이고, 그 포지션을 계속 유지하기 위한 기본 요소는 고유의 콘셉트를 강화하는 것이다. 그 기준에 따라 다른 모든 것이 판단되도록 만들어야 한다는 의미다. 그렇게 하면 다른 모든 브랜드는 '진품'의 모조품이 되는 셈이다.

이는 '우리가 1위입니다'라고 계속 말하는 것과는 다르다. 일반적으로 최대 브랜드가 최대 판매고를 올리는 까닭은 값이 싸거나 구입하기 쉽다는 등의 이유를 지녔기 때문이다.

그러나 '진품' 같은 것은 마치 첫사랑과도 같아서 소비자의 마인드에서 언제나 특별한 자리를 차지하게 된다.

'우리가 그 제품을 발명했습니다.' 이는 제록스 복사기를 뒷받침하던 강력한 동기 부여 요인이었다. 폴라로이드 카메라의 경우도 그랬고 지포Zippo 라이터 역시 마찬가지였다.

마인드에 가장 먼저 들어가는 제품은 모두 고객에 의해 '진품'으로 인식된다. 메인프레임 컴퓨터 부문의 IBM, 타이어의 굿이어, 콜라의 코카콜라처럼 말이다. 만약 당신의 제품이 진품으로 인식된다면, 당신은 다른 모든 경쟁 브랜드를 모조품으로 다시 포지셔닝 한 셈이 된다. 코카콜라의 '진품' 캠페인은 광고 역사상 가장 강력하면서도 호소력 짙은 슬로건일 것이다. 그런데 코카콜라는 그것을 매우 인색하게 사용했고, 요즘은 아예 사용할 생각도 안 한다. 안타까운 일이 아닐 수 없다.

모든 가능성에 대응하기

때로는 위의 내용처럼 하는 게 매우 어렵다. 불행히도 리더들은 자기네 광고를 너무도 열심히 읽다가 아무런 결함이 없다고 생각해 버리는 우를 범하기 쉽다. 그렇기 때문에 경쟁사가 신제품이나 새로운 특성을 도입하면 그러한 개발을 과소평가하는 경향이 있다.

리더들은 이와는 반대로 해야 한다. 모든 가능성에 대비해야 한다. 리더는 자신의 자부심은 드러내지 않은 채 어떤 개발이든 유망한 징조가 보일 때마다 그것을 재빨리 채택해야 한다.

제너럴 모터스는 왕켈Wankel 엔진이 업계에 등장했을 때 그 가능성에 대비하는 데 5천만 달러나 들였다. 이 돈을 허비한 것으로 봐야 할까? 그렇지 않다. 제너럴 모터스는 왕켈 특허권의 구매에 쓴 5천만 달러를 연간 660억 달러 규모의 사업을 유지하기 위해 이용하는 아주 값싼 보험으로 간주했다(1979년 제너럴 모터스의 연매출은 663억 1,120만 달러였다).

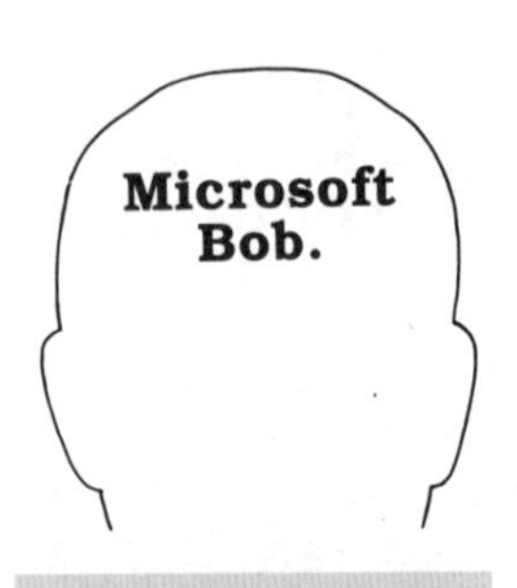

리더들은 마이크로소프트가 '밥Bob 소프트웨어'를 가지고 행한 것과 같은 모험을 감행해야 한다. 마이크로소프트가 비숙련 컴퓨터 사용자들을 위해 출시한 밥 소프트웨어는 실패작이었다. 그러나 만일 경쟁사가 유사한 제품을 시도해 성공했다면 어쩔 뻔했는가? 마이크로소프트는 아예 그러한 우려의 싹을 잘라 버린 것이다. 우리는 종종 리더들이 모험적 투자라는 '대동맥'에서 경직 현상을 일으키는 것을 보아 왔다. 그들은 만약 신제품이 실패할 경우 각종 언론 매체로부터 받을 조롱과 질타를 너무 염려한다. 그러나 언론 매체는 실패를 인정하는 기업에 보통 동정적이라는 것을 알아야 한다. 코카콜라가 뉴코크의 실패를 겸허하게 인정했을 때 쏟아졌던 숱한 격려를 못 보았는가.

만약 왕켈이 미래의 자동차 엔진이 되었다면, 그리고 포드나 크라이슬러Chrysler가 먼저 그 엔진 특허권을 사 버렸다면, 제너럴 모터스는 지금 어디쯤 가고 있을까?

이는 사무용 복사기 분야에서 코닥이나 쓰리엠3M이 취한 행보와 극명하게 대조된다. 가공지 복사기 분야의 리더였던 두 회사는 칼슨Carlson의 건조 인쇄 방식의 특허를 취득할 기회가 있었는데도 그것을 무시했다.

'1.5센트면 가공지 카피 한 장을 얻을 수 있는데, 누가 5센트나 들여서 보통지 카피 한 장을 얻으려 하겠는가.' 맞는 말이다. 하지만 대응이나 대비의 본질은 예기치 못한 일에 대처해 바람막이를 친다는 것 아니겠는가.

그런데 정말로 예기치 못한 일이 벌어졌다. 할로이드Haloid(후에 할로이드 제록스, 이어 제록스로 이름이 바뀌었다)가 칼슨의 특허를 사들였고, 그 기업은 이제 50억 달러 규모의 거인으로 성장해 쓰리엠을 넘어선 후 코닥을 바짝 뒤쫓고 있다. 『포춘』은 제록스 914 보통지 복사기를 "미국에서 생산된 제품 중에 단일 품목으로서는 가장 많은 이윤을 낳은 제품"으로 꼽았다.

그런데 제록스는 성공의 재현을 위해 이어서 무엇을 했는가? 한 게 거의 없었다. 914 복사기로 놀라운 성공을 거두고 나서는 실패만 거듭했다. 특히 컴퓨터 영역에서의 실패가 유명하다.

상품에서 생기는 위력

물론 현재는 제록스가 코닥보다 훨씬 더 크다. 이는 주로 코닥이 약품 산업을 비롯한 다른 제품 영역에 뛰어드는 실수를 저질렀기 때문이다. 후에 우리는 이런 계열의 생각을 발전시켜 '초점의 위력'이라는 개념을 만들었다.

제록스의 회장은 기업 다각화에 심혈을 기울이던 초기에 다음처럼 말했다. "우리 사무용 복사기의 성공이 단지 일회성에 그치는 게 아니라 몇 차례고 되풀이될 때, 우리는 이 조직이 거듭 신뢰할 수 있는 힘을 갖고 있다는 결론에 도달할 수 있을 겁니다."

이는 리더가 흔히 저지르는 잘못이다. 상품의 위력이 조직의 위력에서 생긴다는 생각은 환상이다.

사실은 정반대다. 조직의 힘은 상품이 가진 힘에서 나온다. 다시 말해, 해당 상품이 소비자의 마인드에 점유하고 있는 포지션에서 나온다.

지난 20년 동안 제록스는 컴퓨터 영역에서 수십억 달러에 달하는 손실을 입었다. 초점 상실의 위험성을 보여 주는 또 하나의 값비싼 교훈이다.

코카콜라는 위력을 갖고 있다. 코카콜라 회사는 단순히 그 위력이 반영된 물리적인 형태에 불과하다.

콜라 이외의 영역에서 코카콜라 회사가 그러한 힘을 가지려면 엄청난 노력이 필요하다. 소비자의 마인드에 가장 먼저 들어가거나 별도의 강력한 포지션을 확립하든지, 아니면 리더를 다시 포지셔닝 해야 하기 때문이다.

그러한 이유로 코카콜라의 미스터 피브는 닥터 페퍼와의 경쟁에서 2위에 머물고 말았다. 코카콜라 회사가 보유한 모든 힘을 기울였음에도 어쩔 수 없었던 셈이다.

제록스의 경우도 마찬가지다. 제록스의 위력은 제록스가 소비자 마인드에 점유하고 있는 포지션에 있었다. 제록스는 복사기를 의미했다. 제록스가 복사기 포지션을 점유한 이유는 소비자 마인드에 가장 먼저 침투했고 광범위한 마케팅 프로그램을 통해 그 포지션을 발전시켰기 때문이다.

그러나 컴퓨터 분야와 워드 프로세서 분야, 그리고 그 밖의 제품 분야에서 제록스는 원점에서 다시 시작해야 했다. 제록스는 다른 사업 분야에서도 복사기 분야에서와 같은 성공을 얻으려고 애썼다. 그러나 제록스는 914 프로그램의 본질적인 요소를 망각하는 큰 실수를 범했다. 914 복사기의 성공이 '최초'의 일반 종이용 복사기였다는 점에 기인한다는 요소를 말이다.

우리는 약 2년간 제록스를 위해 일한 적이 있다. 그때 우리는 그들이 사무실의 '입력 부문(컴퓨터)' 이 아닌 '출력 부문(복사기, 프린터 등)'에 초점을 맞추게 하기 위해 애를 썼다. 특히 우리는 제록스가 데스크톱 레이저 프린터를 소개하는 최초의 기업이 될 것을 강력하게 권고했다. 불행히도 그들은 휴렛팩커드에 선수를 빼앗기고 말았다.

신속하게 반응하기

경쟁 업체가 급진적으로 새로운 콘셉트를 도입하면 대개의 씩씩한 미국 경영진들은 이렇게 반응한다.

'한번 지켜보자고.'

그러나 대응책이란 원래 그 효력을 발휘하려면 신속성을 수반해야 한다. 그 새로운 제품이 고객의 마인드에 자리하기 전에 공격적인 대응책을 펼쳐 경쟁자를 막아야 한다는 의미다.

데이트릴Datril이 타이레놀Tylenol에 가격 공세를 펼치려고 하자, 존슨 앤드 존슨Johnson & Johnson은 즉각적인 반응을 보였다. 브리스톨-마이어스Bristol-Myers가 데이트릴의 가격 인하 광고를 내기도 전에, 타이레놀의 가격을 내린 것이다.

그 결과 존슨 앤드 존슨은 데이트릴의 공격을 효과적으로 격퇴했음은 물론 브리스톨-마이어스의 시장 진입에 심각한 손실까지 입혔다. 결국 브리스톨-마이어스는 나름대로 노력을 기울이고도 끔찍한 두통 말고는 얻은 게 없는 꼴이 되고 말았다.

또 다른 고전적인 '차단' 작전은 일회용 면도기 분야에서 질레트Gillette가 빅BIC을 상대로 펼친 전략이다. 질레트는 '굿뉴스'라는 양날 일회용 면도기를 출시해 빅의 시장 진입을 효과적으로 차단했다.

시장에서의 대응 전략은 요트 경주의 대응 전략과 크게 다를 바 없다. 상대가 당신 돛의 영향권에서 벗어나 탁 트인 대양으로 나아가게 해서는 안 된다. 그 누구도 미래를 장담할 수는 없기 때문이다. 바람의 방향이 어떻게 바뀔지 아무도 모르는 것이다.

리더가 경쟁 업체의 움직임에 신속하게 대응하는 한 리더의 위치는 바뀌지 않는다. 바람의 방향이 바뀐다 해도 말이다.

멀티 브랜드로 대응하기

타이레놀은 예외다. 대부분의 리더는 새로운 브랜드를 도입하여 경쟁자의 움직임에 대응해야 한다. 프록터 앤드 갬블이 선보이고 있는 전형적인 '멀티 브랜드' 전략을 써야 한다는 의미다. 하지만 멀티 브랜드 전략이라는 표현보다는 '싱글 포지션' 전략이라 부르는 것이 오히려 옳을 것 같다.

각각의 브랜드는 소비자 마인드의 일정 장소에 독특하게 포지션 되어 있다. 시간이 흐르고 새로운 제품들이 나왔다 사라져도 소비자가 그 포지션을 바꾸려고 노력하는 일은 드물다. 그보다는 오히려 기술 변화나 기호 변화에 맞춘 새로운 상품이 도입되어 포지션에 변화를 일으키는 것이다.

다시 말해 프록터 앤드 갬블은 이미 확립된 포지션을 움직이는 것이 거의 불가능함을 이해하고 있다. 이미 완성된 하나의 굳건한 포지션이 있다면 그것을 바꾸려고 노력할 필요가 없다.

Gillette
Trac II
Atra
Good News!
Sensor
Mach 3

멀티 브랜드는 전반적인 시장 점유율을 놓고 볼 때 단일 브랜드보다 훨씬 더 가치가 높다. 질레트는 자체의 브랜드들로 전체 면도 용품 시장에서 60퍼센트의 점유율을 보이고 있다.

차라리 신제품을 도입하는 편이 장기적으로 볼 때 비용도 싸게 들고 효과적이다. 결국 오래전부터 확고한 자리를 차지하고 있던 이름을 없애야 하는 경우도 마찬가지다.

아이보리Ivory는 화장비누였고, 지금도 여전히 그렇다. 강력한 세탁용 세제가 시장을 휩쓸 때 아마 프록터 앤드 갬블은 '아이보리 세제'를 도입하자는 압력을 받았을 것이다. 만일 그렇게 했다면 그것은 소비자 마인드에 있는 아이보리 포지션의 변화를 의미했을 것이다.

그러나 그들은 그렇게 하는 대신 새로 개발한 세제에 '타이드Tide'라는 이름을 붙여 출시했다. 새로운 세제라는 콘셉트가 그에 걸맞은 새로운 이름을 갖게 된 셈이다. 그렇게 해서 타이드는 크게 성공했다.

또한 프록터 앤드 갬블은 식기용 세제를 개발했을 때 이를 '식기용 타이드'라 부르지 않고 '캐스케이드Cascade'라 명명해 출시했다.

멀티 브랜드 전략의 가장 탁월한 예는 도요타Toyota가 도입한 '렉서스'다. 그들은 새로운 제품에 '슈퍼 도요타'나 '도요타 울트라' 같은 이름을 붙이지 않았다. 값비싼 도요타 시리즈에 다른 브랜드명을 붙였다.

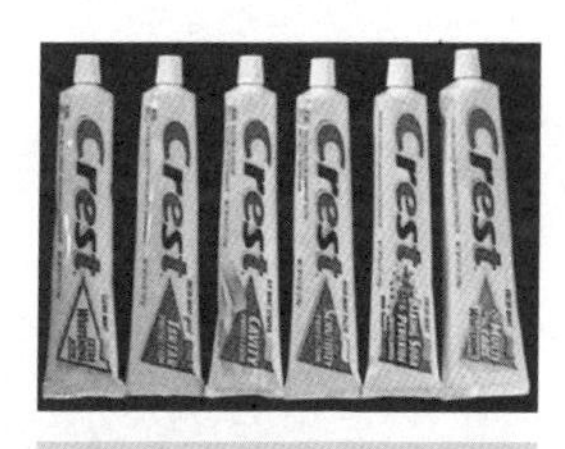

너무 좋아서 오래 지속할 수 없었던 것일까. 프록터 앤드 갬블은 오랫동안 우리의 영웅이었다. 그들은 새로운 영역들을 개발해 개별 브랜드를 출범했다. 그러다가 어찌된 일인지 더 이상 그렇게 하지 않고 있다. 전통적인 라인 확장 사고에 빠진 것이다. 예를 들어 크레스트 치약 하나에 50개가 넘는 재고 관리 단위를 만들었다. 크레스트는 최근 콜게이트Colgate에 리더 자리를 빼앗겼다. 결코 놀랄 일이 아니다.

프록터 앤드 갬블의 리더 브랜드들은 각기 별개의 아이덴티티를 갖고 있다. 조이Joy, 크레스트, 헤드 앤드 숄더스Head & Shoulders, 슈어Sure, 바운티Bounty, 팸퍼스Pampers, 코메트Comet, 차민Charmin, 던컨 하인스Duncan Hines 등이 그렇다. 기존 이름에 '플러스'나 '울트라' 또는 '슈퍼'를 덧붙인 것도 없다.

따라서 멀티 브랜드 전략이라는 것은 실제로는 변화가 없는 하나의 포지션 전략인 싱글 포지션 전략이다.

아이보리는 99년 동안이나 강력한 브랜드로 군림하고 있다.

광범위한 이름으로 대응하기

리더를 권좌에서 물러나게 만드는 것은 당연히 '변화'다.

뉴욕 센트럴 철도New York Central Railroad는 1920년대에 유력한 철도 회사였을 뿐 아니라 증권 시장에서도 최우량주로 인정받는 기업이었다. 그러나 몇 차례의 합병을 거쳐 지금의 펜 센트럴Penn Central이 되었고, 이제 지난날의 영광은 자취도 찾을 수 없다. 이제는 빈껍데기에 불과한 것이다.

한편 아메리칸 에어라인American Airlines은 창공을 높이 날고 있다.

물론 뉴욕 센트럴의 적절한 대응책은 경쟁 초기 단계에서 항공 부문을 개설하는 것이었다.

'뭐라고? 우리에게 철도업에서 손을 떼고 항공 회사를 시작하라고? 어림없는 소리 마시오!'

순수한 대응책은 종종 내부적으로 이해를 얻지 못하는 난관에 부딪힌다. 경영진이 새로운 제품이나 서비스를 기회로 보지 않고 하나의 경쟁 상대로 보는 경우가 많기 때문이다.

때로는 이름을 바꾸는 것이 한 시대에서 다음 시대로 넘어가는 공백을 메우는 데 도움을 주기도 한다. 또한 이름을 광범위하게 확산함으로써 기업에 정신적 변화를 꾀할 수도 있다.

50년 역사를 자랑하는 『세일스 매니지먼트Sales Management』지는 최근 그 명칭을 "세일스 매니지먼트 앤드 마케팅Sales Management and Marketing"으로 바꾸고 빠른 성장세를 보이고 있는 마케팅 분야에 나서기 시작했다. 앞으로 어떤 시기에 이르면 이 잡지는 또 다른 변화를 꾀할 것이다. '마케팅 매니지먼트'로 이름을 바꿀지도 모르는 일이다.

'할로이드'가 '할로이드 제록스'로, 그리고 다시 '제록스'로 바뀐 예를 보면 짐작할 수 있지 않은가.

코닥이 현재의 회사명을 얻은 과정도 하나의 예가 된다. '이스트먼Eastman'에서 '이스트먼 코닥Eastman Kodak'으로, 그리고 다시 '코닥'으로 바뀌었다.

그래도 아직까지는 한쪽 신발을 완전히 벗어 버린 것은 아니다. 따라서 공식 명칭은 여전히 '이스트먼 코닥 컴퍼니'다.

마침내 코닥은 '이스트먼'을 화학 부문 사업으로 분리해 그동안 질질 끌고 다니던 한쪽 신발을 완전히 벗어 버렸다.

'다이렉트 메일 어소시에이션Direct Mail Association'은 수년 전에 그 이름을 '다이렉트 메일-마케팅 어소시에이션Direct Mail-Marketing Association'으로 바꾸었다. 메일(우편)이라는 것이 기업의

우리는 이 내용에 한 가지 중요한 점을 추가했어야 했다. 뉴욕 센트럴이 항공 사업에 진입했어야 했다는 것과는 별도로, 뉴욕 센트럴이란 이름도 더 이상 사용하지 말았어야 했다는 점을 지적하고 싶다(사람들이 뉴욕행 열차밖에 더 생각하겠는가). 이런 경우 이용할 수 있는 전략이 바로 멀티 브랜드 전략이다.

다이렉트 마케팅 방법 가운데 하나에 불과하다는 것을 깨달았기 때문이다.

앞으로 곧 '다이렉트 마케팅 어소시에이션'으로 바뀔 것 같지 않은가?

'뉴욕 센트럴 트랜스포테이션 컴퍼니New York Central Transportation Company'라는 이름 역시 성공작이라고 볼 수는 없다. 사람들이 회사명을 문자 그대로 받아들인다는 명백한 증거가 수없이 많기 때문이다(예컨대 '이스턴 에어라인Eastern Airlines' 같은 경우가 그렇다).

정부 기관들은 일반적으로 이름을 확장하는 데 매우 능하다. 그 예로 '주택 공급 및 도시 개발부'를 들 수 있다(원래 이름은 '주택 및 가계국'이었다). 정부 기관들은 이름을 확장하여 활동 범위를 넓히고, 인원을 늘리며, 예산 증액을 정당화하고 있다.

드문 경우지만, 이름으로 실패한 기관의 하나로 '연방 상거래 위원회'를 들 수 있다. 만약 '소비자 보호원'으로 명칭을 바꾼다면 최근의 '핫 이슈'를 적절히 반영하는 이름이 될 것이다.

Consumer Protection Agency

'소비자 보호원'은 정말로 훌륭한 아이디어다. 이런 이름의 이점은 열 살 먹은 꼬마들도 쉽게 이해할 것이다. 그 자체의 사업도 효과적으로 운영할 줄 모르는 정부가 가장 이상적인 초등학교의 학급 규모를 정해 주겠다고 나서니, 참으로 가소로운 일이 아닐 수 없다.

또한 리더들은 자기 상품의 적용 범위를 넓힘으로써 이익을 얻을 수 있다. 암 앤드 해머Arm & Hammer는 베이킹 소다를 냉장고 탈취제로 이용할 수도 있다는 점을 홍보해 판매량을 크게 늘렸다.

플로리다 시트러스 커미션Florida Citrus Commission은 오렌지 주스를 점심이나 간식, 그 밖의 음식물과 함께 마시도록 유도해 가장 많이 팔리는 과즙 음료로 만들었다.

"오렌지 주스는 이제 아침 식사 때만 마시는 음료가 아닙니다"가 바로 그 광고다.

유력한 비즈니스 전문지『비즈니스 위크』는 소비자 대상 광고에 적합한 매체로 판촉을 펼쳐서 오늘날 광고량의 40퍼센트를 소비자 용품으로 채우고 있다.

리더십의 혜택

'리더십에 따르는 핸디캡'을 표방한 그 유명한 캐딜락Cadillac 광고와는 달리, 리더십에는 실제로 방대한 혜택이 따른다.

시장에서 최대 지분을 차지하고 있는 기업, 즉 리더는 우선 그 시장에 참여한 다른 어떤 기업보다도 높은 마진율을 누릴 수 있다. 한 전형적인 연도(1978년)에 미국의 4대 자동차 메이커는 과연 어떤 성과들을 거두었는지 한번 살펴보자.

제너럴 모터스는 49퍼센트 시장 지분에 매출액 대비 6.1퍼센트의 순익을 올렸다.

포드는 34퍼센트 시장 지분에 매출액 대비 4.4퍼센트의 순익을 올렸다.

그리고 크라이슬러는 15퍼센트에 1퍼센트, 아메리칸 모터스American Motors는 2퍼센트에 0.4퍼센트의 수치를 보였다.

한마디로 '부익부 빈익빈'의 세계다.

더욱이 이러한 압도적인 리더십이 창출하는 추진력 덕에, 리더 기업은 최소 몇 년간 현상 유지에 아무런 지장을 받지 않는다.

자동차 세계는 그 후 어떻게 변했는가? 제너럴 모터스의 점유율은 29퍼센트로 떨어졌고, 포드는 25퍼센트 수준으로 하락했으며, 크라이슬러는 다임러-크라이슬러DaimlerChrysler로 이름을 바꾸고 약간 점유율을 높여 17퍼센트 수준을 유지하고 있다. 아메리칸 모터스는? 업계에서 사라졌다.

다시 강조하건대, 회사를 강하게 만드는 것은 규모가 아니다. 시장 지분에 기여하는 정신적 포지션이 회사를 제너럴 모터스처럼 강하게 만들거나 크라이슬러처럼 약하게 만드는 것이다.

매출 규모를 보면 크라이슬러는 프록터 앤드 갬블의 두 배다. 그러나 프록터 앤드 갬블은 자사가 참여해 경쟁을 벌이는 거의 모든 영역에서 1위다. 반면 크라이슬러는 — 영역은 다르지만 어쨌거나 — 불쌍한 3위 아닌가.

결과적으로 프록터 앤드 갬블은 수익이 매우 높은 회사, 크라이슬러는 업계에서 밀려나지 않기 위해 고군분투하는 위치에 놓여 있다.

포지셔닝 프로그램의 궁극적인 목표는 해당 영역에서 리더 자리를 차지하는 것이다. 일단 리더 자리에 오르고 나면 다음 몇 년간은 리더십의 열매를 마음껏 즐길 수 있다.

정상에 오르기란 쉬운 일이 아니다. 그러나 일단 오르고 나면 거기에 머무는 것은 그리 어렵지 않다.

Chevrolet
A large, small,
cheap, expensive car.

이론상의 진리가 실제로도 항상 그 효력을 발휘하진 않는다. 제너럴 모터스는 여러 면에서 볼 때 지금도 마땅히 50퍼센트에 육박하는 점유율로 자동차업계를 지배하고 있어야 옳다. 그럼에도 그들의 시장 지분은 꾸준히 하락하여 29퍼센트 수준에 머물고 있다. 과연 무엇이 잘못되었을까? 브랜드들의 개별적인 포지셔닝이 잘못된 것이다. 도대체 쉐보레는 뭐란 말인가? 크고 작고 싸고 비싼 차라니? 모든 것이 다 되려고 하면 결국 아무것도 못 되는 것이다. 제너럴 모터스는 현재 나머지 브랜드들에 대해서도 유사한 포지셔닝 실수를 저지르고 있다.

07 추격자의 포지셔닝

리더에게 효과적인 전략이 추격자에게도 반드시 효과적인 것은 아니다. 강력한 리더들은 종종 경쟁 상대의 움직임에 적절히 대응해 선두 자리를 지킨다.

그러나 추격자들은 대응 전략만으로 이익을 낼 수 있는 위치에 있는 게 아니다. 또한 리더를 모방하는 것도 결코 대응책이 될 수 없다. 모방형 반응이라 부르는 게 옳을 것이다(좋게 말해 '시대의 흐름에 따르는 것'이라고 표현할 수도 있겠다).

때로는 모방형 반응이 추격자에게 효과적일 수도 있지만, 그것은 리더가 포지션 확립을 위해 빠르게 움직이지 않을 때만 가능한 일이다.

모방형 반응의 위험성

대부분의 모방형 상품이 판매 부진을 면치 못하는 이유는 '스피드'보다는 '우수성'에 중점을 두기 때문이다. 2위 기업들은 더 우수한 모방 상품을 도입하면 성공할 수 있다고 생각한다.

그러나 실제로는 경쟁 상대보다 우수하다는 것만으로는 부족하다. 상황이 유동적일 때 공격을 감행하는 것이 관건이다. 리더가 선두 자리를 확고히 굳히기 전에 더 많은 분량의 광고와 프로모션을 투입하고, 더 좋은 이름을 붙여서 상품을 출시해야 한다(이에 대한 상세한 설명은 뒤에 나온다).

하지만 일반적으로 이와 반대되는 현상들이 일어난다. 모방형 상품을 만드는 기업들이 품질 향상이라는 미명하에 귀중한 시

DEC는 오랫동안 'IBM의 PC 사업을 무너뜨리기 위해' 애썼다. 그러나 그들은 데스크톱을 놓쳤고, 결국 컴팩Compaq에 인수되고 말았다.

간을 낭비하고 있는 것이다. 그리고 출시할 때에는 리더보다 더 적은 예산으로 광고를 낸다. 게다가 새로운 상품에 회사의 이름을 붙이는 게 대부분이다. 그렇게 해야 쉽고 빠르게 시장 점유율을 확보할 수 있다고 생각하기 때문이다. 그러나 오늘날 커뮤니케이션 과잉 사회에서 이러한 행위는 스스로 무덤을 파는 것이나 마찬가지다.

그렇다면 잠재 고객의 마인드에 있는 빈자리를 찾아내는 방법에는 어떠한 것이 있을까?

체스터 볼스Chester Bowles와 함께 광고 대행사 벤튼 앤드 볼스Benton & Bowles를 공동 설립한 윌리엄 벤튼William Benton은 이와 관련해 이렇게 말했다. "나라면 거대 기업의 사업 구조 안에서 비교적 연약한 부분을 찾을 것이다."

빈틈을 찾으라

프랑스에는 이러한 전략을 간결하게 요약한 마케팅 경구가 있다.

'Cherchez le Creneau(빈틈을 찾으라).'

빈틈을 찾아서 그 자리를 메우라.

이 충고는 미국인의 정신에 깊이 뿌리박힌 '클수록 좋다'는 철학과 상충한다.

이것 말고도 포지셔닝 사고를 어렵게 만드는 미국인의 전형적 태도는 또 있다. 대부분의 미국인들은 어린 시절부터 한 가지 특정한 방식으로 생각하도록 교육을 받는다.

노먼 필Norman Vincent Peale 박사는 그것을 '실증적 사고의 힘'으로 정의했다. 실증적 사고는 독서 능력 함양에는 도움이 될지 모르지만, 빈틈을 찾아내는 능력에는 별다른 도움이 되지 못한다.

빈틈을 찾으려면 뒤집어 생각하고 흐름에 역행하는 능력을 가져야 한다. 모두가 동쪽으로 갈 때, 자신은 서쪽으로 가서 빈틈을 찾을 수 있는지 없는지 생각해 봐야 한다. 콜럼버스에게 유용했던 전략이 오늘날에도 적용되는 것이다.

그러면 빈틈을 찾는 몇 가지 전략을 살펴보자.

잠재 고객의 마인드에서 '빈틈을 찾으라.' 이는 마케팅 분야에서 최고의 전략 가운데 하나로 인정받는다. 여기서 말하는 '빈틈'은 흥미로울 필요도 없고, 드라마틱할 필요도 없으며, 심지어 고객 이익을 실현하는 것과 전혀 관계가 없어도 무방하다. 롤렉스Rolex는 최초의 고가 시계였고, 오빌 레덴바허Orville Redenbacher는 최초의 고가 팝콘이었으며, 미켈롭은 최초의 국내산 고가 맥주였다. 고가로 내놓는 게 고객 이익의 실현일까? 그럼에도 이들은 잠재 고객의 마인드에 있는 빈틈을 채운 최초의 브랜드가 되었고, 이와 함께 큰 성공을 거두었다.

크기의 빈틈

디트로이트의 자동차 제조업체들은 차체를 더 길고 낮게 만들기 위해 오랫동안 애썼다. 새로운 차 모델이 나올 때마다 차체

작게 생각하라? 거기에 무슨 이익이 있을까? 어떤 조사를 실시하든 아마 대부분의 사람은 이웃보다 더 큰 차를 원한다고 대답했을 것이다. 그러나 광고에서 중요한 것은 잠재 고객에게 상품 이익을 전하기보다는 (당신이) 어떤 빈틈을 메우고자 하는지 알리는 데 있다. 폭스바겐이 우선 행한 것은 잠재 고객의 마인드에 '작은' 구멍을 뚫는 일이었다.

는 점점 유선형이 되었고 보기에도 좋아졌다.

그러던 중 폭스바겐Volkswagen의 비틀Beetle이 미국 시장에 상륙했다. 짧고 통통하고 못생긴 차였다.

만약 전통적인 방법으로 이 차를 홍보하려 했다면, 약점을 최소화하고 강점을 최대한 부각하는 전략을 택했을 것이다.

'이 차의 모양을 실제보다 더 좋게 촬영할 수 있는 패션 사진작가를 찾아내서 좋은 각도로 잡아 보자.'

그러나 빈틈은 '크기'에 있었다. "작게 생각하라." 이 광고는 폭스바겐의 포지션을 극명하게 나타내며 폭스바겐 광고 역사상 가장 큰 효과를 거두었다.

단 두 마디로 된 이 헤드라인은 두 가지를 한꺼번에 해냈다. 폭스바겐의 포지션을 천명했을 뿐 아니라 클수록 좋다고 여기는 잠재 고객의 사고에 도전했던 것이다.

이러한 접근 방식이 효과가 있었던 것은 물론 잠재 고객의 마인드에 빈틈이 있었기 때문이다. 폭스바겐 비틀이 미국에 진출할 무렵, 미국 자동차 시장에 다른 소형차들이 없었던 것은 아니다. 다만 어떤 차도 '소형차' 포지션을 선점하지 못하고 있었을 뿐이다.

폭스바겐은 작은 크기에 기초해 틈새시장을 공략한 고전적인 예다. 소니Sony는 텔레비전 시장에서 이와 똑같은 전략('터미Tummy 텔레비전')을 썼다.

집적 회로를 비롯한 각종 전자 장치 덕에 많은 상품 영역에서 '소형'이라는 빈틈이 기술적으로 실현 가능해졌다. 세월이 흐르면 전자공학에 대한 투자를 통해 소형화에 기반한 귀중한 포지션을 확립하는 기업이 어느 기업인지 알게 될 것이다.

이와 반대의 경우 역시 하나의 기회가 될 수 있다. 어드번트Advent는 현재 대형 프로젝션 텔레비전 분야에서 자기 포지션을 구축하려 애쓰고 있다. 비록 어드번트 하이파이 스피커를 장착한 어드번트 텔레비전이라는 콘셉트상의 혼란으로 어디까지 갈 수 있을지는 의문이지만 말이다.

어드번트는 프로젝션 텔레비전을 고안했다. 그러나 40~60인치 스크린의 프로젝션 TV는 대형 TV 시장이라는 틈새, 그 이상을 의미할 수 없었다. 어쨌든 하이파이 기업 파이오니아Pioneer를 성공적으로 경영한 경력 덕에 어드번트로 스카웃된 CEO 버니 미첼Bernie Mitchell은 프로젝션 TV에 만족할 수 없었다. 그래서 버니는 '홈 엔터테인먼트 센터 사업으로 라인을 확대하는' 모험을 감행했다. 그 후 어드번트는 파산 법정에 서게 되었고, 더불어 홈 엔터테인먼트 센터 또한 파국에 이르렀다. 닥치는 대로 행한 라인 확장의 처절한 실패담이다.

고가의 빈틈

대표적인 예가 미켈롭 맥주다. 안호이저부시Anheuser-Busch 회사의 관계자들은 프리미엄 국산 맥주 시장이 미개척 분야임을 발견하고 미켈롭이라는 이름으로 사람들의 마인드에 파고들었다.

First class
is Michelob.

미켈롭은 아주 탁월한 포지셔닝 콘셉트와 함께 출시되었다. 그럼에도 그들은 그 훌륭한 콘셉트를 빠르게 내던지고 다음과 같은 말도 안 되는 콘셉트를 채택했다. "주말은 미켈롭을 위해 준비된 것입니다."

미켈롭의 이야기에서 아이러니한 부분은, 당시 시장에 이론상 이미 여러 개의 프리미엄 맥주 브랜드가 있었다는 점이다. 그중 세 개를 꼽아 보면 슐리츠와 버드와이저, 패브스트가 있었다(사실 이 세 브랜드는 지금도 여전히 상표에 '프리미엄'이란 단어를 달고 있다). 그러나 오랜 세월이 흐르다 보니 그들의 프리미엄 포지션은 알게 모르게 부식되었다.

(뉴욕의 셰이퍼Schaefer, 밀워키의 블라츠Blatz, 시카고의 마이스터 브로Meister Brau 등) 지역 브랜드가 강세를 보이던 시절, 전국 브랜드나 수입 브랜드는 프리미엄 가격으로 갈 수밖에 없었다. 그러나 양조업체의 지역 토대가 분산되면서 그것은 더 이상 통하지 않게 되었다.

'고가'의 빈틈은 다른 상품 영역에도 널려 있다. 낭비벽이 심했던 미국 사회에서 절약의 필요성이 절박해지자, 오래 사용할 수 있는 고급 상품에 대한 새로운 이해가 확산되고 있다.

3만 달러짜리 차들은 이제 7만 5천 달러가 됐음에도 여전히 인기가 높다.

3만 달러나 되는 메르세데스 벤츠Mercedes Benz 450SL이나 BMW 633CSi 같은 자동차들이 성공할 수 있었던 배경에는 그러한 이유가 포함된다.

듀퐁 라이터는 "1천5백 달러 이하 제품도 있습니다"라는 광고 문구로 상품이 고가임을 강조한다.

가격은 하나의 이점이 될 수 있다. 특히 해당 영역에서 가장 먼저 '고가'의 빈틈을 메우는 경우가 그렇다.

시바스 리갈Chivas Regal 스카치위스키가 또 하나의 좋은 예다. 시바스 리갈이 처음 선보인 당시에도 이미 헤이그 앤드 헤이그 핀치 바틀Haig & Haig Pinch Bottle 같은 고가의 스카치위스키가 있었다. 그러나 이들은 제2차 세계 대전 이후 자신들의 고가 포지션이 점차 무너지는 것을 방관만 했다. 그래서 이후 시바스 리갈이 '우리가 고가 브랜드입니다'라는 명백하고 분명한 메시지를 들고 나왔을 때 성공으로 직결될 수 있었다.

현재 시바스 리갈은 조니 워커Johnny Walker 블랙 라벨Black Label과 커티 12Cutty 12로부터 공격을 받고 있다. 그러나 마인드에 진입한 최초의 브랜드로서 시바스 리갈이 보유한 강력한 포지션은 비교적 굳건하다. 특히 경쟁 브랜드들이 기존의 저가 브랜드인 조니 워커나 커티 삭Cutty Sark과 쉽게 혼동되는 허약한 이름을 앞세우고 공격하는 상황에서는 더욱 그렇다.

CHIVAS REGAL
BLENDED
WHISKY
Go ahead.
Spend the extra few dollars.
It's Christmas, isn't it?

당신 제품이 첫 번째라는 인식만 창출할 수 있다면, 첫 번째가 아니더라도 성공할 수 있다. 시바스 리갈은 고가의 스카치위스키 영역에서 여전히 리더 자리를 유지하고 있다.

어떤 브랜드는 전체 제품의 메시지를 모두 '고가' 콘셉트로 잡기도 한다.

"세계에서 가장 비싼 향수는 조이 하나뿐입니다."

"세계에서 가장 비싼 손목시계, 피아제Piaget를 착용해야 하는 이유……."

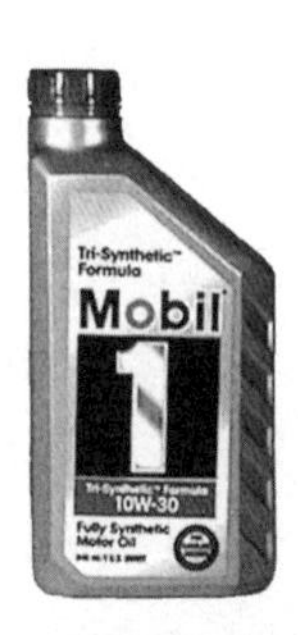

모빌원은 특별히 잘한 게 없다. 콘셉트(최초의 합성 엔진 윤활유)는 탁월하지만, 그 이름이 문제다. 새로운 콘셉트는 새로운 이름을 요구하는 것이지, 라인 확장을 위한 합성 명칭을 요구하는 게 아니다. 이상한 것은 이 합성 오일이 미국에서는 별 볼 일 없었지만 유럽에서는 괜찮은 성과를 거두었다는 점이다. 여기에는 한 가지 이유가 있다. 이 분야에서는 아직 어떤 기업도 합성 오일만을 위한 새로운 브랜드를 도입하지 않고 있기 때문이다. 와서 이쪽을 차지할 리더를 기다리는 영역인 셈이다.

고가 전략은 그 고가를 정당화할 실제적 차별성을 지녀야 성공할 수 있다. 다른 게 없다면 더 많은 돈을 소비하는 행위라도 합리화해야 한다.

고가 전략은 자동차나 위스키, 향수, 손목시계 등 호화 상품에만 효과가 있는 게 아니라 팝콘 같은 평범한 상품에도 효과적이다. 오빌 레덴바허Orville Redenbacher가 내놓은 봉지당 89센트의 구르메 팝핑 콘Gourmet Popping Corn은 그 반값 밖에 안 되는 졸리 타임Jollly Time을 제치고 시장 점유율 1위를 확보해 나가고 있다.

쿼트당 3달러 95센트의 합성 엔진 윤활유인 모빌원Mobil 1의 경우도 마찬가지다. 심지어 전통적인 저가 상품인 밀가루, 설탕, 소금 등도 포지셔닝의 기회를 제공한다.

그러나 종종 탐욕이 포지셔닝 사고와 혼동되는 경우도 있다. 무조건 가격을 비싸게 책정한다고 해서 더 많은 이익을 얻는 게 아니라는 의미다.

고가 포지셔닝에서 성공하려면 (1) 고가 포지션을 가장 먼저 구축해야 하고, (2) 상품의 주장이 적절해야 하며, (3) 소비자들이 고가 브랜드를 받아들일 수 있는 영역에 있어야 한다. 그렇지 않으면 고가 정책이 오히려 소비자를 쫓아 버리는 결과만 낳는다.

나아가 광고를 통해 고가 포지션을 확립해야지, 상점이나 점포를 통해 고가임을 나타내서는 안 된다. 가격은 — 고가든 저가든 — 다른 것과 마찬가지로 하나의 상품 특성이기 때문이다.

포지셔닝 작업만 제대로 이루어지면 소비자가 상품의 가격에 놀라는 일은 없을 것이다. 때로는 상품의 정확한 가격을 광고에서 알리는 편이 좋은 경우도 있지만, 반드시 그렇게 해야 하는 것은 아니다. 광고에서 주의할 점은 당신의 브랜드를 특정 가격 영역에 정확하게 포지셔닝 하는 것이다.

저가의 빈틈

'고가'와는 정반대인 '저가' 전략도 이익을 남기는 방법이 될 수 있다.

현재 팩시밀리 장비 시장에서 가장 큰 규모의 브랜드는 엑슨Exxon의 한 자회사가 도입한 큅Qwip이다. 큅은 최저 월 29달러에 대여하는 팩스 유닛을 내놓고 제록스의 최저 월 45달러짜리 텔레팩시밀리와 경쟁을 시작했다. 그리하여 지금은 팩스 렌탈업계에서 다른 모든 업체의 대여 수를 합한 것보다도 많은 팩스 유닛을 대여 중이다.

큅은 어떻게 되었을까? 그 회사는 엑슨이라는 이름을 내걸고 사무 장비 제품의 전체 라인을 출시하기로 결정했다. 그리고 이는 중대한 과실로 판명 났고, 결국 그들은 오랜 적자에 시달리다 사무 장비 부서를 접었다. 가솔린 회사가 대체 사무 장비 제품에 대해 뭘 안다고 그런 결정을 내린 건지…….

틈새시장을 파악하기 위해 가격을 평가할 때 염두에 두어야 할 것은 팩시밀리 장비나 비디오테이프 플레이어와 같은 신제품에 있어서는 저렴한 가격이 좋은 선택 조건이 된다는 사실이다. 제품을 사는 사람은 어느 정도 모험을 저지르고 있다는 생각을 갖는다. (만약에 실패하더라도 그 정도 금액이면 어떠랴!)

'고가'라는 빈틈은 자동차나 손목시계, 텔레비전 등 옛날부터 있었던 상품 영역에서 일반적으로 유용한 선택이 된다. 특히 고객이 현재의 애프터서비스에 만족하지 않는 상품에서는 더욱 그렇다.

최근에 도입된 '노 브랜드no brand' 식품은 슈퍼마켓에서 저가라는 빈틈을 개발하려는 시도에 속한다(그러나 소매업자들이 수년간 저가 판매에 역점을 둔 결과, 이 방법의 이점 대부분은 소멸해 버렸다).

하나의 기업에서 고가, 표준가, 저가라는 세 가지 모두를 적절히 조합해 실행한다면 강력한 마케팅 접근 방식을 펼치고 있는 셈이다. 안호이저부시가 미켈롭과 버드와이저, 부시Busch(저가 맥주)로 실행해 왔던 것처럼 말이다.

물론 이 중에 가장 약한 브랜드는 부시다. 강력한 포지셔닝 콘셉트가 부족할 뿐 아니라 이름마저 별 볼일 없기 때문이다. 도대체 무슨 이유로 기업주는 자신의 이름을 저가 상품에만 붙였을까? 포드 자동차 역시 이와 같은 이름 문제로 고민 중이다. 고가인 링컨Lincoln과 표준가인 머큐리, 그리고 저가인 포드로 말이다.

또 다른 효과적인 빈틈

캘빈 클라인Calvin Klein 청바지 또한 성별을 이용해 포지셔닝에 성공한 대표적인 예다.

성별 또한 효과적인 빈틈이 될 수 있다. 말보로Marlboro는 담배 시장에서 남성적인 포지션을 구축한 최초의 전국적인 브랜드로서, 필립 모리스Philip Morris의 판매 신장에 크게 기여했다. 필립 모리스는 말보로 덕에 10년 사이에 매출이 5위에서 1위로 뛰었다.

타이밍도 매우 중요하다. 1973년 로릴라드Lorillard는 루크Luke라는 이름의 남성적 브랜드의 도입을 추진했다. 이름도 좋았고, 포장도 훌륭했으며, 광고도 탁월했다. "칸카키에서 코코모까지, 자유롭고 여유롭게 루크는 나아간다."

단 한 가지 문제는 거의 20년이나 늦은 타이밍이었다. 루크의 판매는 말 그대로 여유롭게 이루어졌고, 얼마 지나지 않아 로릴라드는 루크 브랜드를 없앴다.

제품을 포지셔닝 하는 데 첫 번째가 되는 것을 대신할 만한 대안은 없다.

남성다운 담배가 말보로라면 여성다운 담배는 버지니아 슬림Virginia Slims

옛날 담배 광고들을 공부해 보기로 하자. 옛날 담배 광고들은 그야말로 예외 없이 여성을 등장시켰다. 이는 사실 잘 이해가 가지 않는 접근 방식이다. 담배의 주요 소비자는 남성이기 때문이다(옛날에는 더욱 그랬다). 그러니까 시장을 확대하고자 하는 시도로 그랬다고 볼 수 있다. 어쨌든 그런 취지에서였는지 모든 담배 브랜드가 점점 유니섹스 브랜드로 되어 가고 있는 시점에서 필립 모리스는 다른 길을 선택했다. 여성을 제쳐 두고 남성에 초점을 맞춘 것이다. 그러고 나서 그들은 남성 중의 남성인 카우보이에 초점을 맞추기로 결정했다. 이러한 포지셔닝의 결과로 말보로는 세계에서 가장 많이 팔리는 담배가 되었다.

이다. 버지니아 슬림은 말보로의 반대 영역에서 호소를 함으로써 성공했다. 그러나 그것의 모방형 브랜드 이브Eve는 똑같은 시도를 하고도 실패했다.

어느 특정 상품 영역을 분할하고 포지셔닝을 구축하기 위해 성별을 이용할 때, 명백한 접근 방식이 반드시 최선책은 아니다.

향수를 예로 들어 보자. 대부분의 사람은 향수야말로 브랜드가 섬세하고 여성적일수록 성공 가능성이 높다고 생각한다. 그렇다면 세계에서 가장 잘 팔리는 향수 브랜드는 무엇일까?

알피지Arpege 아니면 샤넬 넘버 파이브Chanel No.5라고? 천만에 말씀. 레브론Revlon의 찰리Charlie다. 팬티 차림의 남성 모델을 광고에 쓰면서 남성적인 이름을 붙인 최초의 브랜드였다.

유사 브랜드인 '맥시라고 불러다오Just Call Me Maxi'는 형편없는 성과를 올렸을 뿐 아니라, 소문에 따르면 그 때문에 맥스 팩터Max Factor가 사장 자리에서 쫓겨났다고 한다.

찰리의 성공은 향수 같은 상품 영역에 역설적인 면이 존재함을 입증한다. 업계의 대부분이 한 방향(여성적인 브랜드명)으로 치달을 때, 진정한 기회는 그 반대편(남성적인 브랜드명)에 있

영원한 것은 없다. 특히 패션 지향적인 상품 영역에서는 그 변화가 심하다. 향수나 의류, 주류 영역이 여기에 속한다. 찰리는 새로워진 한 무리의 향수 브랜드가 대체했다. 의류의 예를 살펴보면 랄프 로렌Ralph Lauren이 캘빈 클라인을 밀어냈고, 현재 랄프 로렌은 타미 힐피거Tommy Hilfiger에 밀리고 있다. 이러한 상황에 대처하려면 기업은 멀티 브랜드 전략을 써서 적절한 시기에 최신 브랜드들을 도입하는 방법으로 시장 우위를 유지해 나가야 한다. 요즘 신세대들은 리바이스Levi's를 떠나 보다 최신 유행의 브랜드인 푸부FUBU나 디젤Diesel에 몰리고 있다. "요즘 아이들은 부모들이 입는 브랜드를 기피하는 경향이 있죠." 지금이야말로 리바이 스트라우스Levi Strauss가 현재 고객들의 자녀들을 위한 새로운 브랜드를 출범해야 할 시기다.

기도 한 것이다.

연령도 유용한 포지셔닝 전략 가운데 하나다. 제리톨Geritol 강장제는 노인 연령층을 대상으로 삼아 성공한 좋은 예다.

에임Aim 치약은 어린이를 겨냥해 성공한 좋은 사례로서, 현재 치약 시장의 10퍼센트를 점유하고 있다. 10퍼센트 점유율이라면 크레스트와 콜게이트라는 막강한 두 브랜드가 지배하는 치약 시장에서 큰 성공을 거둔 셈이다.

"어머니, 치약이 마음에 드니까 아이들이 더 오래 칫솔질을 해요." 에임은 이러한 어린이 대상 전략에서 벗어났고, 그들의 시장 점유율은 10퍼센트에서 0.8퍼센트로 떨어졌다. 앞서 밝혔듯이, 계속 사용하지 않으면 잃게 되는 것이다.

시간도 포지셔닝 전략이 될 잠재적 가능성을 지녔다. 최초의 밤 시간용 감기 치료약 나이퀼Nyquil이 좋은 예다.

유통에도 가능성이 있다. 레그스L'eggs는 슈퍼마켓, 아울렛 등에 유통된 최초의 양말 브랜드다. 이제 레그스는 리더 브랜드가 되어 수억 달러의 매출을 올리고 있다.

또 하나의 가능성은 대량 이용자 포지션에 있다. "한 잔 이상 마실 때 꼭 맞는 맥주"라는 메시지는 셰이퍼를 맥주 애호가를 위한 브랜드로 포지셔닝 했다. 거의 20년 전, 셰이퍼 캠페인이 처음 나왔을 때 뉴욕시에는 다섯 개의 양조업체가 있었는데, 지금은 셰이퍼 하나만 남았다.

공장의 빈틈

빈틈을 찾을 때 저지르기 쉬운 일반적 오류는 소비자 마인드가 아닌 공장의 빈틈을 메우려 하는 것이다.

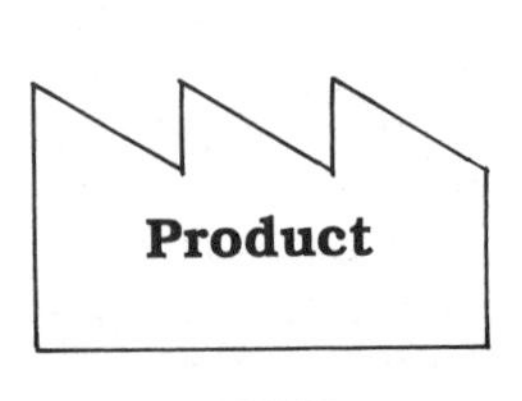

오늘날에도 많은 기업이 브랜드보다 상품을 만드는 데 초점을 맞추고 있다. 상품이란 공장에서 만들어지는 그 무엇이다. 하지만 브랜드는 고객의 마인드에서 만들어지는 그 무엇이다. 오늘날의 경제 세계에서 성공하려면 상품이 아닌 브랜드를 만들어야 한다. 그리고 당연히 좋은 이름을 가지고 포지셔닝 전략으로 브랜드를 구축해야 한다. '에드셀'이라는 이름을 붙이면 어떤 자동차 브랜드든 실패하게 되어 있다.

포드 자동차의 에드셀Edsel이 대표적인 예다. 많은 사람이 에드셀의 실패를 비웃었으나, 문제의 핵심을 제대로 알고 비웃은 사람은 드물다.

문제의 핵심은 포드 관계자들이 방향을 거꾸로 생각했다는 것이다. 에드셀은 한편으로는 포드와 머큐리, 또 한편으로는 포드와 링컨 사이의 빈틈을 메우기 위해 고안된 매우 훌륭한 내부 포지셔닝이었다.

그러나 그것은 공장 내부에서만 훌륭한 전략이었다. 이미 시장에서는 중저가 자동차들이 극심한 혼전을 이루고 있었고, 따라서 에드셀은 아무런 포지션도 확립하지 못했다. 전혀 쓸모없는 전략이 된 셈이다.

만약에 에드셀이 매끈한 투 도어에 접이 의자를 갖춘 '고성능' 자동차로 소개되고 거기에 걸맞은 이름을 얻었다면 비웃음을 사지는 않았을 것이다. 그랬다면 다른 어느 차도 차지할 수 없었던 포지션을 구축하고 전혀 다른 결과를 가져왔을 것이다.

'공장의 빈틈 메우기' 오류의 또 한 가지 사례는 최초의 전국 주간 신문을 표방한 『내셔널 옵저버National Observer』다.

『내셔널 옵저버』의 발행사인 동시에 주 5일 발행되는 『월스트리트 저널The Wall Street Jourual』의 발행사이기도 한 다우 존스Dow Jones는 자신들의 인쇄 공장이 주 5일만 가동되는 점에 착안, 주간 신문으로 공장의 빈틈을 메우려고 했다. 그렇게 되면 고가인 인쇄 설비를 훌륭하게 활용하는 셈이 되었다.

그러나 소비자의 마인드에도 그러한 빈틈이 있었을까? 소비자들은 이미 『타임』이나 『뉴스위크Newsweek』 또는 『US 뉴스 앤드 월드 리포트U.S. News & World Report』 등의 뉴스 잡지를 구독하고 있었다.

하지만 『내셔널 옵저버』는 주간지가 아니라 주간 신문이니까 괜찮지 않느냐고 반문할 사람이 있을지 모르겠다. 그러나 마케팅 전쟁에서는 패하고 의미론적 논쟁에서 승리를 거두는 것이 무슨 의미가 있겠는가.

기술의 함정

연구소나 실험실에서 위대한 기술 혁신이 성취된다 해도 마인드에서 받아들일 빈틈이 없으면 실패의 길을 걸을 수밖에 없다.

1971년, 브라운포먼 디스틸러스Brown-Forman Distillers는 업계 최초로 프로스트 8/80Frost 8/80이라는 '드라이 화이트 위스키'를 출시했다.

프로스트 8/80은 큰 성공을 거둘 것으로 기대받았다. 시장에 커다란 빈틈이 있었기 때문이다. 드라이 화이트 위스키로는 최초의 제품이었던 것이다. 윌리엄 루카스William F. Lucas 사장은 이렇게 자신했다. "이 제품은 우리 직원들의 박수 소리와 경쟁업체 직원들의 이 가는 소리 속에서 탄생했다."

그러나 2년도 못되어 프로스트 8/80은 수백만 달러에 이르는 손실을 내고 종말을 맞았다. 겨우 10만 상자 정도가 팔렸는데, 이는 당초 예상의 3분의 1에도 미치지 못하는 양이었다.

도대체 무엇이 잘못된 걸까? 잠재 고객의 관점에서 포지셔닝 주장을 다시 살펴보자.

최초의 화이트 위스키라고? 천만에. 적어도 진, 보드카, 럼, 테킬라 등 네 종류는 이미 있었다.

게다가 프로스트 8/80의 광고는 이 새로운 위스키를 기존 증류주의 대용품

포지셔닝은 단순한 마인드를 가진 사람들을 위한 게임이 아니다. 화이트 위스키가 병에 담긴 것으로는 처음이었는지 몰라도, 중요한 소비자 마인드에서는 '최초'가 아니었다. 위스키란 것은 마인드에 이미 브라운, 즉 갈색으로 자리하고 있었다. '어떻게 하얀 위스키를 마시지?' 이것이 소비자가 갖는 생각이었다. 결국 화이트 위스키 프로스트 8/80은 최초의 하얀 맥주였던 밀러 클리어나 최초의 하얀 콜라였던 크리스탈 펩시와 똑같은 전철을 밟았다. 맥주는 옅은 갈색이고 콜라는 진한 홍갈색이다. 마인드에 있는 이러한 색깔을 바꾸려 하는 것은 깊이 뿌리 박힌 인식을 바꾸려는 노력과 다를 바 없다. 그런 인식은 여간해선 바뀌지 않는다. 요즈음 하인즈Heinz가 녹색 케첩을 도입하려는 모양이다. 마인드에 있는 케첩은 빨간색인데 말이다.

정도로 봐 주길 호소했다. 광고에 따르면 프로스트 8/80은 마티니에서는 보드카나 진처럼, 맨해튼이나 위스키 사우어에서는 스카치나 버번처럼 사용할 수 있었다.

소비자와 의미론적 논쟁을 해서는 안 된다. 광고는 논쟁하는 것이 아니라 유혹하는 것이다.

잠재 고객은 언어상의 논리가 보다 세련되게 도출되길 고대하고 있는 게 아니다. 한 정치가는 이렇게 말했다. "만약에 그것이 오리를 닮았고, 오리처럼 걷는다면 나는 그것을 오리라고 부른다."

모두에게 호소하려는 함정

마케팅 전문가 중에는 '빈틈을 찾으라'라는 콘셉트를 거부하는 사람도 있다. 그렇게 하면 특정한 포지셔닝으로 이어지고, 결국 그 자체로 판매나 기회를 한정하는 전략이 되기 때문에 바람직하지 않다는 주장이다. 즉, 모두에게 호소해야 한다는 것이다.

브랜드의 수도 얼마 되지 않고 광고도 많지 않았던 옛날에는 모두에게 호소하는 것도 의미가 있었다.

예전의 정치론에서는 정치가가 어느 한쪽으로 강한 포지션을 갖는 건 자살 행위나 마찬가지였다. 그 누구의 발이건 밟아서는 안 된다는 것이다.

그러나 오늘날에는 상품 경쟁에서든 정치 경쟁에서든 포지션을 갖지 않으면 안 된다. 경쟁 상대가 너무 많기 때문이다. 적을

High quality.
Full line.
Great service.
Low prices.

많은 회사가 저지르는 가장 큰 실수가 바로 '모두에게 호소하려는' 시도다. '누구에게 호소하기 위해 애써야 하는가?'를 자문하지 말고 '누가 우리 브랜드를 써서는 안 되는가?'를 자문하라. 대부분의 기업은 자신이 어떤 배제 전략을 쓰든 실제로 그게 반드시 누군가를 배제하는 건 아니라는 점을 잘 알고 있다. 조금의 희생이라도 원치 않는다면, 고도로 경쟁이 치열한 오늘날의 마케팅 경기장에서 결코 승자가 될 수 없다.

만드는 것을 애써 피하고, 모두에게 호소한다고 해서 승리가 보장되는 것은 아니다.

오늘날과 같은 경쟁 환경에서 승리하려면 밖에 나가서 친구들을 만들고, 시장에 구체적인 자리를 새겨야 한다. 그 때문에 잃는 게 있다 하더라도 말이다.

이미 정권을 잡고 있거나 시장에서 확고한 위치를 잡고 있다면 얘기는 달라진다. 하지만 이제야 포지션을 확립하려는 경우라면 모두에게 호소하는 전략은 피해야 한다. 치명적이기 때문이다.

08 경쟁 상대에 대한 재포지셔닝

아무리 애써도 빈틈을 찾을 수 없을 때가 있기 마련이다. 시장의 상품 영역마다 수백 가지가 넘는 브랜드들이 깔려 있기 때문에 빈틈을 찾기란 생각만큼 쉽지 않다.

예를 들어 일반 슈퍼마켓을 보면 보통 1만 개 이상의 상품이나 브랜드가 진열되어 있다. 이는 한 젊은이가 머릿속에 1만여 개의 서로 다른 이름들을 분류하고 구별해 놓는다는 의미다.

일반적인 대졸자가 대화에 사용하는 단어 수를 대개 8천 개 정도로 본다. 문제가 어느 정도로 심각한지 짐작이 가지 않는가.

대학 4년을 공부하고도 2천 개나 모자라는 것이다.

자신의 틈새를 창조하라

모든 분야에 상품 과잉 현상이 팽배해 있는 오늘날, 기업은 대체 어떻게 광고를 해야 자사의 상품이나 서비스를 소비자 마인드에 들어가게 할 수 있을까? 이와 관련된 가장 기본적인 마케팅 전략이 바로 '경쟁 상대에 대한 재포지셔닝'이다.

남아 있는 빈틈이 거의 없다면, 소비자 마인드에 포지션을 점유하고 있는 경쟁 상대들을 재포지셔닝해 빈틈을 만드는 것이 가장 효과적이다.

바꿔 말하면, 새로운 아이디어나 상품을 소비자의 마인드에 자리하게 하기 위해 이미 소비자의 마인드에 있는 묵은 것들을 밀어내는 전략이다.

'첫 번째'가 갖는 위력의 또 다른 예를 들어 보겠다. 탐험대를 이끌고 대서양을 건너 신대륙에 도착한 두 번째 선장은 누구일까? 1497년, 그러니까 콜럼버스의 첫 항해가 있고 5년이 지난 뒤에 존 캐벗John Cabot이라는 인물이 영국 탐험대를 이끌고 지금의 세인트로런스 만에 도착했다. 캐벗이 성공리에 탐험을 마치고 영국에 도착하자 헨리 국왕은 그에게 즉시 10파운드라는 보잘것없는 돈을 하사했다. 캐벗은 부와 명성을 얻지 못했고, 역사책에 언급되지도 못했다. 이게 바로 두 번째에게 주어지는 보상이다.

콜럼버스가 "지구는 둥글다"라고 말했을 때, 대중은 "아니다, 지구는 평평하다"라고 반박했다.

이런 대중을 납득시키기 위해 15세기의 과학자들은 먼저 지구가 평평하지 않다는 사실을 증명해야 했다. 그중 가장 설득력 있는 증명 가운데 하나는, 수평선 멀리서 접근해 오는 배가 처음에는 돛대 끝만 보이지만 점차 돛과 선체가 나타나는 현상을 지적하는 것이었다. 즉, 지구가 평평하다면 배 전체를 한 번에 볼 수 있다는 논리였다.

세상의 그 어떤 수학적 논증도 대중이 직접 확인할 수 있는 단순한 관찰만큼 효과적이지는 못했다.

일단 기존의 생각이 뒤집히기만 하면 새로운 아이디어를 납득시키는 것은 우스울 정도로 간단하다. 사실 사람들은 과거의 묵은 생각이 빠져나가면 그 빈틈을 메울 새로운 아이디어를 오히려 적극적으로 찾아 나서는 경향이 있다.

결코 대립이나 충돌을 두려워해서는 안 된다. 재포지셔닝 프로그램의 요점은 기존의 콘셉트, 상품, 인물 등을 도려내는 것이다.

충돌은 설령 개인감정이 섞인 것일지라도 하룻밤 사이에 평판을 얻는 수단이 되기도 한다. 리처드 닉슨Richard Nixon이 없었다면 샘 어빈Sam Ervin(1896~1985. 미국의 정치인-역주)이 어떻게 알려졌겠는가?

앨저 히스Alger Hiss(1904~1996. 미국의 정부 관료를 지낸 인물-역주)가 없었다면 닉슨은 또 어떻게 되었을까?

랠프 네이더Ralph Nader(1934~ . 미국의 변호사 겸 정치인)는 결코 자신에 대한 얘기를 하며 명성을 얻은 게 아니다. 혼자 힘으로 세계 최대의 기업과 투쟁을 했기 때문에 명성을 얻은 것이다.

사람들은 거품이 터지거나 망상이 벗겨지는 것을 보면 즐거워한다.

아스피린에 대한 재포지셔닝

타이레놀이 아스피린이라는 거품을 터뜨린 사례를 살펴보자.

"아스피린을 복용해서는 안 되는 수백만 명을 위해……." 타이레놀 광고는 이렇게 시작해 다음과 같이 호소했다. "복통을 자주 경험하시는 분이나 궤양으로 고생하시는 분, 또는 천식, 알레르기, 빈혈증이 있는 분은 아스피린을 복용하시기 전에 의사와 상담하시는 것이 좋습니다. 아스피린은 위벽을 자극하고 천식이나 알레르기 반응을 유발하며 위장에 내출혈을 일으키기도 합니다."

타이레놀 광고는 계속된다.

"다행히도 여기 타이레놀이 있습니다."

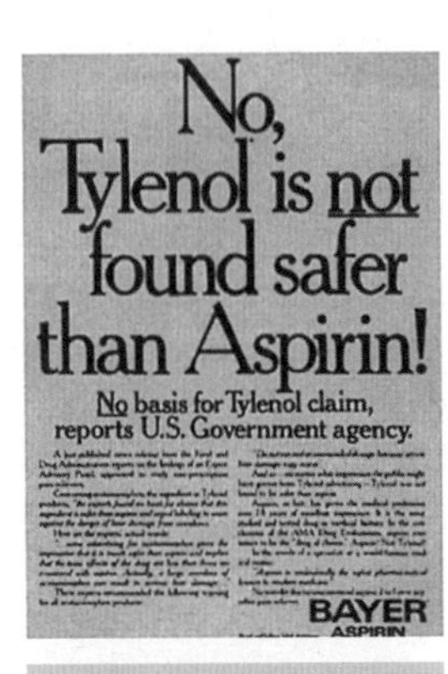

바이엘은 타이레놀의 주장을 반박하는 광고를 게재하며 반격에 나섰다. 그러나 좋은 생각은 아니었다. 오히려 타이레놀의 주장을 정당화하는 역효과를 내고 말았다. 잠재 고객들은 이렇게 생각했다. '타이레놀이 무서워서 엄청난 광고 캠페인을 벌이다니, 아니 땐 굴뚝에 연기 나는 건 아닌가 보군!'

한참을 다른 상품에 대한 험담으로 도배한 후에 자사 상품을 알리는 광고였다.

이 광고를 계기로 타이레놀 진통해열제의 판매고는 급상승하기 시작했다. 오늘날 타이레놀은 진통제 영역에서 1위 자리를 차지하고 있다. 아나신Anacin이나 바이엘Bayer, 버퍼린Bufferin, 엑시드린Excedrin 등보다 앞서 있다. 간단하면서도 효과적인 재포지셔닝 전략 덕에 가능했던 일이다.

아스피린 같은 명물에 대항해 그러한 성과를 거두다니, 정말 놀라운 일이 아닐 수 없다.

오늘날, 진통제 분야의 2위 브랜드는 애드빌Advil이다. 어드빌은 '고급 진통제'라는 캠페인을 들고 나와 영역 전체를 다시 포지셔닝 했다.

레녹스에 대한 재포지셔닝

재포지셔닝 전략으로 효과를 얻으려면 경쟁사의 상품에 대해 소비자의 마인드에 변화를 일으킬 무언가를 말하지 않으면 안 된다. 당신의 상품이 아니라 경쟁 상대의 상품에 대해 말이다.

"'영국의 스톡온트렌트산産 자기 로열 다울턴Royal Doulton' 대 '뉴저지주 퍼모나산 자기 레녹스Lenox.'"

대부분의 구매자가 수입품이라고 생각했던 레녹스 도자기를 로열 다울턴이 어떻게 재포지셔닝 하고 있는지 주의해서 보라. (레녹스? 영국적으로 들리는 이름이 아닌가.)

로열 다울턴은 이 광고 하나로 시장 점유율 6퍼센트 상승이라는 성과를 얻었다.

고인이 된 하워드 고시지 박사는 광고의 목적은 소비자나 잠재 고객과 의사소통을 하는 데 있는 게 아니라 경쟁사의 카피라이터들을 공포에 떨게 하는 데 있는 것이라고 말하곤 했다. 어느 정도 진실을 내포한 언급이 아닐 수 없다.

'우리 제품(로열 다울턴)은 멋진 영국산 자기'라고 말하는 것만으로는 불충분하다. 경쟁 브랜드(레녹스)가 이미 마인드에 첫 번째로 자리하고 있기 때문이다. 레녹스라는 이름 때문에 잠재 고객들은 그것을 영국산으로 생각하고 있었다. 로열 다울턴은 레녹스를 재포지셔닝 하여 진짜 생산지인 뉴저지주 퍼모나로 돌려보냈다.

미국산 보드카에 대한 재포지셔닝

"미국산 보드카 대부분은 마치 러시아에서 제조한 것처럼 보입니다." 이 광고 문구 밑에 다음과 같은 설명이 덧붙었다. "사모바르Samovar: 펜실베이니아주 스킨리에서 제조 / 스미노프Smirnoff: 코네티컷주 하트포드에서 제조 / 울프슈미트Wolfschmidt:

인디애나주 로렌스버그에서 제조."

"스톨리크나야Stolichnaya는 다릅니다. 진짜 러시아산입니다." 그러고는 병의 상표에 "러시아 레닌그라드에서 제조"라고 표시되었다.

말할 필요도 없이 스톨리크나야의 판매는 크게 늘었다.

그러나 굳이 이렇게 경쟁 상대들을 폄하할 필요가 있었을까? 스톨리크나야 브랜드의 수입업체인 펩시코Pepsico는 그저 자사의 제품을 '러시아산 보드카'라고 광고할 수는 없었던 것일까?

물론 그럴 수도 있었을 것이다. 그러나 그러한 광고는 보드카 구매자들이 갖가지 상품에 대해 어느 정도 관심을 갖고 있다는 전제하에 가능한 것인데, 실제로는 그렇지 않았다.

보드카를 살 때 병의 상표를 들여다보면서 어디에서 제조되었는지 일일이 확인하는 사람들이 과연 몇이나 될까? 더욱이 사모바르, 스미노프, 울프슈미트, 포포브Popov, 니콜라이Nikolai 등 이름 자체로 러시아산임을 암시하려 애쓰는 것들뿐이니 말이다. 어쨌든 스톨리크나야는 이러한 정황을 유리하게 활용해 놀라운 성공을 거두었다.

사람들은 크고 강한 자의 정체가 폭로되는 것을 보고 싶어 한다. 그러한 거품이 터지는 것을 보고 싶어 하는 것이다. 다른 미국산 보드카 브랜드들이 스톨리크나야에게 어떻게 희롱당했는지 살펴보자.

러시아의 황금 시대였다. 전설이 살아 있던 그 시절, 러시아 황제는 백성들 사이에서 거인으로 군림했다. 그는 맨 무릎에

쇠막대를 올려놓고 구부릴 수 있었으며, 손아귀에 은화를 쥐고 찌그러뜨릴 수 있었다. 그리고 어느 누구보다도 삶의 갈증에 목말라했다. 그런 그가 즐겨 마시던 술은 진짜 보드카, 울프슈미트 보드카였다.

그러고 나서 독자들은 페이지를 넘기다가 스톨리크나야의 광고를 발견하고 울프슈미트가 인디애나주 로렌스버그에서 제조된 보드카임을 알게 된다.

스톨리크나야는 러시아산 보드카라는 포지션을 잡았으나, 아프가니스탄 사태의 발발과 함께 침체기를 겪기 시작했다. 상황이 계속 불리하게 전개되자 그들은 광고에서 "러시아산"이라는 표현을 빼 버렸다. 결과적으로 이러한 조치는 앱솔루트Absolut 보드카가 시장에 진입해 리더 포지션을 확보할 여지를 만들었다. 이후 지금까지 보드카 시장은 앱솔루트가 석권하고 있다.

아프가니스탄 사태가 발생하면서 스톨리크나야는 갑자기 곤경에 처하게 되었다.

그러나 이는 일시적인 문제였을 뿐이다. 폭풍은 곧 걷히고 스톨리크나야는 당당하게 다시 돌아왔다.

프링글스에 대한 재포지셔닝

프링글스Pringle's 포테이토칩에 무슨 일이 일어났는가? 프록터 앤드 갬블로부터 1천5백만 달러를 지원받으며 등장한 '새로운 유행'의 포테이토칩은 출시되기 무섭게 18퍼센트의 시장 점유율을 기록했다.

그러자 기존의 브랜드 와이즈Wise로 짭짤한 재미를 보고 있던 보든Borden사는 전형적인 재포지셔닝 전략을 취했다.

보든은 두 개의 상표를 비교해 읽는 텔레비전 광고를 제작해 내보냈다. "와이즈는 감자, 식물성 기름, 소금으로 만들어졌습니다. 프링글스는 건조 감자, 단일 및 이중 글리세리드, 아스코르빈산, 뷰틸 수산 아니솔이 성분이군요."

프링글스의 판매고는 급락하기 시작했다. 시장 점유율이 18퍼센트에서 10퍼센트로 떨어졌다. 프록터 앤드 갬블이 처음에 세웠던 25퍼센트 시장 점유율이라는 목표에는 형편없이 모자라는 수치였다.

설상가상으로 리서치 조사에서 또 다른 문제가 제기되었다. 많은 소비자가 프링글스에 대해 '마분지를 씹는 것 같은 맛이 난다'고 불만을 표출한 것이다.

이미 "이중 글리세리드"와 "뷰틸 수산 아니솔"과 같은 단어를 접한 소비자들에게서 달리 어떤 반응이 나올 수 있겠는가. 심리적·미각적 기호는 마인드에 있는 것이다. 사람의 눈은 자신이 기대한 대로 보고, 사람의 혀는 자신이 기대한 대로 반응한다.

비커에 든 일산화이수소를 강제로 마시게 하면 누구나 부정적인 반응을 보이겠지만, 컵에 담은 물을 준다면 아마 기분 좋게 마실 것이다.

바로 그것이다. 미각에는 차이가 없다. 차이는 마인드에 있다.

최근 프록터 앤드 갬블은 전략을 바꾸어 프링글스를 '완전 자연' 제품으로 부각하려 애쓰고 있다.

그러나 프링글스는 이미 큰 타격을 입고 말았다. 정치에서든 포장 상품에서든 '한번 패자는 영원한 패자'라는 법칙이 적용된다. 프링글스를 재기시키는 것은 벨라 앱저그Bella Abzug(1920~1998. 미국의 여권 운동가-역주)를 재기시키는 것만큼이나 어려운 일이다.

우리의 판단이 틀렸다. 비록 오랜 시간이 걸리기는 했지만, 프링글스는 '포장'이라는 진정한 차이점을 부각하는 전략으로 컴백에 성공했다. 그러나 어쨌든 프링글스는 본래 프록터 앤드 갬블이 그 브랜드를 출범하면서 노렸던 목표인 업계 1위 자리는 결코 차지하지 못했다. 그래서 지금도 여전히 레이스Lay's와 러플스Ruffles가 지배하는 영역에서 갈 길을 몰라 헤매고 있다.

사람의 두뇌 한구석에는 '패자'라고 표시된 페널티 박스가 있다. 어느 상품이든 일단 그 속에 한 번 들어가면 게임은 끝난다.

이 경우 새로운 상품으로 새로운 게임을 시작하는 편이 낫다.

프록터 앤드 갬블은 재포지셔닝의 위력을 알았어야 했다. 그리고 프링글스를 지키기 위해 사전에 조치를 취했어야 했다.

리스테린에 대한 재포지셔닝

프록터 앤드 갬블이 펼친 가장 강력한 프로그램 가운데 하나는 스코프Scope 구강 청정제 전략이다. 프록터 앤드 갬블은 단 두 단어를 써서 구취라는 언덕을 정복한 리스테린Listerine을 재포지셔닝 했다.

확신하건대, 스코프가 출시되기 전 시장 조사에서는 '싫은 맛'이 나지 않는 구강 청정제에 대한 거부감이 확인되었을 게 분명하다. 그러나 프록터 앤드 갬블은 이에 굴하지 않고 구강 청정제에 대한 고정관념에 맞서 '좋은 맛'이 나는 브랜드를 출범시켰다. 훌륭한 상품 전략에 훌륭한 포지셔닝 전략이 아닐 수 없다. 시도하기 전까지는 사실 어떤 결과가 나올지 모르는 것이 세상사다. 독특한 포지션을 파악하기만 하면 성공적인 브랜드를 개발할 기회를 포착한 것이나 마찬가지다.

스코프의 이름과 관련해 우리가 내린 판단은 틀린 것으로 드러났다. 스코프는 현재 리스테린과 막상막하의 자웅을 겨루고 있다. 그러나 이름이 더 좋았더라면 더 쉽게 구강 청정제 시장을 석권했을 것이라는 우리의 생각에는 변함이 없다.

"약의 숨결Medicine breath."

이 두 마디는 리스테린의 성공적인 광고 "당신이 싫어하는 맛, 하루에 두 차례!"를 무력하게 만들었다.

스코프는 이러한 공격에 힘입어 리더인 리스테린의 시장을 어느 정도 빼앗고 업계 2위 자리를 확고하게 차지했다.

리스테린과 스코프의 싸움은 으레 그렇듯이 다른 곳에서 몇몇 희생자를 만들었다. 마이크린Micrin과 바이나카Binaca가 문을 닫았으며 라버리스Lavoris의 시장 점유율이 줄어든 것이다. 고래 싸움에 새우등 터진다는 게 바로 이런 경우다.

여기서 한 가지 짚고 넘어가야 할 것이 있다. 이론상으로는 스코프가 시장에서 더 큰 성공을 거두었어야 했는데 실제로는 그렇지 못했다.

이유가 무엇일까? 이름을 다시 한 번 살펴보자.

스코프? 마치 파커 브라더스Parker Brothers에서 출시한 보드 게임의 이름처럼 들린다. 연인과 함께 상쾌한 향기를 나눌 구강 청정제의 이름으로는 어울리지 않는다. 만일 이런 이름 대신에 클로즈업Close-Up 치약 같은 부류의 이름을 붙여 주었다면 이 구강 청정제는 멋진 재포지셔닝 전략을 바탕으로 더 큰 성공을 거둘 수 있었을 것이다.

재포지셔닝 대 비교 광고

타이레놀과 스코프, 로열 다울턴 등의 재포지셔닝 전략이 성공한 사례는 비슷한 광고가 양산되는 결과를 낳았다. 그러나 그러한 모방 캠페인 대부분은 너무나도 빈번하게 재포지셔닝 전략의 본질을 놓치는 우를 범했다.

'우리는 경쟁사보다 뛰어납니다'와 같은 광고로는 재포지셔닝이 되지 않는다. 이런 것은 비교 광고로서 큰 효과를 볼 수 없다. 이런 식의 주장은 소비자가 금방 꿰뚫어 볼 수 있는 심리적 결함을 지니기 때문이다. '그렇게 잘났는데 어째서 그렇게 쩔쩔매고 있지?'

이러한 태도가 '펩시 챌린지'에 대한 전형적인 반응이었다. 펩시콜라는 '펩시 챌린지'의 이모저모를 텔레비전 광고로 소개하며 콜라 애호가의 반 이

로열 크라운Royal crown의 광고를 한번 보자. 1백만 명을 대상으로 한 시음 테스트에서 로열 크라운 콜라가 57퍼센트 대 43퍼센트로 코카콜라를 물리쳤노라고 선전하고 있다. 또한 펩시를 53퍼센트 대 47퍼센트로 무찔렀다고 주장하고 있다. 왜 사람들은 이런 광고를 믿지 않을까? 이렇게 생각하기 때문이다. '정말 로열 크라운이 코카콜라나 펩시콜라보다 맛있다면 선도 브랜드가 되어야 마땅할 텐데. 그렇지 않은 것을 보면 아무래도 과장 광고인 것 같아.'

상이 펩시를 선호한다고 주장했다.

사실 펩시는 펩시 챌린지 광고를 처음 소개한 댈러스 지역에서 시장 점유율을 약간 높이는 성과를 거두었다. 그러나 코카콜라에 훨씬 뒤진 상태에서 얻은 약간의 점유율 증가가 무슨 의미가 있겠는가.

미국에서 가장 큰 청량음료 시장인 뉴욕에서는 오히려 펩시 챌린지 광고가 나간 이후로 코카콜라의 점유율이 약간 더 높아지는 현상이 빚어지기도 했다.

다른 비교 광고들을 봐도 마찬가지다. 그들 대부분이 어째서 효과적이지 못한지 금방 알 수 있다. 비교 광고로는 경쟁 상대를 재포지셔닝 할 수 없기 때문이다.

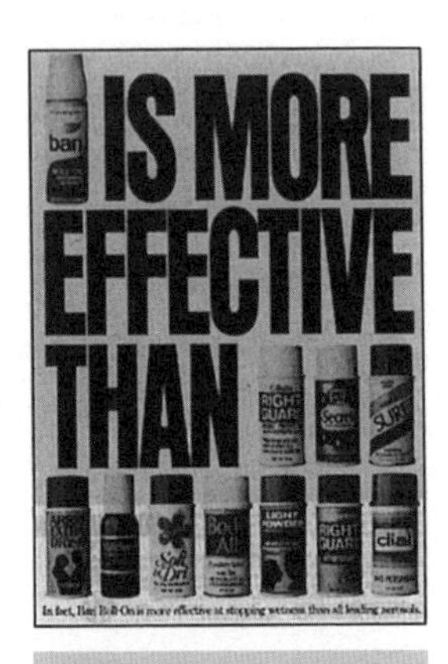

이 밴 광고는 비교 광고일 뿐 결코 재포지셔닝 광고가 아니다. 결과적으로 밴을 방취제 영역에서 일정한 포지션에 올려 주지 못했다. 이런 광고를 보면 잠재 고객들은 이런 생각을 한다. '너희들 생각에는 그렇겠지.' 얼마 지나지 않아 경쟁사 가운데 하나가 이와 유사한 콘셉트를 가지고 '라이트 가드는…… 더 효과가 좋습니다'라는 광고를 내도 일반 사람들에게는 전혀 비논리적으로 보이지 않는 것이다. 이 경우 '그 나물에 그 밥'이라는 인식밖에 더 생기겠는가.

비교 광고는 경쟁 상대를 자기 브랜드의 벤치마크로 삼고 있음을 역설하는 것에 지나지 않는다. 그러면서 독자나 시청자들에게 자기 회사의 브랜드가 상대보다 얼마나 더 뛰어난지 호소해 보라. 으레 그런 주장이 나온다는 것을 미리 짐작하지 못하고 있는 소비자가 어디 있겠는가.

"밴Ban은 라이트 가드, 시크릿, 슈어, 애리드 엑스트라 드라이, 미첨, 소프트 앤드 드라이, 바디 올, 다이얼보다 효과가 더 좋습니다." 최근의 밴 광고다(스스로 금지ban했어야 마땅한 광고다).

재포지셔닝은 합법적인가?

비난이 위법이라면 모든 정치인은 교도소 신세를 지고 있을 것이다(그리고 대다수의 남편과 아내 역시 심각한 곤경에 처해 있을 것이다).

실제로 연방 상거래 위원회는 재포지셔닝 광고를 텔레비전에 한해 허가하고 있다.

1964년, NBC가 최초로 비교 광고 금지 조치를 풀었다. 그러나 별다른 변화가 일어나지 않았다. CF 제작에 많은 돈이 들기 때문에 NBC 전용과 그 밖의 방송국용을 따로 만들 생각을 하는 광고주가 거의 없었기 때문이다.

이러한 이유에서 1972년 연방 상거래 위원회는 ABC와 CBS에 경쟁 브랜드를 언급하는 CF에 대한 방송을 허가하라고 종용했다.

1974년, 미국 광고업 협회는 과거의 방침과는 완전히 다른 비교 광고 가이드라인을 제시했다. 이 협회는 전통적으로 비교 광고를 반대하는 입장을 취했다.

1975년, 영국의 라디오와 텔레비전을 통제하는 독립 방송 공사는 '흠잡기' 광고에도 청신호를 보냈다.

현 연방 상거래 위원회 회장인 마이클 퍼척Michael Pertschuk에게 물어보았다.

"경쟁사의 이름을 언급하는 광고에 반대하십니까?"

"천만에요, 매우 훌륭한 광고라고 생각합니다."

재포지셔닝은 윤리적인가?

지난날의 광고는 고립된 상태에서 준비되었다. 제품과 그 특징을 먼저 파악한 다음에 고객이나 소비자에게 해당 특징의 이익을 전달할 광고를 준비하는 것이 순서였다. 이때 경쟁사가 같은 특징을 내세우는지의 여부는 별로 문제가 되지 않았다.

전통적인 접근 방식에서는 경쟁사를 무시한 채 자사의 모든 주장을 최초의 주장인 것처럼 만드는 방법이 있었다. 예컨대 경쟁사의 제품을 언급하는 것은 악취미일 뿐 아니라 전략의 허술함을 드러내는 것으로 간주되었다.

그러나 포지셔닝 시대에서는 모든 규칙이 바뀌었다. 포지션을 구축하려면 종종 제품의 이름을 끌어와야 할 뿐 아니라 종래의 광고 규칙들도 무시해야 한다.

어느 영역에서든 잠재 고객은 해당 상품을 사용하여 얻게 되는 이익을 익히 잘 알고 있다. 그러한 고객의 마인드에 있는 상품 사다리를 오르려면 해당 브랜드를 이미 소비자의 마인드에 있는 브랜드에 관련지어야 한다.

그러나 재포지셔닝 프로그램은 효과적이기는 하지만 그동안 많은 불평을 불러일으킨 것이 사실이다. 그러한 전술의 사용에 개탄을 금치 못하는 광고인이 적지 않은 셈이다.

예전에 광고인 한 사람은 이 문제를 다음처럼 말했다. "시대가 바뀐 이제, 광고주들은 자기 상품의 이점을 광고하는 데 만족하지 않는다. 모두 자기 제품이 다른 것보다 얼마나 우수한지를 강조하는 데 주안점을 두는 것 같다. 그 중에서도 특히 수백만 명의 눈앞에 경쟁 상품을 내보이면서 헐뜯는 것은 개탄할 일이 아닐 수 없다. 이처럼 비윤리적인 마케팅을 제한하는 모종의 규제 조치가 있어야 할 것이다."

또한 10위 안에 드는 어느 광고 회사의 사장은 이렇게 말했다. "비교 광고는 법에 저촉되지 않으며, 또한 저촉되어서도 안 된다. 그러나 오늘날 우리가 행하는 방식으로 비교 광고를 하는 것은 문화와 교양, 점잖은 기업 행동 등에 따르는 자부심을 비웃는 것이나 마찬가지다."

재포지셔닝 캠페인을 전개할 때에는 '공정하게' 게임에 임해야 한다. 경쟁자를 윤리적인 방식으로 다루어야 한다는 뜻이다. 라구Ragu는 스파게티 소스 업계의 선도 브랜드였고, 지금도 그 사실에는 변함이 없다. 그러나 라구는 프레고Prego의 등장으로 상당 수준의 매출 손실을 계속 감수해야 했다. 프레고가 '진한' 스파게티 소스라는 콘셉트로 성공적인 포지셔닝 전략을 펼쳤기 때문이다(프레고의 텔레비전 광고는 실제로 두 브랜드명을 거론하며 비교한다). 프레고의 전략이 성공한 한 가지 이유는 '묽은' 소스가 꼭 나쁜 것은 아니라고 말했기 때문이다(예전 방식으로는 '묽은' 소스가 옳다고 말했다). 그러면서 소비자에게 선택권을 주었던 것이다. '묽은' 소스를 원하면 라구를 구입하시고, '진한' 소스를 원하면 프레고를 구입하시라고 말이다.

맞는 얘기인지도 모른다. 그러나 나폴레옹은 '품위 있는' 전쟁의 규칙을 깨버렸고, 역사는 그를 영웅이라 칭했다.

문화나 교양 자체에 어떤 문제가 있다는 얘기가 아니다. 다만 광고 전쟁에 동원하기에는 미력한 수단이라는 뜻이다.

사람이나 상품에 관한 최악의 얘기는 기꺼이 믿지만 최선의 얘기는 믿기를 주저한다면, 그 사회는 병든 것일까?

좋지 않은 뉴스를 1면에 내고 좋은 뉴스는 사회면 한 귀퉁이로 돌리는 신문은 잘못하고 있는 것일까? (좋은 뉴스도 싣는다는 전제하에 말이다.)

커뮤니케이션 산업은 가십 세계와 같다. 나쁜 소식을 먹고살지 좋은 소식을 먹고사는 분야가 아니다.

만사가 생각한 대로 되지는 않는다. 그때그때 상황에 따라 발생하는 일이 많다.

커뮤니케이션 과잉 사회에서 성공하려면 사회가 정한 규칙에 따라 경기에 임해야 한다. 자기 자신의 규칙으로는 성공할 수 없다.

Have it your way.
BURGER KING

모든 효과적인 재포지셔닝 캠페인처럼 버거킹 캠페인에도 '양면적인' 메시지가 담겨 있다. 버거킹의 메시지는 주문형 햄버거를 제공하겠다는 한편, 표준화된 햄버거를 제공하는 맥도널드가 서비스 속도는 더 빠르다는 암시도 담고 있었다. 모두에게 호소할 수 있는 접근 방식은 없다는 사실을 여기서도 확인할 수 있다. 사실상 버거킹은 바로 이 서비스 속도 문제 때문에 이 프로그램을 접었다. 이후 버거킹은 또 다른 재포지셔닝 캠페인을 들고 나왔다. "우리 햄버거에는 튀긴 고기가 아닌 구운 고기가 들어갑니다." 이 캠페인은 버거킹 역사상 가장 효과적인 프로그램이 되었다. "그건 바로 당신들 책을 읽고 영감을 얻어 개발한 아이디어였습니다." 1982년, 버거킹의 사장인 제프 캠벨Jeff Campbell이 우리에게 편지를 보내 밝힌 내용이다. 이어서 캠벨 사장은 연속적으로 전략을 개발해 달라며 우리를 그렇다고 실망할 필요는 없다. 장기적인 안목으로 볼 때, 상투적인 칭찬보다는 쓴소리가 담긴 비판의 말 한마디가 더 바람직할 수도 있기 때문이다.

정직하고 공정하게 행한다면 경쟁 상대에게 긴장을 유지하게 만드는 요인이 될 수도 있는 것이다.

버거킹이 "취향대로 만들어 드세요"라는 훌륭한 캠페인을 펼치기 전까지, 맥도날드 사람들은 자기네 햄버거를 한 가지 방식으로 제공하는 데 만족했다. 그게 맥도날드 방식이라는 주장도 나왔다.

고용했다. 이 장의 마지막 문장을 다시 읽어 주길 바란다. 우리는 그때 버거킹이 2세에서 6세에 이르는 유아들은 배제하고 그보다 조금 더 나이가 많은 어린이들을 위한 장소로 스스로를 포지셔닝 해야 한다고 제안했다. 적어도 '불에 구운 맛을 아는' 나이의 고객들을 대상으로 캠페인을 펼치자는 취지였다. 고객의 주선에 따라 우리는 그 프로그램을 버거킹 전담 광고 에이전시에 넘겼다. 그런데 그들은 무슨 영문인지 우리의 아이디어를 모두 사장하고 말았다. 이는 우리 생애에서 가장 실망스런 경험 중 하나다. 그 좋은 프로그램이 빛도 못 보고 사장되어 버렸다.

그러나 지금은 어떠한가. 로널드 Ronald McDonald(맥도날드의 마스코트-역주) 아저씨도 이제는 자기 가게에서 피클과 케첩을 뺀 햄버거를 주문해 먹을 수 있다.

이제 누군가가 '아이들은 가라!'라는 간판을 내건 햄버거 체인을 열기만 하면 될 듯하다.

09 이름이 갖는 위력

이름은 소비자 마인드의 상품 사다리에 브랜드를 거는 고리와 같다. 포지셔닝 시대에 당신이 내릴 수 있는 단 하나의 가장 중요한 마케팅 결정은 바로 상품에 이름을 지어 주는 일이다.

그런 점에서 셰익스피어William Shakespeare가 한 말은 틀렸다. 만일 장미꽃이 다른 이름이었다면 그렇게 향기롭지는 못할 것이다. 그 이름이 붙었기 때문에 생각한 대로 보게 되는 것뿐 아니라 기대한 향기까지 맡는 것이다.

향수 마케팅에서 가장 중요한 의사 결정은 브랜드의 특성에 걸맞은 이름을 결정하는 일이다. '찰리'라는 이름 대신에 '앨프리드'라는 이름을 붙였다면 그렇게 잘 팔릴 수 있었을까? 어림없는 일이다.

카리브해에 있는 '호그 아일랜드'도 마찬가지다. '파라다이스 아일랜드'로 이름을 바꾸기 전까지는 거의 알려지지 않은 섬이었다.

이름을 선택하는 방법

과거에 의존할 필요는 없다. 프랑스의 자동차 경주 선수의 이름(쉐보레), 파리 사절의 딸 이름(메르세데스) 등을 고를 생각은 이제 그만하자.

옛날에 괜찮았던 것이 현재나 미래에도 반드시 그런 것은 아니다. 과거에는 상품 수도 적고 커뮤니케이션 양도 많지 않아서 이름이 그렇게 중요하지 않았다.

그러나 오늘날 마인드에 파고들려면 느슨하고 의미 없는 이름으로 승부를 걸어서는 안 된다. 포지셔닝 과정의 출발점인 소비자에게 해당 상품의 주된 이익을 알릴 새로운 이름을 찾아야 한다.

예컨대 헤드 앤드 숄더스 샴푸나 인텐시브 케어Intensive Care 스킨로션, 슬렌더Slender 다이어트 음료, 혹은 클로즈업 치약처럼 말이다.

또는 수명이 긴 다이하드DieHard 배터리나 새로운 치킨 조리법을 위한 셰이크 앤드 베이크Shake 'n Bake, 깨끗하게 면도되는 셰이빙 크림 엣지Edge 같은 것도 좋은 이름이다.

그러나 이름은 일정 선을 넘어서는 안 된다. 상품 자체에 너무 근접하면 특정 브랜드의 고유한 이름이 아니라 해당 상품 부류 전체의 일반적인 이름이 될 수도 있기 때문이다.

'라이트'는 마인드에 첫 번째 라이트 맥주로 포지셔닝 하여 막대한 이익을 누렸다. 그러나 너무 일반적인 이름이 곧 심각한 단점이 되고 말았다. '밀러 라이트'로 이름을 바꾼 지금, 이 브랜드는 버드 라이트에 밀려 불쌍한 2위 신세다. 곧 쿠어스 라이트에도 밀릴 가능성이 있다.

'밀러 라이트 맥주'는 일정 선을 넘은 상품명의 전형적인 예다. 밀러에서 라이트 맥주를 출시하자마자 슐리츠 라이트, 쿠어스 라이트, 버드 라이트 등 많은 라이트 맥주가 그 뒤를 이었다. 그러자 소비자나 언론은 곧 그 이름을 '밀러 라이트'로 구분해 부르기 시작했고, 결국 밀러는 '라이트light'든 '라이트Lite'든 그것을 맥주의 등록 상표로 독점 사용할 권리를 잃고 말았다.

앞으로 한동안 상표 등록 전문 변호사들은 묘사적 단어 사용의 위험성을 언급할 때 '라이트'의 경우를 예로 들 것이다(참고로 법률가들은 코닥이나 제록스 같은 신조어 이름을 좋아한다).

하나의 이름을 선택하는 것은 경주용 차를 운전하는 것과 같다. 이기기 위해서는 모험을 감수할 줄 알아야 한다. 거의 일반적이면서도 완전히 일반적이지 않은 이름을 가려내야 한다. 때로는 일반 범주에서 벗어나더라도 그냥 두어야 한다. 아무리 우수한 자동차 경주 선수라 해도 몇 번씩 코스 이탈을 경험하지 않고서는 챔피언 자리를 차지할 수는 없는 셈이다.

이용 가능한 이름의 한계가 오늘날 상표 등록 분야에서 가장 큰 문젯거리다. 현재 미국에만 160만 개의 등록 상표가 있고, 유럽에는 3백만 개나 된다. 상황이 이렇다 보니 이름을 찾는 것보다 하나 사는 것이 더 쉬울 지경이다.

강력하고 일반적인 묘사적 이름은 모방형 경쟁 상대가 당신의 영역에 침범하는 것을 막는다. 좋은 이름은 장기간의 성공을 위한 최선의 보험이다. 『피플People』은 가십 잡지로서 멋진 이름이고, 그 덕에 대성공을 거두었다. 그러나 모방형 잡지인 『어스Us』는 어떤 길을 걷고 있는가.

잘못된 이름을 피하는 길

이번에는 다른 경우를 살펴보자. 『타임』은 보다 일반적인 『뉴스위크』라는 이름에 비해 시사 주간지 이름으로는 어울리지 않는다.

TIME

Newsweek

여기서 우리는 과오를 인정하지 않을 수 없다. 오늘날 우리는 『타임』이라는 브랜드가 상대적으로 일반적인 이름인 『뉴스위크』보다 더 좋은 이름이라고 생각한다. 또한 『포춘』이 『비즈니스위크』보다 좋은 이름이라고 생각한다. 우리의 실수는 일반적인 이름을 가진 두 잡지의 명백한 성공에서 비롯되었다. 사실 잡지 분야에는 '진입 장벽'이라는 것이 있어서 일반적인 이름이, 예컨대 포장 상품 분야에서처럼 불리한 요소가 되지는 않는다. 슈퍼마켓이나 약국에서는 하나의 새로운 영역이 등장하면 일반적인 이름을 가진 다수의 상품이 물밀 듯이 쏟아지며 혼란을 초래하는 게 일반적이다. 일반적인 이름을 가진 브랜드가 시장을 지배하는 경우는 드물다.

『타임』은 시사 주간지 영역에 가장 먼저 진출해 크게 성공했다. 그러나 『뉴스위크』가 『타임』보다 더 많이 뒤처져 있는 것은 아니다(실제로 『뉴스위크』가 연간 광고 게재 횟수에서는 『타임』을 앞선다).

많은 사람이 『타임』이 잡지 이름으로 멋지다고 생각한다. 어떤 면에서는 옳은 생각이다. 짧아서 눈길을 끄는 데다가 기억하기도 쉽다. 그러나 한편으로는 애매모호한 이름이기도 하다(손목시계업계의 전문지도 될 수 있지 않은가).

『포춘』의 경우도 『타임』과 다를 바 없다(『포춘』은 그 이름의 불분명한 의미 때문에 주식 중개인, 무역업자, 도박꾼 들을 위한 잡지도 될 수 있다). 이 계통에서는 『비즈니스 위크』가 더 나은 이름이다. 그래서 크게 성공을 거두고 있는 것이다.

한편 이름은 세월이 흐르면 낡고 진부해지며, 그 결과 재빠른 경쟁자에게 틈을 보이기도 한다.

『에스콰이어Esquire』는 도시 젊은이를 대상으로 하는 잡지로서는 멋진 이름이었다. 그래서 한때 젊은이들이 'John J. Smith, Esq.'처럼 자기 이름 뒤에 에스콰이어라는 단어를 붙일 정도로 인기를 얻었다. 그러나 『에스콰이어』는 선두 자리를 『플레이보이Playboy』에게 뺏기고 말았다. 누구나 플레이보이가 어떤 젊은이를 의미하며, 무엇에 관심을 갖는지 잘 알고 있다. 말할 것도 없이 여자일 테니까. 그렇다면 에스콰이어(기사)는 어떤가? 기사는 과연 무엇에 관심을 갖고 있을까?

『요팅Yachting』은 해양업계에서 수년간 리더 잡지로 군림했다. 그러나 오늘날 요트를 갖고 있는 사람이 과연 얼마나 될까? 따라서 빠른 시간 안에 『세일Sail』 같은 잡지가 『요팅』의 매출을 뒤쫓으리라는 것을 쉽게 예측할 수 있다.

주로 신문과 잡지에 광고가 실릴 때만 해도 『프린터스 잉크Printer's Ink』라는 매체의 이름은 광고업계 전문지 명칭으로 손색이 없었다. 그러나 오늘날에는 텔레비전과 라디오가 인쇄 매체보다 중요해졌다. 그래서 『프린터스 잉크』는 사라지고, 『애드버타이징 에이지』가 최고의 자리에 군림하게 되었다.

『월스트리트 저널』은 오늘날 세계에서 가장 막강한 출판물 가운데 하나로 손꼽힌다. 이 신문한테는 실질적인 경쟁 상대가

PLAYBOY
MAXIM

단어는 세월의 흐름과 더불어 낡은 느낌을 주기 마련이다. 오늘날의 플레이보이들은 결코 스스로를 '플레이보이'라고 하지 않는다. 젊은 남자들을 위한 새로운 잡지가 나올 기회를 열어 준 셈이다. 이러한 기회를 포착하여 가장 큰 성공을 거두고 있는 잡지가 바로 『맥심Maxim』이다. 『맥심』은 『애드버타이징 에이지』로부터 '올해의 잡지'로 선정된 바 있다. 어떤 브랜드도 영원할 수는 없다. 상품 자체가 시대에 뒤떨어질 수 있고, 서비스가 그럴 수도 있으며, 이름이 그럴 수도 있다. 영리한 기업은 결코 과거를 방어하기 위해 돈을 쓰지 않는다. 오히려 변화가 만드는 새로운 기회를 활용해 새로운 브랜드를 창출하는 데 투자한다. 『플레이보이』는 『맥심』 같은 이름을 가진 새로운 브랜드를 창출했어야 했다. 남들이 먼저 그렇게 하도록 놔두지 말았어야 했다.

없다. 그러나 『월스트리트 저널』은 그 이름에 다소 문제가 있다. 이 이름은 금융계로 한정된 의미를 암시한다. 실제로 이 신문은 경제 전반을 다룬다.

이러한 관찰에서 기회가 만들어지는 것이다.

기술자, 과학자 들은 자신이 만든 것을 사랑한 나머지 너무 형편없는 이름을 붙이는 경향이 있다. 예컨대 XD-12와 같은 이름이다(아마 '실험 고안experimental design 번호 12'를 나타낼 것이다). 그러나 이러한 이름은 소비자들의 마인드에 아무런 의미도 주지 못하고, 자기들끼리만 통하는 농담밖에 되지 못한다.

'원One'은 브랜드 전 영역에서 가장 과도하게 사용되는 단어다. 따라서 그 어떤 상품의 이름으로든 적절한 선택이 될 수 없다. '원'이 들어간 브랜드를 꼽아보자. 펩시 원을 필두로 뱅크 원, 채널 원, 커머스원, e원, 파이버 원, 글로벌 원, 모빌원, 네트워크 원, 오길비원, 원 투 원, 원 헬스 플랜, 원닷텔, 원코스트, 원포인트, 원소프트, 원월드, 퓨어원, 퓨리나 원, 라디오 원, 슈와브 원 소스, 소스 원, 스퀘어 원, 스트레이텀원, 버티컬원, 브이원, 웨스트우드 원 등이 있다.

또 하나의 예로 멘넨 EMennen E가 있다. 사람들은 모든 것을 문자 그대로 해석하려 한다. 멘넨 E 방취제는 1천만 달러의 광고비를 들였음에도 실패하고 말았다. 실패의 원인은 이름이었다. 광고 기획 단계에서도 그 아이디어가 약간 비정상적이라는 사실을 인정하고 있다. "비타민 E가 방취제라니, 놀랍지 않습니까."

정말 놀라운 일이다. 미국에서 가장 강하고, 영양가 높고, 건강한 겨드랑이를 갖고 싶어 하는 사람들에게 호소하고 있는 것이 아니라면 말이다.

브렉 원Breck One이나 콜게이트 100은 또 어떤가? 도대체 무슨 의미인지 알 수 없다. 오늘날 너무 많은 브랜드가 의미 없는 이름을 쓰고 있다.

오늘날의 닷컴 세계만큼 의미 없는 이름이 극적으로 넘치는 경우도 드물다. 그 이름들은 거의 기억하기가 불가능하다.

상품 영역이 다양해서 어느 정도 차이는 있겠지만, 더 좋은 이름은 판매에서 수백만 달러의 차이를 의미할 수도 있다.

조어로 된 이름은 언제 쓰는가?

코카콜라, 코닥, 제록스 같은 의미 없는 조어造語 이름을 가진 기업들이 성공하는 사실은 어떻게 설명할 수 있을까?

포지셔닝 사고를 어렵게 만드는 요인 가운데 하나가 많은 사람이 타이밍의 역할을 이해하지 못하는 데 있다.

다시 강조하건대, 신제품이나 새로운 아이디어로 마인드에 가장 먼저 들어가는 기업은 유명해질 수밖에 없다. 그 이름이 린드버그든 스미스든, 또는 럼플스틸트스킨이라도 상관없다.

코카콜라는 최초의 콜라였고, 코닥은 값싼 사진술로, 제록스는 보통 종이 복사기로 최초가 되었다.

'코크'라는 단어를 보자. 코카콜라의 성공 때문에 코크라는 별명은 기호론학자들이 일컫는 이차적 의미를 얻게 되었다.

어느 누가 '공기 없는 곳에서 태운 석탄의 잔여물'이라는 의미를 따서 청량음료의 이름을 짓겠는가? 아니면 어느 누가 코카인 마약의 속어로 이름을 짓겠는가?

코크가 갖는 이차적 의미가 확고했기 때문에 코카콜라 회사는 이러한 부정적 의미를 전혀 겁내지 않았다.

그러나 신제품에 케즈Keds나 크리넥스, 코텍스Kotex처럼 의미 없는 이름, 즉 조어를 붙이는 것은 위험하다. 많은 사람이 열망하던 신제품을 들고 소비자의 마인드에 가장 먼저 들어갈 때에만 의미 없는 조어 이름을 쓰는 사치가 허용된다.

물론 이 경우에는 그 어떠한 이름도 괜찮다.

그렇지 않을 경우에는 '스프레이 앤드 워시Spray 'n Wash' 같은 일반적 묘사어를 사용하고, 퀵스Qyx 같은 조어는 피해야 한다.

참고로 이니셜로 사용 빈도가 높은 영어 알파벳 다섯 개로 S, C, P, A, T를 꼽을 수 있고, 사용 빈도가 낮은 것으로는 X, Z, Y, Q, K가 있다. 영어 단어 여덟 개 가운데 하나는 S로 시작한다. X로 시작되는 것은 3천 개 중 하나뿐이다.

부정적인 이름도 긍정적으로 만들 수 있다

과학 기술의 발달로 새롭게 개량된 제품은 계속 쏟아져 나오고 있다. 그러나 이들 중에는 어설픈 2류 같은 이름 때문에 이미 상처를 입고 출시되는 경우가 많다.

마가린의 예를 보자. 마가린은 개발되고 출시된 지 벌써 수십 년이 지났지만 아직도 인조버터로 인식되는 경향이 짙다(자연을 가공한다는 건 결코 바람직하지 않다).

처음부터 더 나은 이름이 붙었으면 그런 일은 없었을 것이다. 그렇다면 마가린에는 어떤 이름을 붙여야 했을까? 당연히 '콩(대두) 버터'라고 이름 붙여야 했다.

'콩 버터'는 아직도 활용 가능한 포지셔닝 아이디어다. 마가린은 지금까지도 인조버터로 인식되는 경향이 짙다. 마인드는 일단 굳어진 다음엔 바꾸기 쉽지 않은 대상이다. 그러한 부정적 상황을 극복하는 더 나은 전략은 새로운 이름을 만드는 것이다. '콩 버터'는 그것이 우유가 아닌 콩으로 만들어졌음을 나타내는 진짜 이름이다.

'마가린'과 같은 이름의 심리적 문제는 그것이 기만적이라는 데 있다. 상품의 원래 성분을 감추는 데서 비롯된다고 볼 수 있는 문제다.

버터가 우유로 되어 있다는 것을 모르는 사람은 없다. 그렇다면 마가린은 무엇으로 만들어졌을까? 주성분을 모르기 때문에 잠재 고객들은 마가린에 근본적으로 좋지 않은 무언가가 틀림없이 있다고 생각하는 것이다.

상품을 벽장 속에서 끄집어내라

부정적 반응을 극복하는 첫 단계는 해당 상품에 다시금 세인의 관심이 쏠리도록 만드는 것이다. '콩 버터'와 같은 부정적인 이름을 사용해서라도 상황을 특별하게 부각해야 한다.

일단 그렇게 하면, 우유 버터에 대항해 콩 버터의 장점을 알릴 수 있는 장기적 계획을 전개할 수 있다. 이러한 계획에 반드시 포함해야 할 요소는 콩이라는 이름이 내포하는 '원료로서의 자부심'이다(이 경우는 땅콩버터와 같다).

흑인에 대한 총칭이 '유색 인종colored'에서 '니그로Negro'로, 다시 '블랙black'으로 변화한 과정에서도 같은 원칙이 적용되었음을 알 수 있다.

'니그로'는 마가린이라는 이름처럼 흑인을 영원히 2류 시민으로 격하하는 이름이다. '유색 인종'도 상황을 충분히 부각하지 못한다. 덜 검은 게 좋은 것이라는 암시가 담겨 있기 때문이다.

'아프리칸 아메리칸'이라는 명칭은 초점을 피부색에서 유래 쪽으로 옮긴다는 점에서 의미가 있다. 또 하나의 전략적 개선이라고 볼 수 있다.

'블랙'이 훨씬 잘 선택된 표현이다. 이 말은 장기적 평등에 기본이 되는 첫걸음, '블랙의 자부심'을 펼칠 수 있게 한다(당신은 백인인 것이 마음에 들지 모르지만 나는 흑인인 것이 더 좋다).

깊이 각인된 인식을 바꾸고자 할 때에는 대개 이름을 바꾸는 게 가장 먼저 취해야 할 조치다.

가장 적절한 단어를 선취당한 상태에서 사람이나 제품의 이름을 짓는 일에는 아무래도 어려움이 따르기 마련이다. 마가린의 경우 버터라는 단어, 콘 시럽(옥수수 당밀)의 경우 슈거(설탕)라는 단어처럼 말이다.

몇 년 전 일단의 과학자들이 옥수수 녹말에서 감미료를 만드는 방법을 찾아냈다. 그 결과 '포도당'과 '옥수수 당밀', '고과당 옥수수 당밀' 등과 같은 상품이 생겼다.

'고과당 옥수수 당밀'이라는 이름으로는 업계에서조차 자당蔗糖, 즉 '진짜 설탕'과 비교해서 모조품이나 2류품으로 인식될 것이 뻔했다. 그래서 옥수수 당밀의 주요 공급자인 콘 프로덕츠Corn

Products사는 새로운 감미료를 '콘 슈거(옥수수 설탕)'로 부르기로 결정했다. 그리하여 옥수수를 사탕수수나 사탕무와 대등한 위치에 세우는 데 성공했다.

광고에서도 이렇게 말했다. "설탕에는 세 종류가 있습니다. 사탕수수와 사탕무 그리고 옥수수."

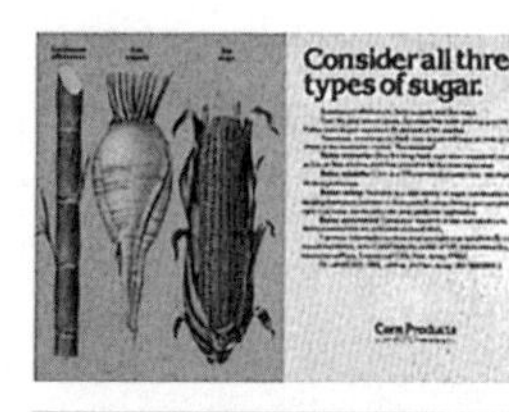

이것이 우리가 콘 프로덕츠를 위해 만들어 준 광고다. 부정적인 인식을 가지고 시작해야 하는 모든 상품에 적절한 전술이라 하겠다. 즉, '노는 분야'의 수준을 정해 줄 방법을 찾는 전술이다. 이 경우 당신의 상품이 더 훌륭하다고 말할 필요는 없다. 단지 다르다고 말하면 된다. 세 가지 설탕이 있다. 선택은 소비자가 알아서 할 일이다.

마케팅 담당자들은 연방 상거래 위원회에서 여러 업계의 일반 명칭을 관리하고 있음을 알아야 한다. 콘 프로덕츠의 마케팅 담당자는 연방 상거래 위원회를 설득할 수 있다고 생각했다. "이 상품을 슈거(설탕)라고 부를 수 없다면, 우리가 청량음료에 설탕 대신 옥수수 당밀을 넣고 '슈거 프리(무설탕)'라고 해도 괜찮겠네요?"

특별 이익 단체들은 대개 좋은 이름이 갖는 힘을 잘 이해한다. '삶의 권리 찾기' 운동이나 '공정 거래' 법 등이 그 좋은 예다.

그리고 감히 어느 상원 의원 혹은 하원 의원이 '공기 정화법'이라는 이름의 법안에 반대할 수 있겠는가?

'공정 거래' 같은 기존 콘셉트에 대항할 때 경쟁 상대에게 새 이름을 붙이기 위해 애쓰지 않는 것이 중요하다. 당신의 말을 들어주는 사람들을 괜한 혼란에 빠뜨릴 필요가 없기 때문이다.

정치 영역의 극우파들은 특히 이름의 위력을 잘 알고 있다. '역사 보전 연합'이 시민 인권 단체의 공적이 되는 이유가 여기에 있다.

공정 거래법에 대한 소비자들의 폭넓은 수용에 맞서기 위해 반대 측은 그것을 '가격 유지' 법이라고 부르려고 했다. 이는 많은 혼란을 불러일으켜 여러 주에서 공정 거래법이 폐지되기까지 오랜 시간이 걸렸다.

더 나은 전술은 이름을 거꾸로 이용하는 것이다. 즉 같은 단어를 이용해 콘셉트를 재포지셔닝 함으로써 의미를 뒤집는 것이다. '거래자에 대해서는 공정하나, 소비자에 대해서는 불공정하다'와 같은 전술 말이다.

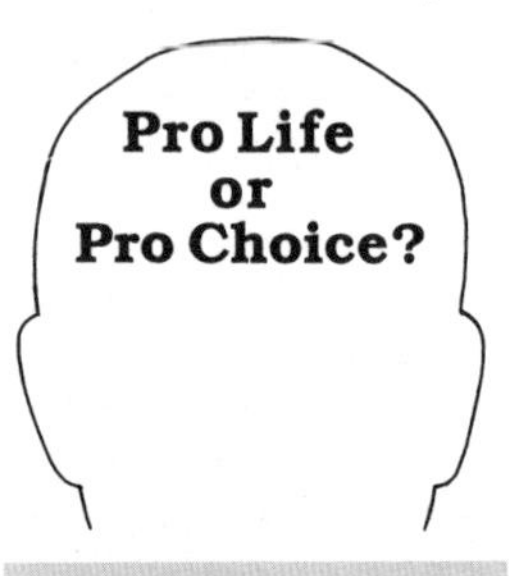

'생명 옹호 혹은 선택권 옹호?' 낙태 문제를 놓고 다투는 양 진영은 각각 가장 밝은 측면에 포지션을 놓기 위해 긍정적인 단어들을 선택했다. '슬로건'으로 쓰는 이름은 어떤 운동에서든 가장 중요한 선택 사항에 속한다. 충분히 생각해서 선별할 일이다.

더욱 좋은 방법은 반대로 이름이 강력하게 자리하기 전에 상대의 이름을 고쳐 부르는 것이다. 게임의 초기 단계에 '가격 유지'라는 이름으로 대응했다면, 차단 전략으로 큰 효과를 볼 수 있었을지도 모른다. 첫 번째의 중요성을 또 한 번 상기하는 사례다.

데이비드와 마이클, 휴버트와 엘머

'이름은 이름일 뿐'이라는 일반적인 인식에도 불구하고, 사람의 이름이 그 사람의 인생에서 큰 역할을 한다는 주장이 날로 힘을 얻고 있다.

심리학 교수인 허버트 해러리Herbert Harari 박사와 존 맥데이비드John. W. McDavid 박사는 초등학교 어린이들이 별난 이름의 친구들을 놀리는 이유를 밝히려고 했다.

그래서 4학년과 5학년 수준의 작문에 여러 이름을 바꿔 붙여가면서 실험을 진행했다. 그중에 특별히 두 그룹의 이름에서 일정한 원칙이 발견되었다.

몇 가지 작문에 일반적인 이름인 데이비드David와 마이클Michael, 그리고 그렇지 않은 이름인 휴버트Hubert와 엘머Elmer라는 이름을 붙여 각기 다른 그룹의 초등학교 교사에게 평가하도록 했다(실험에 참가한 교사들에게는 이 실험의 목적과 의도를 밝히지 않았다).

데이비드와 마이클의 이름이 붙은 작문이 같은 작문임에도 엘머나 휴버트라는 이름의 작문보다 높이 평가되었다는 사실을 믿을 수 있겠는가?

"교사들은 과거의 경험을 토대로 휴버트나 엘머가 일반적으로 열등생이라는 생각을 갖고 있다." 실험을 한 교수들이 내린 결론이다.

별난 '이름'을 갖고 있는 유명인은 어떨까? 예컨대 휴버트 험프리Hubert Humphrey(1911~1978. 미국의 정치인-역주), 애들레이 스티븐슨Adlai Stevenson II(1900~1965. 미국의 변호사 겸 정치인-역주) 등의 이름을 떠올릴 수 있다. 두

Ronald Reagan
Robert Redford
Marilyn Monroe

두운법은 또 하나의 훌륭한 작명 전략이다. 이름을 쉽게 기억할 수 있기 때문이다. 이는 브랜드명뿐 아니라 인명에도 해당되는 얘기다. 미국의 경우 상당히 많은 유명인이 두운법에 따라 지어진 이름을 갖고 있다. 흥미로운 일이 아닐 수 없다.

사람은 모두 리처드와 드와이트라는 일반적인 이름을 가진 남성들(각각 미국 대통령을 역임한 리처드 닉슨과 드와이트 D. 아이젠하워Dwight D. Eisenhower를 가리킨다-역주)에게 패했다.

그러면 리처드 험프리와 휴버트 닉슨이 겨루었다면 어떻게 되었을까? 과연 미국인들은 휴버트를 선택했을까?

지미, 제리, 리처드, 린든, 존, 드와이트, 해리, 프랭클린 등은 별난 이름으로 백악관에 입성했던 허버트 후버Herbert Hoover 이후 일반적인 이름을 가진 역대 미국 대통령 이름들이다.

그러면 허버트 후버가 1928년에 쓰러뜨린 상대는 누구일까? 그 사람 역시 '패배자'의 이름을 가진 앨프리드Alfred Smith였다.

1932년, 허버트는 프랭클린이라는 '승리자' 이름의 인물(프랭클린 D. 루스벨트Franklin D. Roosevelt를 가리킨다-역주)과 겨루었다. 결과는 대참패로 끝났다.

에드셀이라는 이름을 가진 그 누군가에겐 무엇을 기대할 수 있을까? 에드셀은 포드가 에드셀이라는 자동차를 선보이기 전부터 이미 패자의 이름이었다. 그리고 그 이름은 마케팅 역사상 가장 큰 재앙을 초래하고 말았다.

시릴Cyril과 존John을 예로 들어 보자. 심리학자인 데이비드 셰퍼드David Sheppard 박사에 따르면, 대부분의 사람은 이러한 이름을 잘 모르는 경우라 하더라도 시릴은 비열하고, 존은 믿을 수 있는 사람으로 생각한다.

사람은 기대한 대로 보게 된다. 나쁜 이름이나 부적절한 이름은 좋지 않은 선입관을 굳히는 연쇄 작용을 일으킨다.

"엘머? 그 애는 안 돼! 봐, 엘머가 하는 일을. 내가 말했잖아, 엘머는 안 된다고."

다음 이야기는 실제로 있었던 일이다. 뉴욕에 있는 한 은행에 영 J. 부저Young J. Boozer라는 사람이 있었다. 한번은 고객이 전화 교환수에게 '영 부저'(젊은 술꾼이라는 의미도 된다-역주)와 통화하고 싶다고 했더니 이런 응답이 나왔다. "여기에는 그런 사람이 많습니다. 어떤 분을 찾으시나요?"

꾸민 이야기가 결코 아니다. 만약 부모가 당신에게 '영 J. 부저'와 같은 이름을 지어 줬다면 당신은 어떻게 하겠는가? 우리가 알고 있는 대부분의 사람은 조용히 자신의 운명을 받아들인다. '할 수 없지, 뭐. 정해진 이름인데…….' 바보짓이다. 부모가 지어준 이름이라도 마음에 들지 않으면 과감히 바꾸라. 만약 매리언 모리슨이 이름을 존 웨인John Wayne으로 바꾸지 않았다면 과연 그렇게 세계적인 명배우가 될 수 있었을까? 천만의 말씀이다.

하늘의 휴버트와 엘머

이름은 그 메시지와 사람들의 마인드 사이에 생기는 최초의 접점이다.

메시지의 효율성을 결정하는 것은 미적 감각에서의 이름의 좋고 나쁨이 아니다. 그보다는 이름의 적절성에 있다.

항공 산업의 경우를 보자. 미국의 4대 항공사라 하면 유나이티드 에어라인, 아메리칸 에어라인, 트랜스 월드 에어라인Trans World Airlines, 그리고…….

당신은 "자유 진영의 모든 항공사 중에 두 번째로 많은 승객을 실어 나르는 항공사"라는 슬로건을 내걸고 있는 항공사의 이름을 알고 있는가?

이스턴 에어라인이다.

다른 모든 항공사와 마찬가지로 이스턴도 그동안 상승세와 하락세를 모두 경험했다. 그러나 불행하게도 올라갈 때보다는 내려갈 때가 더 많았다. 승객을 대상으로 한 설문 조사에 따르면, 이스턴은 줄곧 미국의 4대 항공사 중 네 번째 자리에 머물고 있다.

이유가 무엇일까? 지역적인 이름을 가진 이스턴이 아메리칸이나 유나이티드와 같이 전국적인 이름을 갖고 있는 항공사와는 다른 부류로 사람들의 마인드에 들어가 있기 때문이다.

이스턴이라는 명칭 때문에 피드몬트Piedmont, 오자크Ozark, 서던Southern과 같은 군소 항공사처럼 인식되는 것이다.

사람들은 자신이 기대하는 대로 본다. 아메리칸이나 유나이티드를 이용했다가 기분 나쁜 일을 경험하더라도 대부분의 승객은 '그럴 수도 있지' 하고 넘겨 버린다. 서비스에 대한 기대감이 전반적으로 좋기 때문에 한두 차례의 불쾌한 경험 정도는 예외 상황으로 여기는 것이다.

그러나 이스턴에서 그런 불쾌한 경험을 하면 '이스턴은 별 수 없어'와 같은 반응을 보인다. 예상대로 서비스가 형편없다고 단정하는 것이다.

이스턴이 노력을 게을리했던 것도 아니다. 몇 년 전, 이스턴은 정상급 마케팅 전문가를 초빙해 전환의 계기를 마련하고자 했다. 좋은 평가를 얻기 위해 비행기 색을 바꾸고, 기내식을 개선하고, 승무원들의 복장을 바꾸는 등 부단한 노력을 기울였다.

돈도 결코 인색하게 쓰지 않았다. 이스턴은 해마다 업계 최고의 광고비를 지출하는 기업 중 하나였다. 최근에 이스턴은 2천만 달러 이상을 광고비로 지출했다.

이런 많은 투자에도 불구하고, 사람들은 이스턴을 어떻게 생각하고 있는가? 이스턴이 어디를 날고 있다고 생각하는가? 동부 연안을 따라 뉴욕이나 보스턴, 필라델피아, 워싱턴, 마이애미 정도나 운항하고 있는 항공사로 생각하고 있지 않은가?

이스턴은 세인트루이스와 뉴올리언스, 애틀랜타, 덴버, 로스앤젤레스, 시애틀, 아카풀코, 멕시코시티에도 취항하고 있다.

우리는 20년 동안 이스턴 항공을 어르고 달래며 이름을 바꾸라고 종용했다. 그러나 이스턴 항공은 1989년 3월 파산할 때까지 우리의 충고에 귀를 기울이지 않았다. 우주 비행사 출신인 프랭크 보먼Frank Borman이 이스턴의 사장으로 일하던 시절, 그는 우리에게 '지역적 이름의 한계를 인정한다, 그 때문에 몇몇 경우에 전국적인 관심을 얻는 데 어려움을 겪는 것 또한 사실이다'라는 내용의 편지를 보냈다. 그러나 그는 편지 말미에 이렇게 적었다. "하지만 이스턴이라는 이름 뒤에는 47년이라는 세월이 버티고 있소." 도대체 나쁜 이름을 오랫동안 써 왔다는 것에 무슨 의미가 있단 말인가. 쥐 꼬리가 백년 묵는다고 용 꼬리가 되는가?

이스턴이 취항하는 도시 중에 인디애나폴리스가 있다. 거기서 어떤 문제가 생기는지 한번 살펴보자. 이스턴은 인디애나폴리스에서 북쪽으로는 시카고와 밀워키, 미니애폴리스로 날아가고, 남쪽으로는 루이빌과 애틀랜타, 포트로더데일로 날아간다. 동쪽으로는 전혀 운항하지 않는 것이다.

게다가 이스턴은 서부의 샌환으로 30년 이상을 운항해 왔다. 그러면서 그쪽 시장을 석권했었다. 그런데 아메리칸 에어라인이 트랜스 캐러비안Trans Carribean을 인수하면서부터 상황이 달

1969년 우리는 모호크 Mohawk 항공사에 그들이 이름을 바꿔야 하는 이유를 설명하는 프레젠테이션을 한 바 있다(모호크는 이발 용품 브랜드로나 적절하다). 1972년 모호크 항공사가 알레게니 항공사와 합병했을 때, 우리는 합병 회사에 이름을 바꿀 것을 촉구했다. 그들의 별명이 '어고니Agony(고뇌) 항공사'로 통한다는 점을 강조하며 동체 색깔도 바꿀 것을 주장했다. 그러나 우리의 주장은 받아들여지지 않았다. (알레게니, 피드몬트, 오자크 등 많은 항공사는 어째서 산맥 이름을 따서 항공사 이름을 지었을까?) 1979년, 마침내 그들은 현실을 받아들이고 이름을 US에어로 바꾸었다. 오늘날 US에어웨이는 높이 날고 있는 반면, 이스턴은 바닥을 기고 있다. 개명이 필요할 때 그러한 사고방식을 가로막는 주장은 언제나 같다. 이름이 문제가 아니라 상품 자체나 서비스 또는 가격이 문제라는 것이다. 절대로 그렇지 않다. 상품에 대한 인식, 서비스에 대한 인식, 가격에 대한 인식이 문제인 것이다. 이름이 나쁘면 인식도 나빠지기 마련이다.

라졌다. 결론적으로 오늘날 샌환 지역을 석권하고 있는 항공사는 아메리칸 에어라인이다.

'사람의 날개', 즉 비행기를 지역적인 이름으로 한정해서는 안 된다. 승객들은 선택권이 주어지는 한, 지역적인 이미지의 항공사보다는 전국적인 이미지의 항공사를 택할 것이다.

이러한 문제점은 인식과 현실을 구별하는 데 있어서 사람들이 겪는 어려움을 극명하게 보여 주는 전형적인 예다. 소위 경험이 많다는 마케팅 전문가들조차 이스턴이 처해 있는 상황을 관찰하고 반대로 해석하는 경향이 있다.

'이스턴의 문제점은 이름이 아니라 형편없는 서비스와 기내식, 엉성한 수하물 취급, 무뚝뚝한 승무원들 때문이다.' 그들은 인식을 현실로 착각하고 있는 것이다.

피드몬트 에어라인, 오자크 에어라인, 알레게니Allegheny 등에 대해 사람들은 어떻게 생각할까? (조사에 따르면, 항공사를 선택할 수 있는 경우 비행기를 자주 이용하는 승객 중 3퍼센트가 아메리칸 에어라인을 안 타겠다고 한 반면, 알레게니를 안 타겠다는 승객은 26퍼센트, 이스턴을 안 타겠다는 승객은 38퍼센트에 달했다.)

알레게니는 항복을 선언하고 US에어USAir로 이름을 바꿨다. 노스센트럴North Central과 서던도 두 손을 들고 1979년 리퍼블릭 에어라인Republic Airlines이라는 이름으로 합병했다. 이제 이들의 이륙을 지켜보는 일만 남았다.

애크런의 쌍둥이

또 하나의 흔한 이름 문제는 오하이오주 애크런에 본사를 둔 두 기업이 대표적이다. 자사의 이름(굿리치Goodrich)이 같은 업종에서 규모가 훨씬 더 큰 회사의 이름(굿이어)과 비슷할 때에는 어떻게 해야 할까?

굿리치에는 문제가 있었다. 조사에 따르면 그들이 자동차 바퀴를 고안하더라도 대부분의 성과는 굿이어에게 돌아가리라는 것이었다.

당연히 창업자인 벤저민 굿리치Benjamin F. Goodrich도 문제를 인식하고 있었다. 그래서 그들은 몇 년 전 광고에서 이렇게 입장을 표명했다.

우리 회사의 창업자인 벤저민 굿리치의 재앙, 그것은 바로 그의 이름입니다. 우리 회사 창업자의 이름이 우리의 최대 경쟁상대의 이름과 유사하다는 것은 운명이 안겨 준 가혹한 우연

이었습니다. 굿이어와 굿리치, 정말 혼란스럽습니다.

그리고 광고의 밑부분에 다음과 같이 적었다. "굿리치를 원하신다면 굿리치라는 이름을 기억하십시오."

B. F. 굿리치처럼 이름을 바꿔야 할 필요가 있는 회사는 많다. 그러면 어떻게 회사의 이름을 바꿔야 할까? 가장 나쁜 것은 외부 회사를 고용해 돈을 퍼부으며 이름을 개발하는 경우다. 그렇게 하면 예컨대 아질런트, 아벤티스, 나비스타, 노바티스 같은 환상적인 이름을 얻게 된다(나비스타는 최근에 다시 원래의 이름인 '인터내셔널'로 돌아갔다). 가장 좋으면서도 가장 일반적인 방법은 제품의 브랜드명을 개발해 그 이름이 궁극적으로 회사 이름이 되도록 하는 것이다. B. F. 굿리치는 바로 이런 방법을 써야 한다. 멋진 브랜드명을 하나 도입해 그것이 결국 회사 이름으로 쓰이게 만들어야 하는 것이다.

바꿔 말하면 그것은 굿리치의 문제가 아니라 소비자의 문제라는 것이었다.

굿리치는 미국 시장에 강철 벨트의 레이디얼 타이어를 가장 먼저 출시한 기업이다. 그럼에도 몇 년 후에 타이어 구입자에게 강철 벨트의 레이디얼 타이어를 만드는 회사가 어디냐고 물었을 때, 응답자의 56퍼센트가 굿이어라고 대답했다. 실제로 굿이어는 미국 시장에서 그러한 제품을 제조·판매한 적이 없었다. 실제로 그렇게 하고 있는 굿리치를 기억한 응답자는 47퍼센트에 불과했다.

애크런에는 이런 말이 떠돈다. "굿리치가 발명하고, 파이어스톤이 개발하면, 굿이어가 판다."

1968년 굿이어는 29억 달러의 매출을 올렸고, 굿리치는 약 13억 달러어치를 팔았다. 2.2 대 1인 셈이다. 그리고 10년 뒤인 1978년, 굿이어는 74억 달러,

굿리치는 약 24억 달러어치를 팔았다. 2.9 대 1로 격차가 벌어진 것이다. 전형적인 부익부의 결과인데, 그럴 수밖에 없는 일이다.

한 가지 특기할 만한 것은 이 패자의 광고가 여전히 널리 알려지고 있다는 사실이다. '우리는 그들이 아니다'라는 광고가 신문지상에서는 좋은 반응을 얻으면서도, 정작 타이어 구매자들의 호응은 끌어내지 못하고 있다. 이름 하나 때문에 굿리치는 영원히 거대 경쟁자 앞에서 기를 펴지 못하는 신세가 된 것이다.

굿리치는 지금도 여전히 바닥을 기고 있다.

톨레도의 세쌍둥이

애크런의 쌍둥이 이야기로 부족하다면, 이번에는 톨레도에 있는 오언스-일리노이Owens-Illinois, 오언스-코닝 파이버글라스Owens-Corning Fiberglas, 리비-오언스-포드Libbey-Owens-Ford 세쌍둥이의 곤경을 살펴보자.

이들은 외형 면에서 결코 작은 기업들이 아니다. 오언스-일리노이는 20억 달러 규모의 기업이고, 오언스-코닝 파이버글라스는 10억 달러, 그리고 리비-오언스-포드도 10억 달러 규모의 기업이다.

이들 사이에 일고 있는 혼란의 문제를 오언스-코닝 파이버글라스의 입장에서 살펴보자.

오언스라는 이름은 보통 일리노이와 연결되어 생각되며, 오언스-일리노이는 오언스라는 이름에 대한 권리를 주장할 수 있을 만큼 규모가 큰 회사다.

그리고 코닝은 유리와 연결되어 있다. 뉴욕주 코닝 근처에 코닝 글라스 워크스Corning Glass Works라는 1억 달러 규모의 회사가 있어서, 코닝이라고 하면 대개 이 회사를 연상하게 된다. 코닝이라는 이름을 유리라는 콘셉트와 관련짓는 데 성공한 경우라 하겠다.

그렇다면 오언스-코닝 파이버글라스에게는 무엇이 남을까?

파이버글라스뿐이다.

그래서 아마도 이 회사는 광고에서 다음과 같이 말할 수밖에 없었을 것이다. "오언스-코닝은 파이버글라스입니다." 다시 말해서 파이버글라스를 원한다면 오언스-코닝을 기억해야 한다는 뜻이다.

OWENS CORNING

1992년 오언스-코닝 파이버글라스는 우리의 충고를 받아들여 회사의 이름을 바꾸었다. 그러나 불행히도 그들은 우리의 제시와 정반대로 나갔다. '파이버글라스'를 빼 버리고 '오언스 코닝'을 남긴 것이다.

그렇다면 차라리 회사 이름을 파이버글라스 코퍼레이션으로 바꾸는 것이 훨씬 쉬운 일이 아닐까? (소문자 f로 시작하는) 파이버글라스fiberglass를 원하는 사람은 (대문자 F로 시작하는) 파이버글라스Fiberglas만 기억하면 된다. 그렇게 하면 회사의 주요 목표를 환기시키는 데에도 도움이 될 것이다. 일반명인 파이버글라스를 브랜드명으로 전환해야 한다.

당신의 이름이 휴버트나 엘머, 이스턴, 굿리치, 오언스-코닝 파이버글라스라면 어떻게 해야 할까? 주저 없이 바꿔야 한다.

그러나 이러한 논리적 타당성에도 불구하고 이름을 바꾸는 경우는 매우 드물다. 대부분의 기업은 현재 갖고 있는 이름이 매우 가치 있다고 확신한다. '우리의 고객이나 직원들은 결코 새로운 이름을 원하지 않습니다.'

그런데 올린Olin이나 모빌Mobil, 유니로열Uniroyal, 제록스의 경우는 어떠한가? 또 엑슨 코퍼레이션은? 엑슨은 불과 몇 년 전에 이름을 바꿨다.

아직도 엑슨의 옛 이름을 기억하는 사람이 있을까? 엣소? 험블 오일? 엔제이? 이런 이름을 마케팅에 사용하긴 했지만 어느 것도 엑슨의 옛 이름은 아니다.

스탠더드 오일 오브 뉴저지Standard Oil of New Jersey가 바로 엑슨의 옛 이름이다. 짧은 시간에 적은 경비로 회사 이름을 아주 잘 바꾼 사례다.

이름이 나쁠 때 따르는 마이너스적인 가치를 간과해서는 안 된다. 이름이 나쁘면 모든 것이 나쁜 쪽으로 향하고, 이름이 좋으면 모든 일이 좋은 쪽으로 향하게 된다.

역사상 가장 원활했던 기업명 변경 사례는 엑슨의 경우다(스탠더드 오일 오브 뉴저지에서 엑슨으로 바꿨다). 여기서 우리는 이러한 성공에 기여한 세 가지 주요 요인을 살펴볼 수 있다. (1) 회사의 규모: 현재 엑슨은 미국에서 네 번째로 큰 회사다. 모빌과 합병한 후에는 두 번째가 될 것이다. 규모가 큰 회사가 기업명을 바꾸려 하면 언론의 관심이 쏟아지기 마련이다. 다시 말해 언론이 대신 홍보해 주는 효과를 얻을 수 있는 셈이다. (2) 브랜드(엣소)와 새로운 기업명(엑슨)의 유사성: 잠재 고객들은 이 두 이름을 마인드에 쉽게 묶어 둘 수 있었다. (3) 새로운 이름의 가시성: 수천 곳의 주유소가 하룻밤 사이에 간판을 바꿨고, 이는 주유 고객의 마인드에 깊은 인상을 남겼다.

콘티넨털의 혼란

39억 달러 규모의 콘티넨털 그룹The Continental Group, Inc.이라는 회사와, 31억 달러 규모의 콘티넨털 코퍼레이션The Continental Corporation이라는 두 회사의 차이점을 알고 있는가? 콘티넨털 그룹은 세계 최대의 캔(양철 용기) 제조 회사고, 콘티넨털 코퍼레이션은 대형 보험 회사라는 사실을 아는 사람은 그리 많지 않다.

'그러니까 하나는 콘티넨털 캔이고 또 하나는 콘티넨털 보험이라는 이야기네요. 이제야 알겠어요.'

그런데 이 회사들은 왜 '캔'과 '보험'이라는 단어를 쓰지 않고 '그룹'과 '코퍼레이션'이라는 정체불명의 단어를 사용했을까? 답은 간단하다. 두 회사 모두 사업 분야가 캔이나 보험에만 국한되지 않기 때문이다.

그러나 회사의 아이덴티티를 구축하려면 의미 없는 이름으로는 곤란하다. 더욱이 콘티넨털이라는 이름을 갖고 있는 회사가 부지기수인 상황에서는 더욱 그렇다. 콘티넨털 오일, 콘티넨털 텔레폰, 콘티넨털 그레인, 콘티넨털 일리노이 그룹 등등(이들 모두가 수십억 달러 규모의 회사라는 점에서 문제는 심각하다).

콘티넨털 그룹과 콘티넨털 코퍼레이션 모두 지금은 독립 기업이 아니다. 콘티넨털 그룹은 원래 이름이었던 콘티넨털 캔으로 되돌아간 다음, 유제품 및 포장업체인 수이자 푸드Suiza Foods의 일부가 되었다. 그러나 도대체 사람들은 배울 줄을 모른다. 최근에 콘티넨털 그레인이라는 회사는 회사명을 콘티그룹 컴퍼니로 바꾸었다.

사장이 비서에게 '콘티넨털에 전화 좀 연결해 줘요'라고 지시하면 어떤 상황이 벌어질까? 맨해튼의 전화번호부를 보면 콘티넨털이라는 이름으로 시작하는 회사가 무려 235개나 된다.

너무 적절한 이름

때로는 이름이 너무 적절하거나, 너무 묘사적 혹은 암시적이라 문제가 되기도 한다. 특히 일반 대중이 소비하는 상품의 경우는 더욱 그러하다.

벌지 전투the battle of bulge('제2차 세계 대전 말기 독일군의 대반격'을 뜻하지만 여기서는 '뱃살 전쟁'을 의미한다-역주)를 한번 살펴보자. 다이어트 식품이라는 기치를 내걸고 출시된 미드 존슨Mead Johnson의 메트리컬Metrecal('측량'이라는 의미의 metrical을 연상시킨다-역주)과 카네이션Carnation의 슬렌더Slender('날씬하다'는 의미다-역주) 간의 한판 승부였다.

메트리컬이 시장에 먼저 진입했다는 이점을 안고 있었음에도 승리는 슬렌더에게 돌아갔다.

제품을 이용해 얻을 수 있는 혜택을 암시한 슬렌더라는 이름이 IBM 컴퓨터가 만든 메트리컬이라는 이름보다 더 효과적이었던 것이다.

이렇게 대중 다이어트용 식품 같은 제품을 출시할 때에는 이름 선택에 특히 유의해야 한다. 노칼No-Cal(무칼로리)이란 이름의 청량음료는 결코 큰 성공을 거두지 못했다. 도대체 누가 식당에 앉아 노칼을 주문하겠는가? 옆자리에 앉은 사람이 무슨 생각을 할지 너무 뻔하지 않은가? '에고, 저 뚱뚱이!'

다이어트 코크의 도입은 마케팅 역사상 가장 기념비적인 실패로 기록될지 모른다. 코카콜라사는 사실 새로운 다이어트 콜라를 도입할 필요가 없었다. 이미 탭이라는 주도적인 다이어트 콜라 브랜드가 있었기 때문이다(다이어트 코크가 출시되던 무렵에 탭은 다이어트 펩시보다 32퍼센트 정도 더 많이 팔리고 있었다). 뉴트라스위트NutraSweet(다이어트 음료에 쓰는 당분-역주)를 탭 제품에서 끄집어내 다이어트 코크에만 사용함으로써 코카콜라사는 탭 브랜드를 사실상 죽여 버렸다. 그러나 오늘날 그렇게 공을 들였음에도 다이어트 코크의 매출은 답보 상태 혹은 감소 상태에 있다(마운틴듀가 다이어트 코크를 누르고 코카콜라 클래식과 펩시콜라에 이어 세 번째로 많이 팔리는 음료가 되었다). 그렇다면 코크와 같이 설탕이 들어간 음료가 앞으로 얼마나 더 계속해서 청량음료 시장을 지배할 수 있을까? 이에 대한 답은 다음과 같은 질문에서 찾아볼 수 있을 것이다. 영양가 없고 미

말할 필요도 없이 탭Tab(코카콜라에서 선보인 다이어트 음료-역주)을 주문하는 게 훨씬 낫지 않겠는가.

최근에 『뉴욕 타임스』에 실린 기사 한 토막을 보자.

"뉴욕대학교 총장은 평소와 마찬가지로 탭 한 잔을 손에 들고 오찬 겸 협상 테이블에 앉았다."

기자들이 몰려올 걸 알면서 다이어트 콜라나 라이트 콜라를 주문할 유명인이 어디 있을까?

린든 존슨Lyndon Johnson은 대통령 시절에 집무실 인터콤 시스템에 프레스카Fresca를 위한 직통 버튼을 달았다고 한다. 그리고 그는 모두가 그 사실을 알고 있는 상황을 전혀 개의치 않는 것처럼 보였다고 한다.

저칼로리 혹은 저비용 상품의 이름을 지을 때에는 선을 넘지 않는 범위 내에서 혜택을 암시하도록 주의해야 한다. 너무 노골적인 이름은 잠재 고객을 쫓아 버릴 뿐이다.

네랄도 없으며 칼로리도 없는 음료수를 과연 누가 사 먹을 것인가? 코카콜라에서 탭으로 옮겨 가는 것이 코크에서 다이어트 코크로 옮겨 가는 것보다 훨씬 더 수월했을 것이다. 탭에는 다이어트 이름으로서 부정적인 내용이 담겨 있지 않기 때문이다.

10 의미 없는 이름의 함정

"L.A.에 갔다가 다시 뉴욕으로 갈 거야." 사람들은 흔히 로스앤젤레스를 L.A.로 줄여 부른다. 그런데 왜 뉴욕은 N.Y.라고 부르지 않을까?

"GE에서 몇 년간 일했고, 그 후 웨스턴 유니언Western Union으로 옮겼습니다." 제너럴 일렉트릭은 GE라고 하면서 웨스턴 유니언은 왜 WU라고 하지 않을까?

제너럴 모터스는 GM으로, 아메리칸 모터스는 AM으로도 종종 불리지만, 포드 모터를 FM으로 부르는 일은 거의 없다. 왜 그럴까?

음성상의 축약

여기에 적용되는 원칙은 음성상의 축약이다. 라디오 코퍼레이션 오브 아메리카는 Ra-di-o Cor-po-ra-tion of A-mer-i-ca의 12음절이다. 따라서 3음절밖에 안 되는 R-C-A로 불리는 것이 당연하다.

제너럴 일렉트릭은 Gen-er-al E-lec-tric의 6음절이기 때문에 사람들은 2음절인 G-E를 선호한다.

제너럴 모터스(Gen-er-al Mo-tors)가 GM으로, 아메리칸 모터스(A-mer-i-can Mo-tors)가 AM으로 불리는 이유도 이와 같다. 그러나 포드 모터(Ford Mo-tor)가 FM으로 불리지 않는 이유는 무엇일까? 포드 그 자체가 단음절 단어로 모든 것을 표현하고 있기 때문이다.

음성상의 이점이 없으면, 대부분의 사람은 이니셜로 부르려 하지 않는다. 뉴욕이나 N.Y.나 모두 2음절이다. 그래서 N.Y.라는 이니셜로 표기하는 일은 있어도 이렇게 말하는 경우는 드물다.

로스앤젤레스는 4음절(Los An-ge-les)이기 때문에 L.A.로 더 널리 쓰인다. 그러나 샌프란시스코는 4음절(San Fran-cis-co)이면서도 S.F.로 단축되는 경우가 별로 없다. 왜 그럴까? 샌프란시스코를 축약한 '프리스코'라는 완벽하게 훌륭한 2음절 단어가 존재하기 때문이다. 이와 같은 이유로 뉴저지도 N.J. 대신에 '저지(Jer-sey)'로 불리는 것이다.

웨스턴 유니언 내부에서는 웨스턴 유니언이라는 이름보다 WU라는 이니셜을 즐겨 사용한다. 내부자들이 자기들끼리 이름 대신 이니셜을 쓰는 게 멋지다고 생각하기 때문이다. 따라서 웨스턴 유니언 사내를 어슬렁거리다 보면 WU는 물론이고, 웨스턴 유니언 컴퍼니의 이니셜인 WUCO('우쿠'라고 발음한다)라는 표현도 자주 듣게 된다. (우리가 어떻게 그리 잘 아느냐고? 우린 그 회사와 10년 넘게 일했다.) 내부자들끼리 통하는 말을 바깥 세계에서도 쉽게 이해할 수 있는 언어로 '번역'하는 일, 그것도 광고나 홍보 에이전시가 해야 할 일에 속한다.

사람들은 단어와 이니셜이 음성상의 길이가 같을 때, 그중 하나를 선택해야 하면 거의 예외 없이 이니셜이 아닌 단어를 사용한다.

때로는 음성상의 길이가 사람들을 우롱하기도 한다. 웨스턴 유니언보다는 이니셜인 WU가 훨씬 더 짧아 보이지 않는가? 하지만 실제 발음에서는 'Dou-ble-U U'와 같이 웨스턴 유니언과 똑같은 길이다(W를 제외하고 영어 문자는 모두 1음절이다).

고객들은 기업의 이름을 음성적인 측면에서 생각하는 반면, 해당 기업에서는 그러한 방식으로 생각하지 않는다. 기업들은 시각 지향적이다. 어떻게 소리 나는가에 대해서는 고려하지 않은 채 좋게 보이려고만 하는 데서 여러 문제가 발생하는 것이다.

시각적 축약

기업인들도 종종 같은 함정에 빠진다. 우선 사람 이름을 살펴보자. 에드먼드 제럴드 브라운Edmund Gerald Brown이라는 젊은 친구는 제너럴 매뉴팩처링 코퍼레이션General Manufacturing Corporation에서 중역이 되자마자, 사내용 편지나 메모지에 'GMC'의 'E. G. 브라운'으로 표기하기 시작했다.

그러나 이름이 널리 알려지길 원한다면 가급적 이니셜 사용은 피해야 한다. 이는 많은 정치인이 이미 잘 알고 있는 사실이다. 그래서 에드먼드 제럴드 브라운 주지사가 스스로를 E. G. 브라운이 아닌 제리 브라운Jerry Brown으로 내세운 것이고, E. M. 케네디와 J. E. 카터도 각각 테드 케네디Ted Kennedy와 지미 카터Jimmy Carter가 된 것이다.

그러면 FDR과 JFK는 무엇인가? 얄궂게도 일단 정상에 올라 사람들에게 널리 알려지고 나면 이니셜 사용에는 큰 문제가 없게 된다. 프랭클린 루스벨트Franklin Delano Roosevelt와 존 F. 케네디John Fitzgerald Kennedy도 유명해진 뒤에야 비로소 이니셜을 사용할 수 있었다. 유명해지기 전에 이니셜을 사용해서는 안 된다.

다음은 기업의 이름이다. 종이나 타이핑하는 시간을 절약하기 위해 시작된 시각적 축약이 마치 성공의 표지판처럼 되었다.

상황은 언제나 악화되게 마련인가 보다. 1980년 우리가 이 글을 쓸 때만 해도 『포춘』 선정 500대 (미국) 기업 가운데 이니셜을 사용하는 회사가 27개였는데, 지금은 44개다. 여기에 그 목록을 소개하자면 AMP, AON, AT&T, BB&T, BJ's 홀세일 클럽, CBS, CHS 일렉트로닉스, CMS 에너지, CNF 트랜스포테이션, CSX, CVS, DTE, EMC, FDX, FMC, FPL, GPU, GTE, IBP, IMC Global, ITT 인더스트리스, KN, LG&E 에너지, LTV 홀딩, TIAA-CREF, TJX, TRW, UAL, US 뱅코프, U.S. 푸드서비스, USG, U.S. 인더스트리스, U.S. 오피스 프로덕츠, USX, VF 등이 있다. (자사 이름을 TIAA-CREF로 정할 만큼 간이 큰 사람들은 존경하고 싶다. 이러한 이니셜로 어떻게 친근한 단어가 되겠다는 생각인지 도저히 알 길이 없다.)

IBM, AT&T, ITT, 쓰리엠3M 등 『포춘』지가 선정한 500대 기업 목록을 보면 마치 잘 알려진 이니셜의 존재 여부가 선정 기준인 듯하다.

별칭으로 불리는 이니셜이 세상에 그들이 이룩해 놓은 업적을 큰소리로 외치고 있는 것이다.

오늘날 이니셜 기업은 수없이 많다. RCA, LTV, TRW, CPC, CBS, NCR, PPG, FMC, IC 인더스트리, NL 인더스트리, SCM, US 인더스트리, AMF, GAF, MCA, ACF, AMP, CF 인더스트리, GATX, UV 인더스트리, A-T-O, MAPCO, NVF, VF, DPF, EG&G, 그리고 심지어 MBPXL도 있다.

이 회사들은 결코 2류가 아니다. 모두 『포춘』 선정 500대 (미국) 제조업체 명단에 포함된 기업들이다. 이 회사들 중 최소 규모인 EG&G도 연 매출액이 3억 7천5백만 달러에 이르며, 종업원은 1만 3천9백 명이 넘는다.

『포춘』 선정 500대 (미국) 기업 명단에서 위에 열거한 이니셜을 사용한 회사들 바로 아래에 있는 기업들을 열거해 보면 다음과 같다. 록웰 인터내셔널Rockwell International, 몬산토Monsanto, 내셔널 스틸National Steel, 레이데온Raytheon, 오언스-일리노이Owens-Illinois, 유나이티드 브랜즈United Brands, 아메리칸 시안아미드American Cyanamid, 레이놀즈 메탈스Reynolds Metals, H.J. 하인즈H.J. Heinz, 인터코Interco, 휴렛팩커드Hewlett-Packard, 캐리어Carrier, 마몬Marmon, 폴라로이드Polaroid, 다이아몬드 인터내셔널Diamond International, 블루 벨Blue Bell, 스페리 앤드 허친슨Sperry & Hutchinson, 위트코 케미컬Witco Chemical, 스펜서 푸드Spencer Foods, 패브스트 브루잉Pabst Brewing, 캐보트Cabot, 하트 섀프너 앤드 막스Hart Schaffner & Marx, 커틀러-해머Cutler-Hammer, 가드너-덴버Garnder-Denver, 퀘스터Questor, 아빈 인더스트리스Arvin Industries, 베리언 어소시에이츠Varian Associates 등이다.

이번에는 최근의 『포춘』 선정 500대 (미국) 기업 목록에서 각각의 '이니셜' 회사 바로 다음에 나오는 '이름' 회사들을 알파벳순으로 소개하겠다. 어느 쪽이 더 친근하게 느껴지는지 생각해 보기 바란다.

에이스 하드웨어Ace Hardware
얼라이드 시그널Allied Signal
올텔Alltel
아메리칸 익스프레스American Express
아메리칸 스탠더드American Standard
에이버리 데니슨Avery Dennison
볼티모어 가스 앤드 일렉트릭 Baltimore Gas & Electric
뱅크아메리카Bankamerica
반스 앤드 노블Barnes & Noble
캠벨 수프Campbell Soup
센트럴 앤드 사우스 웨스트Central & South West
컨살러데이티드 내추럴 가스 Consolidated Natural Gas
컨살러데이티드 스토어스 Consolidated Stores
데이나Dana
페더레이티드 디파트먼트 스토어스Federated Department Stores
가네트Gannett
게이트웨이Gateway
하코트 제너럴Harcourt General
이너콤Inacom
켈로그Kellogg
크로거Kroger
리어Lear

리먼 브라더스Lehman Brothers
매스코Masco
메릴 린치Merrill Lynch
나비스타 인터내셔널Navistar International
노스이스트 유틸리티스Northeast Utilities
오언스-일리노이Owens-Illinois
팩커Paccar
펠프스 닷지Phelps Dodge
필립스 페트롤리엄Phillips Petroleum
리퍼블릭 인더스트리스Republic Industries
세이프코Safeco
세이프웨이Safeway
셈프라 에너지Sempra Energy
쇼 인더스트리스Shaw Industries
셔윈-윌리엄스Sherwin-Williams
테닛 헬스케어Tenet Healthcare
스리콤3Com
트랜스아메리카Transamerica
트리콘 글로벌 레스토랑Tricon Global Restaurants
유나이티드 파슬 서비스United Parcel Service
W.W. 그레인저W.W. Grainger
윌리엄스Williams

그렇다면 어느 쪽 회사가 더 잘 알려져 있을까? 물론 이름을 사용하는 기업들이다.

예외적으로 RCA나 CBS처럼 이니셜을 사용하는 기업 중에서도 널리 알려진 곳들이 있다. 그러나 이 기업들 역시 FDR이나 JFK처럼 회사 이름이 널리 알려진 후에야 이니셜을 사용하기 시작했다.

어느 쪽 회사가 더 빨리 성장할 것 같은가? 말할 필요도 없이 '이름'을 사용하는 기업들이다.

이 점을 확실히 하기 위해 우리는 『비즈니스 위크』의 정기 구독자를 대상으로 '이름'을 사용하는 기업과 '이니셜'을 사용하는 기업에 관한 설문 조사를 진행했다. 결과는 이름이 갖는 가치를 다시 한 번 확인시켜 줬다.

'이니셜'을 사용하는 기업에 대한 평균 인지율이 49퍼센트인 반면, '이름'을 사용하는 기업들의 인지율은 68퍼센트로 19퍼센트나 더 높은 비율을 보였다.

그렇다면 여러 기업 스스로가 목을 매게 한 것은 무엇일까? 기업의 경영진이 오랫동안 사내 메모지 등을 통해 회사의 이니셜에 매우 익숙해진 탓에 다른 모든 사람도 MBPXL 같은 특이한 이니셜까지 쉽게 받아들일 것으로 생각했기 때문이다. IBM이나 GE와 같은 기업들의 성공 원인을 잘못 해석한 것이다.

성공의 지름길은 없다

당신은 GE라는 글자를 보게 되면 제너럴 일렉트릭을 바로 떠올린다. 기억하고 있는 이니셜을 한번 떠올려 보라(JFK, FDR, IBM 등등). 그 이니셜들이 무엇을 의미하는지 곧바로 생각나지 않는가. 일반적으로 이니셜을 기억하고 있으면 이름도 기억하고 있다는 얘기가 된다. 그러니까 이름을 먼저 유명하게 만들지 않고 이니셜을 유명하게 만들 수는 없는 것이다.

어느 기업이든 회사 자체가 잘 알려져 있어야 이니셜을 사용해 성공할 수 있다. GE라는 이니셜을 접하면 곧 마인드에 제너럴 일렉트릭이라는 말을 연상할 정도는 되어야 한다는 얘기다.

'이니셜'에 대한 반응을 알려면 사람들이 우선 그 이름을 알고 있어야 한다. 미 연방 수사국Federal Bureau of Investigation과 국세청Internal Revenue Service은 매우 잘 알려져 있다. 그래서 FBI와 IRS라는 이니셜에 대해 즉각적인 반응을 보일 수 있다.

그러나 HUD에 대해서는 즉각적인 반응이 나타나지 않는다. 그 이유는 대부분의 사람이 주택 도시개발국Department of Housing and Urban Development을 잘 모르기 때문이다. 따라서 HUD를 널리 알리려면 원래의 이름부터 알려야 한다. 곧바로 HUD라는 이니셜을 써서 지름길을 가려는 것은 소용없는 일이다.

마찬가지로 제너럴 애니라인 앤드 필름General Aniline & Film도 널리 알려진 기업이 아니다. 그들이 이름을 GAF로 변경했을 때, 이미 유명해질 일은 물 건너간 셈이다. GAF가 법적으로 이름을 변경했기 때문에 소비자에게 원래의 이름을 알릴 방법마저 없어졌다.

그럼에도 여전히 많은 기업이 알파벳에 큰 관심을 보이고 있다. 그러나 그들은 고객 마인드에 스스로를 포지셔닝 하는 과정에서 실패하기 때문에 유행의 희생물만 되고 만다.

한 가지 분명한 사실은 오늘날 이니셜 사용이 마치 유행병처럼 퍼져 있다는 것이다. 그러나 RCA를 한번 생각해 보라. RCA라고 하면 라디오 코퍼레이션 오브 아메리카Radio Corporation of America를 뜻하는 줄 누구나 안다. 그래서 그 회사는 마인드에 깊이 자리한 라디오 코퍼레이션 오브 아메리카라는 말을 끄집어내기 위해 RCA라는 이니셜을 쓸 수 있다.

RCA는 이제 더 이상 우리 곁에 존재하지 않는다. 제너럴 일렉트릭이 인수·합병했기 때문이다. RCA의 경우에서 알 수 있는 것처럼, 이니셜이 단기간 그 무엇인가를 의미한다 해도 장기적으로 보면 '이니셜' 회사는 약화될 수밖에 없는 것으로 보인다. 앞서 소개한 많은 '이니셜' 회사도 점차 사라질 것이 확실하다. 대개의 경우 더 큰 경쟁 업체에게 인수되는 형태가 될 것이다. 실수하지 않기 바란다. 이니셜은 브랜드나 회사명을 약화한다.

그러나 이제 RCA가 법적으로 RCA로 되어 있으니 다음에는 무슨 일이 일어날까? 아무 일도 일어나지 않을 것이다. 적어도 앞으로 10년간은 그렇다. RCA라는 이름은 이미 수백만 사람의 마인드에 깊이 자리 잡았고, 따라서 세월이 흘러도 막연하게나마 머물러 있을 것이다.

그러나 다음 세대의 잠재 고객들에게는 어떨까? RCA라는 낯선 이니셜을 보고 그들은 어떤 생각을 할까?

로마 가톨릭 교구Roman Catholic Archdiocese로 생각하지 않을까?

포지셔닝은 인생의 게임과 같다. 장기적인 승부라고 할 수 있다. 오늘 행해지는 기업명 결정은 아주 먼 훗날에 이르러서야 비로소 성패가 가름 날 것이다.

마인드는 청각적으로 작용한다

이름 선정의 실수가 광범위하게 일어나는 주요 원인은 중역들이 방대한 서류 더미에 파묻혀 지내기 때문이다. 서신과 메모, 보고서, 복사 용지의 홍수 속에서 헤매는 탓에 사람의 마인드가 청각적으로 작용한다는 사실을 잊기 쉬운 것이다. 말을 입 밖으로 내려면 먼저 문자를 소리로 바꿔야 한다. 글을 처음 배우는 사람이 책을 읽을 때 입을 움직이는 것은 이 때문이다.

어릴 때 사람들은 맨 처음에 말하기를 배우고 그다음에 읽는 법을 배운다. 표기된 글자와 마인드에 들어 있는 청각적인 소리를 연결하기 위해 단어를 큰 소리로 말함으로써 읽는 법을 배운다.

비교해 보면 말하는 법을 배우는 것이 읽는 법을 배우는 것보다 훨씬 더 적은 노력을 요구한다. 그래서 아이들은 마인드에 여러 소리를 저장했다가 지적 능력의 발달에 따라 해당 소리들을 여러 글자와 다양하게 조합해 나간다.

그리고 성장해 가면서 표기된 글자를 소리 나는 언어로 바꾸는 법도 익히게 된다. 하지만 이러한 전환 과정은 매우 빠르게 진행되어 거의 의식하지 못하게 된다.

학습의 80퍼센트가 눈을 통해 일어난다는 글을 읽어 본 사람도 있을 것이다. 하지만 읽는 것은 학습 과정의 일부일 뿐이다. 대개의 학습은 일반적 의미의 독서를 포함하지 않는 시각적 단서로부터 발생한다. 상대방의 몸짓에서 단서를 '읽음으로써' 상대방의 감정 상태를 알게 되는 경우처럼 말이다.

The mind works by ear.

'마인드는 시각적이 아닌 청각적으로 작용한다.' 이는 이 책 전체에서 가장 유용한 개념상 아이디어에 속한다. 마인드에 어떤 그림을 정리·보관하려면 그 전에 먼저 그 '그림'을 말로 나타내 봐야 한다. 우리가 연구한 모든 성공적인 포지셔닝 프로그램은 시각 지향이 아닌 청각(말) 지향의 프로그램이었다(작게 생각하라, 에이비스는 업계 2위다, 등등). 그림이나 일러스트레이션은 전혀 사용되지 않았다는 얘기가 아니다. 시각적인 것의 사용 목적 또한 언어상의 아이디어를 마인드에 집어넣는 것이었다.

눈으로 글자를 읽었다 해도 두뇌 속에 있는 시각과 언어의 '변환기'가 본 것을 청각으로 바꾸기까지는 그 글자를 이해했다고 할 수 없다.

이러한 방식으로 음악가는 누군가가 실제로 악기를 연주하고 있는 것처럼 머릿속으로 악보를 읽고 음악을 듣는 법을 학습한다.

소리 내어 읽지 않고 시를 외우려고 해 보라. 두뇌의 작업 언어인 청각 요소를 동원한다면, 글을 외우는 것이 그렇게 어려운 일이 아니다.

이것이 이름뿐 아니라 헤드라인이나 슬로건, 주제까지도 청각적 요소를 고려하지 않으면 안 되는 이유다. 인쇄 매체에만 사용한다 할지라도 반드시 이 부분을 고려해야 한다.

당신은 혹시 휴버트나 엘머를 나쁜 이름으로 생각한 적이 있는가? 만약 그랬다면 당신은 인쇄된 글을 청각으로 바꿔 놓고 생각했음이 틀림없다. 왜냐하면 휴버트건 엘머건 눈으로 보아서는 그렇게 나쁘지 않기 때문이다. 소리가 나쁠 뿐이다.

보기에 따라서는 인쇄 매체(신문, 잡지, 옥외 광고)가 먼저 나오고 라디오가 나중에 나왔다는 것은 유감이 아닐 수 없다. 라디오는 확실히 근본이 되는 매체지만 인쇄 매체는 고도의 추상적 매체기 때문이다.

메시지를 먼저 라디오용으로 예정해 두면 그것이 인쇄용으로 쓰이더라도 '듣기에 괜찮을' 것이다. 그러나 실제 사용에서는 대부분 거꾸로 하고 있다. 인쇄 매체용을 먼저 만든 다음에 방송 매체 쪽의 계획을 세우는 것이다.

한편 아직도 시각적인 것을 숭배하는 광고 에이전시가 많다. 그들은 기괴한 그림을 창출하기를 좋아하는데, 그것은 단지 시각적 산만함을 초래할 뿐이다.

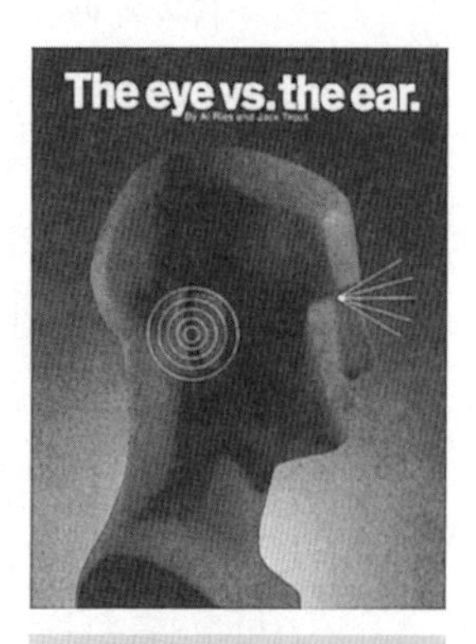

우리는 이 아이디어들을 계속 발전시켜 라디오 광고국Radio Advertising Bureau을 위한 '시각 대 청각'이라는 프레젠테이션에 접목시켰다. 라디오는 확실히 근본이 되는 매체고, '입에서 나오는 말'은 가장 근본이 되는 커뮤니케이션 수단이다. 참으로 아이러니한 것은, 그럼에도 오늘날 사실상 광고 산업 전체가 시각 지향적이라는 점이다. '백문이 불여일견'이 매디슨 애비뉴의 슬로건으로 자리한 지 오래다.

이름의 퇴화

기업들이 이름을 버리고 이니셜을 택하는 또 다른 이유는 기업명 그 자체의 퇴화 때문이다. RCA는 라디오 이외의 많은 사업 부문에 진출함에 따라 이니셜 기업명의 필요를 느낀 경우다.

그렇다면 유나이티드 슈 머시너리United Shoe Machinery는 어떨까? 이 기업도 다양한 사업 분야에 참여해 복합 기업의 길을 걸었다. 게다가 미국 내의 구두 제조기 시장은 계속 증가 추세를 보이는 수입품 때문에 사양길로 접어들고 있었다. 어떻게 해야 했을까? 이들은 쉬운 방법을 택했다. 유나이티드 슈 머시너리라는 이름에서 USM 코퍼레이션이라는 이름으로 바꾼 것이다. 그 후 이 회사는 익명으로 명맥을 이어나갈 수 있었다.

스미스-코로나-머천트Smith-Corona-Marchant도 이니셜을 사용해 회사의 아이덴티티를 잃어버린 예에 속한다. 기업 합병의 결과로 사업 분야와는 무관한 이름을 갖게 되자 이들은 기업명을 SCM 코퍼레이션으로 줄이기로 결정했다.

아마도 SCM과 USM 모두 과거의 진부한 아이덴티티에서 벗어나려고 기업명을 바꾸었을 것이다. 그러나 현실에서는 이들이 기대했던 것과 정반대의 현상이 일어났다.

사람들은 마인드에서 유나이티드 슈 머시너리라는 이름을 조합하지 않고는 USM을 기억할 방법이 없었다.

적어도 RCA, USM, SCM은 기업명의 음성상 축약이라는 면에서는 성공한 셈이다. 만일 그것마저 없었다면 상황은 더 어렵게 전개되었을 것이다.

콘 프로덕츠 컴퍼니는 기업명을 CPC 인터내셔널로 변경한 후에 CPC라는 이름의 인지도가 매우 낮다는 것을 깨달았다. CPC라는 이니셜은 콘 프로덕츠에 비해 음성적으로 짧지도 않았다. 둘 다 3음절인 탓에 CPC는 기업명 변경이 있기 전까지는 거의 사용된 적도 없었다. 업계 관계자를 붙잡고 CPC 인터내셔널이라는 이름이 친숙한지 물어보라. 대개는 이렇게 되물을 것이다. "콘 프로덕츠 컴퍼니 말씀이세요?"

이니셜이 난무하는 오늘날의 사회에서 마인드에는 의문부터 떠오르게 된다. '저 이니셜이 뜻하는 건 뭐지?'

AT&T를 보면 사람들은 "아, 아메리칸 텔레폰 앤드 텔레그래프Americcan Telephon & Telegraph!"라는 반응을 보인다.

세월이 흐를수록 AT&T라는 기업명은 약해진다. 이 이름에서 '텔레폰(전화)' 부분은 괜찮지만 '텔레그래프(전신)' 부분이 너무 퇴화했기 때문이다.

그러나 TRW를 보면 어떤 반응을 보일까? 물론 톰프슨 라모 울드리지 코퍼레이션Thompson Ramo Wooldridge Corporation을 기억하는 사람도 적지 않을 것이다. TRW는 30억 달러 규모의 대기업으로 많은 광고 활동은 물론 언론에도 자주 언급되었다. 그래도 TRW가 이니셜 대신에 이름을 사용했다면 같은 돈으로 더 많은 광고 효과를 얻었을 것이다.

어떤 기업들은 일련의 이니셜을 시리즈로 만들기도 한다. VSI 코퍼레이션의 지회사인 D-M-E 코퍼레이션을 굳이 기억하려는 사람이 몇 명이나 될까?

우리는 결코 기업명을 바꾸는 데 반대하지 않는다. 오히려 그 반대다. 영원히 불변으로 남는 것은 없기 때문이다. 시대는 변하고, 상품도 퇴화한다. 시장은 생겼다 없어지고, 기업의 합병 또한 빈번하다. 이런저런 이유로 기업이 이름을 바꾸어야 하는 경우는 생기게 마련이다.

U.S. 러버U.S. Rubber는 고무 제품 외에도 수많은 상품을 판매하는 세계적인 기업이었다. 이튼 예일 앤드 타운Eaton Yale & Towne이라는 기업은 두 회사가 합병한 결과로 생긴 복잡한 이름의 대기업이었다. 소코니 모빌Socony-Mobil은 원래의 이름인 스탠더드 오일 컴퍼니 오브 뉴욕Standard Oil Company of New York에서 첫 글자만 딴 것이었다.

이들 세 기업의 이름은 음성 마케팅의 이유로 새롭게 바꾼 것이다. '과거에 집착하는' 전통적인 방식을 따랐다면 각기 USR 코퍼레이션이나 EY&T 컴퍼니, SM 주식회사가 되었을 것이다.

그러나 이들은 '과거는 잊고' 세 개의 새롭고 현대적인 기업 아이덴티티를 창출했다. 유니로열, 이튼, 모빌이 바로 그것이다. 이 이름들은 그 자체만으로도 마케팅 위력이 있다. 이 기업들은 과거를 잊고 미래에 대비한 포지션 확립에 성공한 것이다.

원인과 결과의 혼란

이러한 여러 장애에도 불구하고 기업들은 마치 촛불에 나방이 모이듯 이니셜에 유인되고 있다. IBM과 같은 성공 사례만 보고 이니셜 사용을 상당히 효과적인 것으로 받아들이는 것이다. 이는 원인과 결과를 혼동하는 전형적인 사례다.

어떤 회사든 성공한 다음에 걸프스트림 5 제트기를 사는 게 순서다. 이 과정을 뒤집어 제트기를 먼저 사고 그것이 자사를 성공으로 인도하리라고 기대하는 건 어리석다. 거듭 강조하지만, 유명해지면 이니셜을 사용할 수 있다. 그러나 이 순서를 바꿀 수는 없다.

인터내셔널 비즈니스 머신스International Business Machines는 사업적으로 성공하고 유명해져서(원인) 그 이니셜만으로도 모든 사람이 어느 회사를 이야기하는지 바로 알 수 있게 되었다(결과).

그러나 이 과정을 거꾸로 밟으면 아무런 성과도 거둘 수 없다. 별로 성공하고 있지 못한 회사(원인)가 이니셜을 써서 돈을 벌고 유명해지기(결과)를 기대할 수는 없다.

이는 마치 리무진이나 자가용 비행기를 구입하여 유명해지고 부자가 되기를 바라는 것과 같다. 먼저 성공을 해야 돈도 생기고 그러한 부차적인 것들을 누릴 수 있는 것이다.

어떤 면에서 보면 이니셜의 유행은 커뮤니케이션 비용의 손실을 감수하더라도 그러한 부류에 끼겠다는 욕구가 발현된 것이다. 그런데 결과는 어떠한가? 그렇게 많은 홍보에도 불구하고 여전히 많은 여성이 ERA를 액체 세제 정도로 생각하고 있다. 남녀평등법 수정안Equal Rights Amendment으로 알고 있는 여성은 별로 없다.

여기서 두 항공사의 서로 다른 이름 전략을 한번 살펴보자.

팬 아메리칸 에어라인(Pan A-mer-i-can Air-lines, 7음절)은

TWA에 관련된 내용을 쓴 이후(다시 말해 지난 20년간), TWA는 시장에서 줄곧 고전을 면치 못하고 있다(작년에 TWA는 33억에 달하는 총수입을 올렸음에도 3억 5천3백만 달러의 손실을 입었다). 이러한 적자의 악순환은 1988년부터 시작되었다. 그러니까 1987년에 마지막 흑자를 내고, 이후로는 계속 적자에 시달려 온 셈이다. 1992년 TWA는 파산 신청을 내기도 했다. 이렇듯 이니셜로 지은 브랜드명은 사상누각인 셈이다. '잠깐, 그게 아냐. 중요한 건 직원들과 서비스지 이름이 아니라고!' 우리의 비평가들은 늘 이런 식으로 말한다. 그렇다면 나쁜 서비스는 왜 언제나 나쁜 이름을 가진 항공사에서만 발생하는 걸까?

자사의 긴 이름을 2음절인 팬 암Pan Am으로 줄였다. 만약 PAA로 바꿨다면 마인드에 주입하는 데 많은 어려움을 겪었을 것이다.

트랜스 월드 에어라인(Trans World Air-lines. 4음절)은 사실 그들이 쓰고 있는 이니셜 TWA(T-Dou-ble-U-A)보다 음성적으로 짧다. 그래도 TWA가 잘 알려져 있지 않느냐고 반문할 사람이 있을지 모르겠지만 그것은 연 3천만 달러에 이르는 광고비 덕이다.

그러나 TWA가 규모가 더 큰 아메리칸이나 유나이티드보다 더 많은 광고비를 지출하고 있음에도, 조사 결과에 따르면 TWA를 선호하는 승객 수는 두 경쟁사의 경우에 비해 반밖에 안 된다. 이러한 결과는 이니셜 TWA의 비효율성이 주된 원인이다.

그렇다면 트랜스 월드 에어라인은 어떤 이름을 사용해야 할까?

물론 '트랜스 월드Trans World'다. 2음절인 트랜스 월드는 짧으면서도 묘사적이다.

두문자어와 전화번호부

개중에는 행운이 따르는 기업들도 있다. 의도적인지 우연인지는 몰라도 그 이니셜이 두문자어頭文字語를 형성하는 경우다. 예를 들면 피아트Fiat: Federation Internationale Automobiles Torino나 사베나Sabena: Société Anonyme Belge d'Exploitation de la Navigation Aérienne 등이 그렇다.

정부 기관이나 조직에서도 의미를 갖는 두문자어를 이름으로 선정하는 경우가 있다. CARECommittee for Aid and Rehabilitation in Europe와 ESTErhardt Sensitivity Training 등이 그것이다.

SAP(속어로 '얼간이'라는 의미가 있다-역주)는 불운한 두문자어를 가진 또 하나의 '이니셜' 기업이다. 물론 이 회사는 현재 잘 나가고 있다. 이 회사의 제품인 기업 자원 계획 소프트웨어가 하이테크 세계의 히트 상품으로 뜨고 있기 때문이다. 그러나 장기적으로는 이 이름 자체가 회사의 실적을 갉아먹을 게 확실하다. 밴Baan 또한 유사한 문제를 겪고 있는 하이테크 분야의 기업이다. 그리고 이 두 가지 이름보다 더 나쁜 이름을 가진 기업이 있으니, 세계 최대의 비목 코팅 종이 제조업체인 사피Sappi라는 회사다.

그러나 때로는 운이 나쁜 회사도 있다. 제너럴 애니라인 앤드 필름은 회사명을 GAF로 바꿀 때, 그것이 '과실'을 의미하는 'gaffe'와 발음이 비슷하다는 점을 생각하지 못했다.

또 하나 이름 선정 과정에서 흔히 놓치기 쉬운 것은 전화번호부에서 이름을 찾는 경우까지 염두에 두어야 한다는 점이다. 일반적으로 자신의 이름을 전화번호부에서 찾는 일은 드물기 때문에 자기 회사가 전화번호부에 실리는 위치가 얼마나 중요한지를 잘 모른다.

가령 USM의 경우를 보자. 맨해튼 지역 전화번호부에는 'US'로 시작하는 기업명이 무려 7페이지나 된다. 따라서 USM을 찾으려면 US Lithograph와 US Nature Products Corp의 중간쯤에서 찾아봐야 할 것이다.

하지만 당연히 그 이름은 중간 위치에 나와 있지 않다. 거기에 나와 있는 US 목록들은 United States Lithograph의 US처럼 'United States'를 의미한다. 그러나 USM의 US는 아무것도 상징하는 게 없다. 따라서 USM은 이니셜로만 구성된 회사들과 함께 앞에서 찾아야 한다. 알파벳순 표준 규칙에 따라 전화 회사들이 모두 이니셜명을 앞에 두고 있기 때문이다.

대체로 그 자리는 그렇게 좋은 위치가 아니다. R항목의 일부를 한번 살펴보자. RHA Productions, RH Cleaners, RH Cosmetics, RH Cosmetics Corp., R&H Custom Upholstering, RH Garage……. 실상 RH로 시작되는 이름만 해도 스물일곱 개나 된다.

다행히도 점점 더 많은 기업이 의미 없는 이름의 위험성을 인식해 가고 있다. MBPXL 같은 이름을 볼 기회가 점차 줄어들 것으로 기대해도 좋을 것 같다.

우리의 생각이 틀렸다. 앞에서 언급했듯이 의미 없는 이니셜 이름이 여전히 활개를 치고 있다.

11 무임승차의 함정

알카셀처 플러스Alka-Seltzer Plus라는 상품명이 나오기까지의 과정을 한번 살펴보자.

여러 직원이 탁자에 둘러앉아 드리스턴Dristan이나 콘택Contac과 경쟁할 새로운 감기약에 어떤 이름이 좋을지 회의 중이다.

해리가 말한다. "알카셀처 플러스라고 하면 어떨까요? 그렇게 하면 그동안 우리가 알카셀처라는 이름에 지출해 온 매년 2천만 달러의 광고비 덕을 볼 수 있어요."

"해리, 그거 정말 좋은 생각인데!" 이렇게 해서 비용 절약형 아이디어가 즉석에서 받아들여진다.

그러나 결과는 어떠한가? 알카셀처 플러스는 드리스턴이나 콘택의 시장을 파고든 게 아니라 오히려 알카셀처의 시장을 잠식하고 말았다.

고객들은 쉽게 혼동에 빠진다. 그들은 처음에 알카셀처 플러스를 새로운 감기약이 아닌 알카셀처의 개량품 정도로 인식했다. 그래서 그 회사는 '플러스'라는 글자를 더 크게 만들었다. 차라리 브랜드에 완전히 새로운 이름을 붙이는 게 나을 뻔했다.

일이 이렇게 되자 제조 회사에서는 알카셀처 플러스의 용기를 새로 디자인했다. '알카셀처'라는 글씨의 크기는 작게 하고, '플러스'의 크기를 키운 것이다.

차라리 브로모셀처Bromo-Seltzer 플러스라는 이름으로 했으면 어땠을까? 어쩌면 경쟁 상대를 물리칠 수 있었을지도 모른다.

기업의 복합화

'상품 시대'의 생활은 비교적 단순했다. 그리고 대부분의 기업이 단일 품목 생산 체제였기 때문에 회사 이름을 보면 바로 무슨 회사인지 알 수 있었다.

스탠더드 오일, 싱어Singer, U.S. 스틸U.S. Steel, 뉴욕 센트럴, 메트로-골드윈-메이어Metro-Goldwyn-Mayer…….

그러나 과학 기술 발달 덕에 기업들은 새로운 기회를 갖게 되었고, 그러한 기회를 이용해 새로운 사업 분야에 뛰어들었다.

그때부터 기업은 복합화되기 시작했고, 아울러 기업의 특징으로 내세워 왔던 고유의 사업 분야를 잃게 되었다. 복합 기업들은 사업 발전을 통해서든 다른 기업 인수를 통해서든 어느 분야든지 돈만 벌 수 있다고 생각하면 앞뒤 가리지 않고 뛰어들었다.

제너럴 일렉트릭의 경우를 보자. GE는 현재 제트기 엔진부터 원자력 발전 설비, 심지어 플라스틱 제품까지 생산하고 있다.

RCA는 위성 커뮤니케이션과 고체 전자뿐 아니라 렌터카 사업도 취급하고 있다.

한편 많은 사람이 복합 기업에 곱지 않은 시선을 보내고 있다. '기업은 본연의 사업에만 전념해야 한다'고 말한다. 그러나 복합 기업이 시장에 자본을 제공해 활발한 경쟁을 유도해 온 것 또한 사실이다. 만일 복합 기업들이 여러 사업에 참여하여 활발한 경쟁을 벌이지 않았다면 오늘날 미국에는 분야마다 50퍼센트 내외의 독점 현상이 나타났을 것이다.

사무용 복사기의 경우를 예로 들어 보자. 보통 용지 사용 분야의 선구자인 제록스는 오늘날 수많은 경쟁자와 싸우고 있다. 컴퓨터 제조업체(IBM), 사진 회사(코닥), 광업 회사(쓰리엠), 우편요금 계기 회사(피트니-보스Pitney-Bowes), 우편 수취자 명단 회사(어드레소그래프-멀티그래프Adressograph-Multigraph)에 이르기까지 다양한 업종의 기업들이 복사기 시장에서 경쟁하고 있다.

복합 기업은 다른 기업을 (RCA는 허츠를, ITT는 에이비스를) 인수하면서 성장하는 경우에도 해당 분야의 성장과 경쟁을 지탱하기 위해 필요한 자금을 제공한다.

이런 식의 자금 분산을 꾀하지 않으면 창업자가 은퇴하거나 사망하는 경우, 해당 기업은 엄청난 세금 부과 때문에 경쟁 업체에 밀리거나 텃밭을 유지하지 못할 만큼 약화될 수도 있다.

전형적인 기업의 라이프 사이클은 아이디어가 풍부한 기업가로부터 시작한다. 그리하여 기업이 성공하는 경우, 그 기업은 두 가지 문제에 직면한다. 하나는 창업자의 죽음이고,

XEROX

보통 종이 복사기 시장에서 일어난 일은 메인프레임 컴퓨터 시장에서 발생한 상황의 복사판이다. 제록스가 마인드에 처음으로 들어가 제1의 포지션을 확보하자, IBM과 코닥, 쓰리엠, 피트니-보스, 어드레소그래프-멀티그래프 등 대기업들도 그 분야에 뛰어들었다. 그리고 이들 중 어떤 기업도 성공하지 못했다. 메인프레임 컴퓨터 분야에서 '난쟁이' 기업들이 실패를 맛본 것과 똑같은 이유다. 이들의 이름은 고객들의 마인드에 의도와는 다른 포지션을 그려 냈다. IBM은 메인프레임 컴퓨터를 의미하고, 코닥은 필름 사진술을, 3M은 테이프를, 피트니-보스는 우편 요금 계기를, 어드레소그래프-멀티그래프는 프린터를 의미한다. 이렇게 묻는 사람이 있을 것 같다. 이미 확립된 이름을 토대로 무임승차가 가능한데 도대체 왜 새로운 이름을 만들어야 한단 말인가? 도대체 왜? 대답은 간단하다. 그래야 마인드에 새로운 포지션을 확립할 수 있기 때문이다.

다른 하나는 세금 부과다. 결국 기업 경영은 복합 기업의 계열사가 되는 것으로 끝나게 된다.

두 가지 다른 전략

프라이스워터하우스쿠퍼스PricewaterhouseCoopers는 우리가 가장 좋아하는 '에고' 이름이다. 누구도 체면을 손상당하지 않은 이름이다.

기업은 보통 두 가지의 다른 전략(내부 발전 또는 외부 인수)에 따라 성장하기 때문에 두 가지의 서로 다른 '기업명' 전략을 전개해 왔다. 이때 기업의 에고ego(자아)가 전략을 결정하게 된다.

기업이 자체 상품을 개발하면 대개 그 상품에 기업명을 붙인다. 예컨대 제너럴 일렉트릭 컴퓨터가 그렇다.

오늘날까지도 허츠와 에이비스는 여전히 강력한 브랜드다. 마인드에 특정 포지션을 점유하고 있기 때문이다. 반면 이들을 인수한 복합 기업, 즉 RCA와 ITT가 약한 브랜드라는 점은 여러모로 시사하는 바가 크다. 기업명을 모든 것에 붙이다 보면 장기적으로는 자신의 강점을 해하는 결과를 얻는 것이다.

반면 기업 인수를 하는 경우에는 일반적으로 기존의 상품명을 계속 사용한다. RCA는 허츠라는 이름을 계속 사용했고, ITT도 에이비스를 그대로 사용하고 있다.

그러나 늘 그런 것은 아니다.

스페리 랜드는 자체적으로 컴퓨터 라인을 개발해 그 상품에 유니백Univac이라는 이름을 붙였다. 제록스 같은 경우는 외부 기업 인수를 통해 컴퓨터 사업에 참여했을 때 '사이언티픽 데이터 시스템Scientiöc Data Systems' 대신 '제록스 데이터 시스템Xerox Data Systems'이라는 이름을 붙였다.

기업의 에고라는 요소를 고려하지 않는다면, 어떤 경우에 기업명을 사용하고 어떤 경우에 새로운 상품명을 선택해야 할까? (기업의 에고는 결코 무시할 수 없다. 제너럴 일렉트릭이 개발한 신상품에 GE라는 이름을 붙이지 말라고 그들에게 말해 보라. 그러면 기업의 에고 문제가 얼마나 심각한지를 금방 알 수 있을 것이다.)

이름 선택의 원칙이 애매하게 보이는 이유 중 하나는 찰스 린드버그 신드롬 때문이다. 소비자의 마인드에 가장 먼저 침투하면 어떠한 이름이든 문제 될 것이 없다.

그러나 첫 번째가 되지 못한 데다 적합한 이름까지 정하지 못한다면, 불행은 이미 정해진 것이나 다름없다고 봐야 한다.

인터내셔널 비즈니스 머신스는 사실 컴퓨터 라인으로는 적합하지 않은 이름이었다. IBM이 이미 잠재 고객의 마인드에 타자기 포지션을 확보하고 있었기 때문이다.

그러나 문제 될 게 없었다. IBM은 컴퓨터 분야에 진출한 첫 번째 기업이었기 때문에 큰 성공을 거둘 수 있었다.

제너럴 일렉트릭 또한 컴퓨터 라인으로는 나쁜 이름이었다. 게다가 그들은 '첫 번째'도 아니었다. 그래서 그들은 크게 실패했다.

컴퓨터 제품으로 꽤 좋은 이름인 스페리랜드는 잘 알려져 있었던 자사의 이름 대신에 과감하게 유니백이라는 새로운 이름을 선택했다. 그래서 유니백은 스페리랜드를 위해 계속 컴퓨터 분야의 이익을 창출하고 있는 것이다.

그러고 보니 제너럴 일렉트릭이 컴퓨터 분야에서 손을 뗀 지도 꽤 오래됐다.

분할과 정복

제품에 기업명과 다른 이름을 사용하는 경우의 장점을 설명하기 위해 프록터 앤드 갬블과 콜게이트-팜올리브Colgate-Palmolive의 전략을 비교해 보기로 하겠다.

콜게이트-팜올리브의 제품에는 대개 기업명이 많이 사용된다. 몇 가지 예를 들면 콜게이트 치약, 콜게이트 인스턴트 셰이브, 콜게이트 100 오럴 안티셉틱, 콜게이트 칫솔, 콜게이트 가루 치약, 팜올리브 래피드 셰이브, 팜올리브 면도 크림, 팜올리브 비누 등이 있다.

그러나 프록터 앤드 갬블 제품에서는 기업명을 찾아보기 힘들다. 프록터 앤드 갬블은 자사의 제품이 소비자 마인드에 독특하게 자리하도록 각각의 제

GENERAL ELECTRIC

"어째서 제너럴 일렉트릭은 당신들이 책에서 말하는 대부분의 원칙을 위반하는 것 같은데 그렇게 성공적일 수 있나요?" 이것이 아마 우리가 가장 많이 받는 질문일 것이다. 이에 대한 답을 하고자 한다. 실제로 제너럴 일렉트릭이 성공을 구가하는 데에는 몇 가지 이유가 있다. (1) GE는 108년 된 회사다. 경쟁이 치열하지 않던 시절에 마인드를 점유한 회사라는 의미다. (2) GE는 미국에서 다섯 번째로 큰 기업이다. 기업의 위력만으로도 종종 많은 일을 해낼 수 있음을 뜻한다. (3) GE는 오직 1위나 2위가 될 수 있는 분야에만 초점을 맞춘다. (4) GE의 경쟁자들 또한 GE와 같은 유형의 포지셔닝 부담을 가질 수밖에 없는 복합 기업들이다. (5) GE는 심각한 경쟁으로 도태될 우려가 있는 미래형 사업 분야(소프트웨어, 컴퓨터, 텔레콤, 네트워크, 이동전화 등)에는 관심을 기울이지 않는다. 또한 그들은 NBCNational Broadcasting Company를 GBCGE Broadcasting Company로 바꾸지 않았다. 자, 당신의 기업도 위와 같은 조건을 갖추고 있다면 주저 말고 제너럴 일렉트릭의 전략을 따라 하라.

품을 매우 면밀하게 포지셔닝 하는 회사다. 가령 타이드는 옷을 '하얗게' 만들어 주고, 치어Cheer는 '하얀 옷을 더욱 하얗게' 만들어 주며, 볼드Bold는 '옷 빛깔을 선명하게' 만들어 준다는 식이다.

주요 브랜드 수가 상대적으로 적은 프록터 앤드 갬블(콜게이트-팜올리브의 주요 브랜드 수는 65개, 프록터 앤드 갬블은 51개다)이 콜게이트-팜올리브보다 판매액이 두 배나 많으며 이익도 세 배나 많다.

뭐라고 말해야 좋을지 모르겠다. 프록터 앤드 갬블은 이후 개별 상품에 개별 브랜드를 붙이는 전략을 점차 포기하고 라인 확장에 주력하는 기업이 되었다(최근 그들은 오일 오브 올레이Oil of Olay 브랜드를 전반적인 화장품 브랜드로 확대했다). 그래서 프록터 앤드 갬블이 최근 잘 나가고 있을까? 물론 그렇지 않다.

오늘날 매디슨 애비뉴에서는 프록터 앤드 갬블 스타일의 광고를 비웃는 경향이 있지만, 프록터 앤드 갬블의 연간 수입이 미국 내 6천 개 광고사 수입을 합한 것보다 많다는 사실은 그저 지나치기에는 시사하는 바가 크다.

새로운 상품에는 새로운 이름을

신제품을 새로 출시할 때면 거의 언제나 기존의 잘 알려진 이름을 붙이는 실수를 한다.

이유는 분명하다. 잘 알려진 이름은 그것이 뭔가를 상징했기 때문에 잘 알려진 것이다. 그 이름이 이미 잠재 고객의 마인드에 한 포지션을 점유하고 있다는 의미다. 특히 널리 잘 알려진 이름은 분명하게 정의된 특정 사다리의 맨 위 칸에 놓여 있기 마련이다.

따라서 신제품을 성공시키려면 새로운 사다리가 필요하며, 새로운 사다리는 새로운 이름을 필요로 한다. 매우 간단한 것이다.

그럼에도 잘 알려진 이름을 사용하자는 압력은 늘 거세게 몰아친다. '소비자는 잘 알려진 이름을 잘 받아들인다. 우리의 소비자와 잠재 고객은 우리의 상품과 회사를 잘 알고 있다. 따라서 신제품에 우리의 이름을 붙인다면 그들이 더 쉽게 받아들일 것이다.' 이런 식의 라인 확장 논리가 압도적이다.

그러나 지난 역사는 이것이 환상에 불과하다는 사실을 여러 차례 입증한 바 있다.

제록스는 거의 10억 달러를 들여 사이언티픽 데이터 시스템이라는 수익성 높고 완벽하게 좋은 이름을 가진 컴퓨터 회사를 인수했다. 이어서 제록스는 어떤 조치를 취했는가? 회사명을 제록스 데이터 시스템으로 바꾸었다.

왜? 제록스라는 이름이 더 널리 알려져 있었기 때문이다. 제록스라는 이름은 더 잘 알려졌을 뿐 아니라 마케팅의 신비까지 내포하고 있었다. '신데렐라 기업' 제록스라면 잘못할 이유가 없었다.

시소의 원리

잠재 고객의 마인드를 들여다보면 무엇이 잘못되었는지 알 수 있다.

여기에는 시소의 원리가 적용된다. 하나의 이름을 서로 다른 두 상품에 사용할 수는 없다. 한쪽이 맞으면 다른 한쪽이 맞지 않기 때문이다.

제록스는 복사기를 의미하지 컴퓨터를 가리키는 이름이 아니다(비서에게 제록스 복사를 시켰는데 컴퓨터용 마그네틱테이프를 가져온다면 분명히 당황스러울 것이다).

제록스도 이 사실을 잘 알고 있었다. 그래서 "이상하죠? 이 기계는 제록스에서 나온 것 같지가 않으니 말입니다"라는 제목으로 컴퓨터용 광고를 내보냈다. 그리고 후속 광고에서는 "이 제록스 기계로는 복사를 할 수 없습니다"라고 말했다.

제록스 기계로 복사를 할 수 없다면 그것은 정말 문제가 아닐 수 없었다. 이는 타이타닉 호에 무임승차한 것이나 다름없었다. 결국 제록스는 컴퓨터 사업을 중단하지 않을 수 없었고, 추가로 8,440만 달러의 손해를 보았다.

This Xerox machine can't make a copy.
XEROX

제록스 컴퓨터를 알리는 이 광고는 해결책으로 작용하기는커녕 문제를 키우기만 했다. 제록스는 컴퓨터 부문에 몇 년 동안 수십억 달러를 쏟아붓고 마침내 백기를 들고 말았다. 다시 '문서회사'로 포지셔닝 하는 노력을 기울인 것이다. 이제 제록스에서 '복사가 안 되는' 기계는 나오지 않는다.

하인즈Heinz는 무엇인가? 그 이름은 대개 피클을 의미했다. 하인즈는 고객 마인드에 피클의 포지션을 확립했고, 해당 시장에서 점유율이 가장 높았다.

그러자 회사는 다시 하인즈라는 이름에 케첩이라는 이미지가 떠오르도록 만들었다. 이 전략 역시 크게 성공하여 하인즈는 케첩의 1위 브랜드가 되었다.

하인즈가 규모도 더 크고 이름도 더 잘 알려진 회사지만, 피클 부문에서는 블래식이 하인즈를 앞섰고, 유아식 부문에서는 거버Gerber가 하인즈를 제쳤다. 큰 명성을 가진 큰 회사라도 종종 제대로 정의된 포지션으로 덤비는 소규모 회사에게는 맞서기 어렵다. 문제는 규모가 아니라 포지션이기 때문이다.

그러나 시소의 다른 한쪽에서는 어떤 일이 일어났을까? 당연히 하인즈는 피클 시장의 선두 자리를 블래식Vlasic에게 빼앗기고 말았다.

제록스가 컴퓨터 사업에서 성공하려 했다면 제록스라는 이름이 컴퓨터를 의미하도록 만들었어야 했다. 이미 복사기 포지션을 확립한 제록스에게 이것이 과연 타당한 일일까? 복사기 시장의 90퍼센트를 차지한 기업에게 말이다.

제록스는 이름 이상의 무엇이다. 제록스는 포지션인 것이다. 크리넥스, 허츠, 캐딜락과 마찬가지로 제록스는 거대하고 장기적인 가치를 지닌 포지션을 나타낸다.

경쟁 상대가 자신의 포지션을 뺏으려는 것을 막지는 못할망정, 스스로 자기 포지션을 버리려 하다니 비극이 아닐 수 없다.

익명은 자원이다

기업들이 계속해서 무임승차에 매달리는 이유 중 하나는 익명의 가치를 과소평가하는 데 있다.

정치에서, 마케팅에서, 그리고 인생에서도 익명은 하나의 자산이다. 그럼에도 그것은 지나친 홍보 활동 속에서 낭비되고 있다.

예전에는 '무명인은 유명인을 이길 수 없다'는 말이 정치계의 금과옥조로 대접받았다. 그러나 지금은 달라졌다.

많은 유명인을 제치고 백악관의 주인이 된 '무명인' 지미 카터는 오늘날의 정치 상황이 과거와 달라졌음을 나타내는 증거다. 이제 과거의 격언은 더 이상 유효하지 않다.

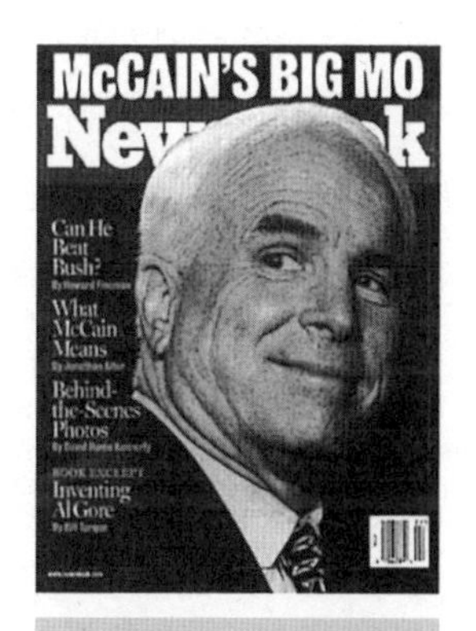

혜성처럼 나타난 '무명인' 존 매케인John McCain은 무명의 홍보 이점을 잘 보여 준다. 반면에 스티브 포브스Steve Forbes는 1996년 선거에서 잘 알려져서 2000년에는 우호적인 대중적 호응을 이끌어 낼 수 없었다. 그러나 우리는 매케인이 자신의 포지션을 보다 철저히 생각하지 못하고 포지션 개량의 기회를 놓친 데 그의 패인이 있다고 생각한다. 조지 부시는 '우호적인 보수주의자'였는데 존 매케인은 무엇이었는가? 존 매케인은 대체 무엇을 상징했는가? 모든 사람에게 모든 의미가 되고자 하는 것은 정치에서도 효력이 없다.

리처드 닉슨은 아마도 세계에서 가장 잘 알려진 정치인일 것이다. 그러나 지금은 그 어떤 무명인이 나서서 그와 경합한다 해도 승리할 가능성이 크다. 벨라 앱저그나 클리퍼드 케이스Clifford Case 같은 유명 정치인의 패배 또한 이제는 유명하다는 것만으로는 충분치 않음을 보여 주는 증거다. 포지션이 필요한 것이다. 패자의 코너로 당신을 내몰지 않는 포지션 말이다. 케이스 상원 의원은 '노령'이라는 포지션 때문에, 앱저그 부인은 '성깔'이라는 포지션 때문에 패자의 코너로 내몰렸다.

홍보는 먹는 것과 같다. 배불리 먹는 것만큼 식욕을 채워 주는 것은 없다. 그리고 전국판 잡지의 커버스토리만큼 상품이나 사람에 대한 홍보의 잠재력을 나타내는 것도 없다.

대중 매체에서는 끊임없이 새롭고 신선한 얼굴을 찾는다.

대중 매체를 효과적으로 다루는 방법은 자신을 밝힐 준비가 완전히 갖춰질 때까지 무명성을 유지하다가 자신을 밝힐 때 한 번에 최대로 활용하는 것이다. 그리고 홍보나 커뮤니케이션 그 자체가 목적이 아니라 소비자 마인드에 포지션을 확립하는 것이 목적이라는 점은 언제나 명심해야 한다.

이름이 알려지지 않은 상품을 가진 무명 회사는 잘 알려진 상품을 갖고 있는 회사보다 홍보로 더 많은 것을 얻을 수 있다.

지난날 앤디 워홀Andy Warhol은 "미래에는 어느 누구든 15분이면 유명해질 수 있다"고 예언한 바 있다.

언젠가 그 15분이 당신에게 주어지면 매분 매초를 최대한 활용하길 바란다.

12 라인 확장의 함정

지난 10년 동안의 마케팅 역사를 되돌아봤을 때 가장 두드러진 경향은 바로 라인 확장이다. 즉, 본래 있던 상품명을 신제품 이름으로 사용하는 것 말이다(무임승차의 함정이 궁극적인 결말에 이르는 곳이다).

다이얼Dial 비누에서 나온 다이얼 방취제, 라이프 세이버Life Savers 캔디에서 나온 라이프 세이버 껌, 크리넥스 티슈에서 나온 크리넥스 타월 등이 대표적인 예다.

라인 확장 경향은 셔먼William T. Sherman(1820~1891. 미국의 군인으로, 남북 전쟁 당시 북군의 장군으로 활약했다-역주)이 조지아주를 통과한 것처럼 광고계와 마케팅계를 휩쓸고 지나갔다. 여기에는 몇 가지 타당한 이유가 있다.

최근의 가장 얼간이 같은 라인 확장 사례는 밀러 클리어 맥주다.

라인 확장에 찬성하는 사람들은 논리를 내세운다. 경제성, 업계의 수용, 소비자의 수용, 저렴한 광고비 부담, 소득 증대, 기업 이미지 제고 등이 그것이다.

안에서 밖으로 향하는 사고방식

라인 확장에는 나름의 논리가 있는 것 같아 보이지만 실제로는 그렇지 않다. 그렇다면 라인 확장은 무엇이 잘못된 것일까? 라인 확장은 다음처럼 안에서 밖으로 향하는 분명하고 완고한 자기 합리적 사고의 결과다.

'우리는 막대 비누 시장에서 최고의 시장 점유율을 자랑하는 다이얼 비누를 만든다. 우리가 만든 방취제에 다이얼이라는 이름을 붙이면 소비자들은 그것이 다이얼 비누를 만드는 회사에서 나온 제품이라는 것을 알 것이다.'

그리고 결정타가 이어진다. '더욱이 다이얼은 방취 비누이기 때문에 우리의 고객들은 고품질의 겨드랑이용 방취제를 생산할 것으로 기대할 것이다.' 요컨대 다이얼 비누의 고객이라면 다이얼 방취제를 살 것이라는 논리다.

그러나 라인 확장이 동일한 부문에서 발생할 경우, 원리가 어떻게 바뀌는지 주목할 필요가 있다.

바이엘은 아스피린을 발명해 오랫동안 진통제 부문에서 선두 자리를 고수해 왔다. 그러던 중 바이엘 사람들은 타이레놀의 '안티 아스피린anti-aspirin' 접근 방식이 거둔 성과에 주목하지 않을 수 없었다.

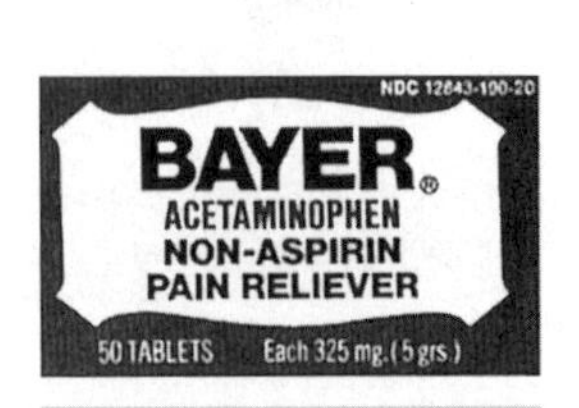

몇몇 성인 남성(여자들이 이런 실수를 저지르리라고는 상상할 수 없다)이 이사회 회의실 탁자에 둘러앉아 그들의 새로운 아세트아미노펜계 제품에 '바이엘 비아스피린'이란 이름을 붙이기로 결정한다. 이 브랜드가 타이레놀에게서 시장을 뺏어올 수 있을까? 유감스럽게도 '그럴 것 같지 않다'가 답이다.

그래서 바이엘은 '바이엘 비非아스피린 진통제'라 불리는 아세트아미노펜계 제품을 내놓았다. 그러고는 타이레놀이나 그 밖의 아세트아미노펜계 제품을 쓰던 사람들이 틀림없이 두통약의 대명사인 바이엘로 돌아올 것으로 생각했다.

그러나 다이얼과 바이엘의 전략은 둘 다 성공하지 못했다.

다이얼은 비누 시장에서는 최대의 점유율을 보이고 있으나 방취제 시장에서는 매우 낮은 점유율을 보이고 있다.

바이엘 비아스피린도 아세트아미노펜 시장에서 매우 낮은 점유율을 보이고 있을 뿐이다.

밖에서 안으로 향하는 사고방식

이번에는 라인 확장을 잠재 고객의 관점에서 살펴보자.

다이얼과 바이엘은 모두 잠재 고객의 마인드에 강력한 포지션을 차지하고 있다.

이렇게 마인드에 강력한 포지션을 갖고 있다는 것은 무엇을 의미할까? 간단하다. 브랜드명이 일반 명사의 대용품 또는 대체품이 되어 있음을 뜻한다.

"코크 하나 갖다 줘."

"바이엘 어디에 있지?"

"거기 다이얼 좀 집어 줘."

포지션이 강하면 강할수록 이러한 대체 현상은 자주 발생한다. 어떤 브랜드는 그 포지션이 너무 강력한 나머지 실제로 일반명이 되어 버리기도 한다. 파이버글라스, 포마이카Formica, 젤로Jello, 크리넥스, 밴드에이드Band-Aid, 상카 등이 그렇다.

물론 이러한 '일반명' 브랜드는 넘어서는 안 될 일정한 선에 가까이 다가선 상태라 조심스럽게 다루어야 한다. 그렇지 않으면 브랜드로서 효력을 잃고 시장에서 사라질 수도 있기 때문이다.

커뮤니케이션의 관점에서 보면, 일반명의 브랜드 이름은 매우 효과적이다. 하나의 단어가 두 가지 역할을 하기 때문이다. 일단 일반명의 브랜드 이름을 갖게 되면 브랜드는 무시하면서 해당 영역을 장려하는 여유를 가질 수 있다.

"커피로 잠을 못 주무십니까? 상카 브랜드를 마셔 보십시오." (이 경우 변호사들의 도움을 청할 것을 권한다. '상카 브랜드'에서 '브랜드'라는 여분의 단어를 빼는 것이 더 효과적이기 때문이다.)

"식탁에 케이크나 파이 대신 저칼로리의 젤로를 올리십시오."

잠재 고객의 관점에서 라인 확장은 일반명 브랜드의 포지션과 마찰을 일으킬 뿐이다. 마인드에 있는 브랜드의 명확한 초점을 흐리게 하는 것이다. 소비자는 이제 아스피린이 필요해도 '바이엘'이라고 말할 수 없게 되고, 비누에서 '다이얼'도 마찬가지다.

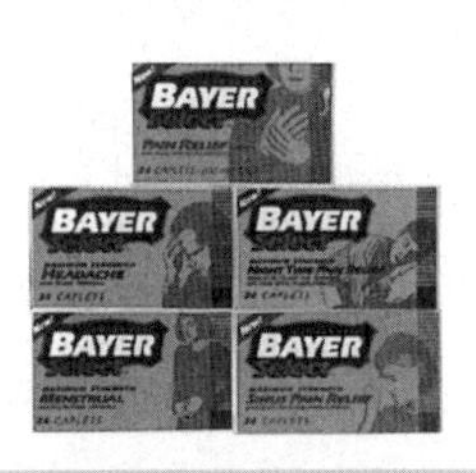

바이엘은 포기하지 않았다. 바이엘 비아스피린 브랜드의 실패 이후에 그들은 또다시 바이엘 셀렉트 라인을 선보였다. 아스피린을 포함하지 않은 다섯 가지 다른 유형의 진통제를 바이엘이라는 이름으로 출시한 것이다. 바이엘은 셀렉트 라인 출시에 총 1억 1천만 달러를 썼지만, 첫해 매출은 2천5백만 달러에 그쳤다.

어떤 의미에서 보면, 이런 식의 라인 확장은 잠재 고객에게 바이엘이 단순한 브랜드명에 불과하다는 것을 교육하는 것이나 다름없다. 바이엘이 최고의 아스피린이라는 환상을 깨뜨리는 것이다. 마찬가지로 다이얼이 방취 비누의 한 브랜드명이 아닌 방취 비누 그 자체라는 환상을 깨뜨리는 것이다.

JC페니와 다이하드

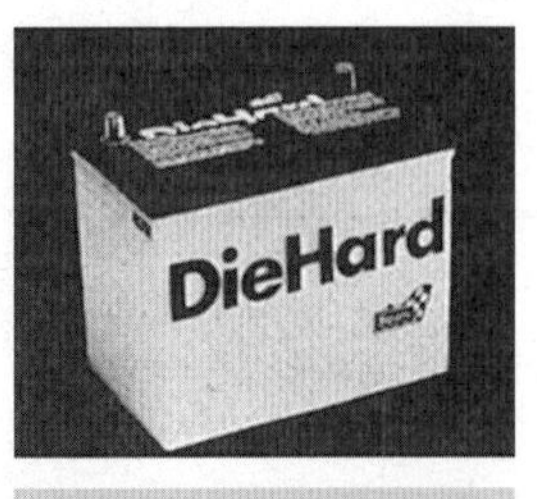

시어스는 다이하드 배터리를 출시한 당시 세계에서 가장 큰 소매상이었다. 그리고 물론 다이하드는 미국에서 가장 잘 팔리는 자동차용 배터리가 되었다. 우리는 다이하드 출시 당시 시어스 내부에서 많은 주장이 제기되었음을 알고 있다. 그것을 '시어스 배터리'로 부르자는 주장 말이다.

실제로 잠재 고객의 마인드에 들어가는 것은, 상품이 아니라 잠재 고객이 상품 특성을 해당 상품에 연결시키는 '이름'이다.

따라서 다이하드DieHard('좀처럼 죽지 않는다'는 의미다-역주)라는 이름의 자동차 배터리를 출시한 시어스Sears가 그것을 48개월 동안 쓸 수 있다고 주장하면, 소비자는 오래 쓰는 배터리를 생각하는 고리로 다이하드라는 이름을 기억하게 되는 것이다.

그런데 배터리 이름이 JC페니JCPenny 배터리라면, 소매상이 아무리 물이 필요 없는 배터리라고 이야기해도, 소비자가 그 이름을 해당 상품의 특성을 연상하는 고리로 쓰기는 그리 쉬운 일이 아니다(회사명과 상품명 사이의 혼동은 말할 필요도 없다).

이것을 물체에 비유하자면, 이름은 칼날의 끝과 같다. 그것으로 마음을 열어 메시지를 침투시켜야 하기 때문이다. 이름이 적절해야 상품의 빈틈을 메우고 거기에 머물 수 있는 것이다.

그렇다면 어째서 JC페니는 배터리의 이름에 회사명을 붙였을까? 다이하드처럼 전달하기 쉬운 단어를 선정할 수도 있었을 텐데 말이다.

안에서 밖으로 향하는 사고방식을 적용해 보면 쉽게 그 이유를 알 수 있다. '우리는 JC페니라는 회사다. 우리는 배터리 구매자는 물론 거의 모든 종류의 상품 구매자로부터 높은 평가를 받고 있다. 따라서 제품 이름에 우리의 이름을 붙이면 누구나 그것을 어디서 만들었는지 알 수 있을 뿐 아니라 우수한 제품이라는 것도 알게 될 것이다.'

그리고 반박할 여지가 없는 결정타가 이어진다. '배터리에 JC페니의 이름을 붙이면 잠재 고객들은 그것을 어디서 살 수 있는지도 알게 된다.' 그렇게 해서 '정말 멋진 생각이다'라는 감탄과 함께 또 하나의 논리적인 자기 합리화가 이루어지는 것이다.

그러나 밖에서 안을 향해 생각해 보면, 이 이름은 아무런 의미도 갖지 못한다. 소비자의 마인드는 전혀 다르게 조직되어 있기 때문이다. 소비자는 상품의 입장에서 생각한다.

브랜드 선호(소비자의 마인드에 있는 배터리라는 사다리)의 관점에서 보면, 다이하드가 맨 위 칸에 놓이고 JC페니가 저 아래쪽에 놓이는 것은 당연한 일이다.

그러나 JC페니는 자체적으로 대규모 소매상을 운영하고 있기 때문에 많은 배터리를 팔 수 있지 않겠냐는 의문이 생길 수 있다. 그러나 누구나 알고 있듯이, 적절치 못한 이름이 붙은 상품은 '그 이름 때문에' 팔리는 게 아니라 '그런 이름에도 불구하고' 팔리는 것이다.

한편 잠재 고객은 다이하드 배터리를 시어스에서만 살 수 있다는 사실을 기억하는 데 어려움을 겪지 않을까? 물론 어려움을 겪을 것이다. 다이하드를 사고자 하는 모든 이가 다이하드와 시어스를 연결할 수 없다는 것이 시어스의 문제다. 그러나 우선 소비자의 마인드에 포지션을 확립하는 일이 가장 중요하다. 소매 단계를 걱정하는 것은 그다음에 생각할 문제다.

포지셔닝에 있어서 두 포인트 사이의 거리가 가장 짧은 게 반드시 최고의 전략이 되는 것은 아니다. 또한 명확한 의미의 이름이 언제나 가장 좋은 이름이 되는 것도 아니다.

안에서 밖으로 향하는 사고방식은 성공을 방해하는 가장 큰 걸림돌이다. 반면에 밖에서 안으로 향하는 사고방식은 성공으로 안내하는 역할을 한다.

이름을 보는 두 가지 방법

소비자와 제조자는 사물을 완전히 다른 방식으로 본다.

애틀랜타(코카콜라 본사 소재지-역주) 사람들이 코카콜라를 청량음료로 보지 않는다고 하면 믿을 수 있겠는가? 제조자의 입장에서 보면 코카콜라는 기업이자 브랜드명이고, 하나의 조직이며 커다란 작업장이다.

그러나 소비자에게 코카콜라는 달고 검은 탄산음료일 뿐이다. 유리잔에 따른 것이 코카콜라지, 코카콜라라고 불리는 회사가 만든 콜라 음료가 아닌 셈이다.

아스피린 병 속의 알약이 바이엘이지, 바이엘이라는 회사가 만든 아스피린이 아닌 것과 마찬가지다.(물론 기업명은 스털링 드럭Sterling Drug이지 바이엘이 아니다. 때문에 바이엘 비아스피린은

마케팅 종사자들은 아는 게 너무 많다. 그들은 캔 겉에 쓰인 이름이 캔 속에 있는 물질의 브랜드명(때로는 제조사명)이라고 알고 있다. 코카콜라사에서 만드는 콜라라는 얘기다. 그래서 그들은 스프라이트 대신에 코카콜라에서 만드는 레몬 라임 드링크를 도입해서는 안 될 이유가 어디 있느냐고 묻는다. 안 될 이유는 없다. 그러나 잠재 고객들은 매우 큰 혼란을 겪을 것이다. 콜라 소비자에게 코카콜라란 캔 속에 든 물질을 의미한다. 캔 겉의 브랜드명은 단지 소비자에게 안에 든 물질의 이름을 알려 주는 것뿐이다. 그게 실체인 것이다. 이런 인식을 섣불리 건드리다간 괜히 고생만 사서 하거나 큰 위험을 초래할 수 있다.

논리적으로 보면 스털링 비아스피린으로 불릴 수도 있었을 것이다).

일반명 브랜드 이름의 최대 강점은 상품 그 자체와 밀접하게 동일시된다는 사실이다. 소비자의 마인드에서 바이엘은 아스피린이며 그 밖의 아스피린 브랜드는 모두 '모조 아스피린'이 된다.

코카콜라의 슬로건 '진품The real thing'은 최초로 마인드에 들어온 상품을 맨 위 칸에 올려놓고 모방형 상품을 오리지널보다 과소평가하는 소비자의 심리 경향을 이용한 수법이다.

만약에 코카콜라나 크리넥스, 혹은 바이엘을 구할 수 없다면, 또는 다른 브랜드가 매우 저렴하다면, 소비자는 다른 제품을 살지도 모른다. 그러나 그런 경우에도 코카콜라나 크리넥스, 혹은 바이엘은 소비자의 마인드에 여전히 확고한 포지션을 차지하고 있을 것이다.

그러나 같은 고객이 '바이엘 비아스피린'을 구입하겠냐는 질문을 받았을 때 어떤 반응을 보이는지 주의해서 살펴보라. 바이엘이 아스피린인데 어떻게 비아스피린이 될 수 있단 말인가?

바이엘 지속성 아스피린, 바이엘 소염 감기약, 바이엘 비아스피린 진통제 등 바이엘의 라인 확장형 제품들은 바이엘 브랜드의 아스피린 포지션을 약화하는 셈이다.

예상대로 진통제 시장에서 바이엘의 점유율은 계속 하락하고 있다.

프로틴 21이란 무엇인가?

라인 확장 함정에 빠진 고전적인 예로서 프로틴 21Protein 21 샴푸를 들 수 있다.

1970년, 멘넨Mennen사는 프로틴 21이라는 샴푸·컨디셔너 조합형 상품을 출시해 전체 샴푸 시장의 13퍼센트를 점유하는 급성장을 이루었다.

곧이어 멘넨은 라인 확장 유혹의 덫에 걸려들고 말았다. 멘넨은 레귤러와 엑스트라 홀드 두 가지 타입의 프로틴 21 헤어스프레이를 연속 개발해 이를 다시 유향성과 무향성으로 구분해 출시했다. 또한 프로틴 21 컨디셔너(두 가지 타입)와 농축 프로틴 21도 출시했다. 그리고 멘넨은 소비자가 머리카락에 어떤 것을 써야 할지 갈피를 잡기도 전에 프로틴 29라는 남성용 상품까지 출시했다.

어떤 브랜드를 사장하는 가장 쉬운 방법은 그것의 라인을 확장하는 것이다. 프로틴 21은 오늘날까지도 위세를 떨치는 거대 브랜드가 되었을 것이다. 멘넨사가 그 이름을 헤어스프레이와 컨디셔너 제품에 붙이지 않았다면 말이다.

이후 프로틴 21의 샴푸 시장 점유율은 13퍼센트에서 2퍼센트까지 떨어졌는데, 이는 당연한 결과였다. 이러한 하락 현상은 지금도 계속되고 있다.

더욱 믿을 수 없는 것은 이 같은 라인 확장 의존 현상이 계속 기세를 몰아 포장 상품 분야를 휩쓸고 있다는 점이다.

스콧이란 무엇인가?

종이 제품 분야에서 스콧Scott의 포지션을 살펴보자. 스콧은 타월과 냅킨, 화장지 등 연간 수십억 달러에 달하는 소비재 종이 제품 시장에서 최고의 점유율을 자랑하고 있다. 그러나 스콧은 자신들이 강하다고 생각한 곳에서 의외로 약했다.

스콧 타월, 스콧 티슈, 스카티, 스콧킨, 심지어 스콧 어린이 기저귀에 이르기까지, 이 이름들은 모두 스콧의 기반을 서서히 무너뜨렸다. 스콧이라는 이름이 붙은 상품이 많아질수록 일반 소비자들에게는 그 이름이 갖는 의미가 점점 퇴색했던 것이다.

예를 들어 스콧 티슈의 경우를 살펴보자. 스콧 티슈는 화장지 시장에서 1위 브랜드였다. 그런데 프록터 앤드 갬블의 차민Charmin이 압축 화장지라는 상품 특성을 내걸고 시장에 뛰어들었다. 이제 스콧 티슈는 차민 다음 순위에 놓여 있다. 스콧 라인의 나머지도 곧 함몰하기 시작할 게 뻔하다.

스콧의 예는 높은 시장 점유율이 곧 특정 포지션을 점유했다는 것을 의미하지 않음을 잘 보여 준다. 더 중요한 것은 높은 '마인드' 점유율에 있다. 가정주부들은 차민이나 크리넥스, 바운티, 팸퍼스 등의 이름을 쇼핑 목록에 기입할 수 있게 되었고, 누구든 그 목록을 보면 소비자가 무엇을 사려고 하는지 쉽게 알 수 있었다. 그러나 '스콧'은 쇼핑 목록에서 아무런 뜻도 갖지 못했다.

Charmin	30 percent
Northern	14 percent
Scott	12 percent
Angel Soft	11 percent
Cottonelle	10 percent

이것이 현재 화장지 분야의 시장 점유율이다. 한때 1위 브랜드였던 스콧이 지금은 3위다. 이는 보기보다 큰 문제다. 1위 자리에서 밀려나면 약간의 사업을 잃는 것으로 끝나는 게 아니다. 유통에 미치는 영향력도 잃고, 마진도 잃게 되며, 명성도 잃게 된다. 리더십이 마케팅에서 가장 강력한 포지션인 이유가 여기에 있다.

스콧 이름이 들어간 실제 브랜드명들 역시 제 역할을 못하는 게 당연하다. 가령 코를 풀려면 스카티와 스콧 티슈 가운데 어느 브랜드를 골라야 할까?

포지셔닝 용어로 말하자면, 스콧이라는 이름은 변방에 존재하는 셈이다. 어느 상품의 사다리에도 안착하지 못한 것이다.

마침내 스콧은 그러한 실수를 깨닫기 시작했다. 새로운 스콧 브랜드인 비바Viva 종이 타월은 대단한 성공을 거두고 있고, 코트넬Cottonelle 화장실용 티슈도 마찬가지다.

라이프 세이버란 무엇인가?

라이프 세이버 껌도 아무런 성과를 거두지 못했던 라인 확장의 한 예다. 간신히 사다리에 매달렸다 떨어진 신세라고나 할까.

There's no such thing as a free launch.
Trout & Ries Advertising, Inc.

우리는 라인 확장 문제에 대한 강한 신념을『뉴욕 타임스』 1984년 3월 7일자 지면에 전면 광고를 게재함으로써 피력했다. "무엇이 '밀러 하이 라이프'의 쇠퇴를 초래할 것인가?"라는 질문에 "'밀러 라이트'의 성공"이라는 답을 적었다. 역사는 반복된다. 쿠어스 라이트는 레귤러 쿠어스를 죽였다. 그리고 최근 '버드 라이트'의 성공은 레귤러 버드와이저 매출의 실질적인 감소를 초래하고 있다. 공짜 출시 free launch(free lunch를 빗대어 표현한 것-역주) 같은 것은 세상에 없다.

여기서도 일종의 논리가 라인 확장의 편을 들었다.『뉴욕 타임스』의 한 기사에서 라이프 세이버의 부사장은 자사의 전략을 다음처럼 설명했다.

"성공 가능성을 높이는 한 가지 방법은 기존의 강력한 이름을 같은 특성을 요구하는 신제품에 이전하는 데 있다고 우리는 확신합니다."

그리고 그는 라이프 세이버 캔디의 특성을 다음처럼 설명했다. "우리 소비자들의 의견에 따르면, 라이프 세이버라는 브랜드명은 단순히 '구멍 뚫린 캔디'만을 의미하는 게 아닙니다. 뛰어난 맛과 탁월한 가치, 신뢰할 만한 품질까지 의미하는 것입니다."

그것은 착각이다. '뛰어난 맛과 탁월한 가치, 신뢰할 만한 품질의 브랜드명은?' 하고 묻는다면 과연 몇 사람이나 '라이프 세이버'라고 대답하겠는가? 아무도 없을 것이다.

하지만 '구멍 뚫린 캔디의 이름은?' 하고 묻는다면 어떨까?

대부분의 사람이 '라이프 세이버'라고 대답할 것이다.

그렇다면 라이프 세이버 껌은 출시 이후 어떻게 되었을까?

시장 점유율 2~3퍼센트 선에서 허덕이다 1978년에 조용히 철수한 후 두 번 다시 볼 수 없는 브랜드가 되고 말았다.

텔레비전 광고에서는 “이거 멋진 상품이네. 그런데 구멍은 어디에 있지?” 하고 말하곤 했다.

물론 구멍은 상품에 없었다. 마케팅 전략에 있었다.

그런데 아이러니하게도 라이프 세이버사는 껌 사업에서 크게 성공했다. 다름 아닌 풍선껌 분야에서였다.

그리고 그 이름은 ‘라이프 세이버 버블 껌’이 아닌 ‘버블 염’이었다. 버블 염은 소프트 타입 풍선껌의 최초 브랜드였다(이 성공은 첫 번째라는 이점과 라인 확장 이름을 쓰지 않은 이점이 합쳐져서 이루어진 결과다).

버블 염은 대단한 성공을 거두고 있다. 매출 면에서 이미 라이프 세이버 캔디를 앞질렀다. 버블 염은 풍선껌에서 최대 매출 브랜드는 물론, 모든 껌 종류에서도 최대 매출 브랜드가 될 것으로 보인다.

에버레디란 무엇인가?

많은 기업은 새로운 테크놀로지라는 거센 물결이 타고 있는 배를 요동시킬 때 비로소 거친 바다에 있다는 사실을 느낀다.

유니언 카바이드Union Carbide의 제품인 에버레디Eveready는 배터리의 주된 용도가 회중전등이던 시절에 시장을 석권했다. 그러다가 트랜지스터가 등장하고 테이프 녹음기, 성능 좋은 라디오

등 많은 신제품이 개발되면서 보다 수명이 긴 알칼리성 배터리가 모습을 드러냈다.

여기서 기회를 포착한 P.R. 멀로리P.R. Mallory는 눈에 잘 띄도록 금색과 검은색의 케이스를 씌운 듀라셀Duracell 알칼리 배터리를 시장에 내놓았다.

이 책을 출간하고 얼마 후, 우리는 유니언 카바이드사의 광고 담당 매니저에게 전화를 걸어 새로운 이름으로 알칼리 건전지를 도입해야 한다고 권고했다. 그러자 그는 이렇게 답했다. "우리는 결코 에버레디라는 이름이 들어가지 않은 건전지는 도입할 생각이 없소." 그러나 그들은 얼마 후 '에너자이저'를 출시했다. (그들은 새로운 브랜드를 도입할 수밖에 없었다. 듀라셀에 계속 밀리고 있었기 때문이다.) 오늘날 듀라셀의 판매량은 에버레디와 에너자이저의 판매량을 합한 것보다 여전히 많다. 대중이 에너자이저 '토끼'를 매우 마음에 들어 하고 있음에도 그렇다('21'이라는 게임쇼에 나온 한 참가자는 그 토끼가 듀라셀에 속해 있는 것으로 착각해 10만 달러를 놓쳤다).

유니언 카바이드 사람들은 상황 변화에 맞춰 새로운 이름을 하나 만들어야 한다는 아이디어를 비웃었다. '우리는 이미 배터리업계에서 가장 좋은 이름을 갖고 있는데, 뭐.'

그러나 현실은 그들의 생각대로 전개되지 않았다. 듀라셀 알칼리 전지가 에버레디 알칼리 파워 전지를 판매량에서 앞서기 시작했다. 그러자 유니언 카바이드 사람들은 경쟁사의 성공적인 전략에 대응하기 위해 듀라셀의 검은색과 금색으로 된 케이스를 모방해야 한다고 판단했다. 그리고 '알칼리 파워 전지'라는 문구를 에버레디의 트레이드마크보다 눈에 더 잘 띄게 쓰면 될 것으로 생각했다.

듀라셀 배터리는 굵은 활자로 '듀라셀'이라고만 썼을 뿐이다. '알칼리 파워 전지'라고 덧붙일 필요가 없었던 것은 듀라셀이 알칼리 파워 전지를 뜻했기 때문이다.

바로 이것이 포지셔닝의 핵심이다. 브랜드명을 같은 제품 전체를 가리키는 일반명이 되게 만들고, 소비자가 그 브랜드명을 일반명으로 자유롭게 사용하게 만드는 것이다.

그럼에도 라인 확장은 직관적으로 매우 그럴 듯해 보인다. 이 때문에 기업들이 줄줄이 그 함정에 빠진다. 따라서 유혹을 이기는 유일한 방법은 마케팅 역사에 나와 있는 고전적인 실수들을 연구하는 것이다. 그 실례를 찾는 것은 그리 어려운 일이 아니다. 모두가 놓친 기회를 담은 여러 무용담에 고스란히 담겨 있다.

1백 밀리미터의 실패작

가장 먼저 나온 1백 밀리미터 담배의 이름은 무엇일까?

벤슨 앤드 헤지Benson & Hedges가 아닐까? 벤슨 앤드 헤지가 가장 잘 알려졌고, 가장 많은 매출을 올리는 1백 밀리미터 담배 브랜드니까 그렇게 생각하기 쉬울 것이다.

"밴슨 앤드 헤지의 단점"이라는 헤드라인의 광고는 그 브랜드명을 애연가의 마인드에 깊이 새겼다.

그리하여 벤슨 앤드 헤지는 1백 밀리미터 담배 콘셉트의 효시이자 원조이며 개발사로 알려졌다.

그러나 사실은 그렇지 않다. 최초의 1백 밀리미터 담배는 폴 몰Pall Mall 골드였다. 그러나 폴 몰은 곧 라인 확장이라는 함정에

The disadvantages
of advertising
Benson & Hedges
100's.

크게 성공하기 위해 시장에 반드시 가장 먼저 진입해야 하는 것은 아니다. 마인드에 가장 먼저 진입하는 것이 더 중요하다. 폴 몰이 저지른 라인 확장의 실수는 결국 벤슨 앤드 헤지가 최초의 1백 밀리미터 담배로 마인드에 진입하는 길을 터준 셈이 되었다.

빠지고 말았다.

그래서 벤슨 앤드 헤지가 등장하여 긴 담배라는 포지션을 선점해 버린 것이다.

좋은 기회를 잃은 폴 몰 측은 당연히 낙담이나 아쉬움을 느꼈을 것이라고 생각할 것이다. 그런데 그렇지 않았다. 앞서 말한 대로 라인 확장을 합리화하는 논리가 언제나 압도적으로 우세하기 때문이다.

그래서 지금도 폴 몰 멘톨, 폴 몰 엑스트라 마일드, 폴 몰 라이트 100 등이 출시되고 있다. 이러한 혼란은 기본적인 폴 몰 브랜드의 매출을 감소시키는 결과를 낳고 있다.

폴 몰 멘톨의 경우를 살펴보자. 또다시 제조자의 논리는 반론의 여지를 허용치 않을 만큼 확고했다. '쿨Kool이나 살렘Salem과 같은 멘톨 담배가 날로 시장 점유율을 높이고 있다. …… 우리도 멘톨 브랜드를 갖고 있으면 성장하는 시장에서 크게 한몫 챙길 수 있을 것이다.'

그리하여 마침내 폴 몰 멘톨이 시장에 등장했다. 그러나 폴 몰 멘톨은 끝내 쿨 매출의 7퍼센트에도 도달하지 못했다.

1964년, 폴 몰은 미국의 담배 브랜드 중 1위였다.

1965년, 폴 몰은 첫 라인 확장을 실행했다. 그러고는 매출에서 2위로 하락했다. 이후 미국 담배 시장에서 폴 몰의 점유율은 해마다 줄어 1964년 14.4퍼센트이던 것이 현재는 그 절반 이하로 떨어졌다.

논리란 양방향으로 작용하게 마련이다. 레귤러 담배 시장이 훨씬 크기 때문에, 만약 폴 몰의 판단이 옳았다면 쿨도 '쿨 레귤러(비非멘톨)'를 내면 성공할 것이라는 논리가 성립될 수 있다는 얘기다. 과연 쿨이 이런 결정을 내릴까?

물론 그럴 리 없을 것이다. 쿨은 오리지널 멘톨 담배다. 쿨은 멘톨을 뜻한다. 바이엘이 아스피린을 뜻하는 것과 마찬가지다.

세계에서 가장 많이 팔리는 담배로 성장한 말보로에 대해 한마디 안 할 수 없다. 사실상 모든 담배 브랜드가 여성 고객을 끌어들이기 위해 애썼다(남성보다는 여성이 담배를 덜 피기 때문에 상대적으로 시장 확대의 기회가 많은 곳으로 여겨졌다). 그러나 필립 모리스는 정반대의 길을 걸었다. 남자 중의 남자, 카우보이에 초점을 맞춤으로써 남성적인 포지션을 구축했던 것이다. 캐멀Camel은 무엇인가? 그냥 담배지, 뭐. 윈스턴은 또 무엇인가? 마찬가지 대답밖에 안 나온다. 그렇다면 말보로는 무엇인가? 남성적인 담배다. 게다가 우연히도 여성들에게도 가장 많이 팔리는 담배다.

대부분의 기존 브랜드가 라인 확장에 열을 올리는 이 상황이 쿨에게는 참으로 잘된 일이라 하겠다.

미국의 담배업계는 대략 175종의 브랜드를 출시하고 있다. 오늘날 웬만한 담배 가게는 — 라인을 확장한 브랜드까지 포함해 — 1백여 가지 담배를 판매하고 있다. 이것을 다 외울 소비자가 어디 있겠는가(담배 연기는 담배 마케팅 관계자들의 폐뿐 아니라 마인드에도 영향을 미쳐야 한다).

미국 담배 시장의 대표적 브랜드인 말보로와 윈스턴Winston도 라이트와

말보로 또한 라인이 확장되지 않았던가? 맞는 얘기다. 그러나 질문의 방향이 틀렸다. 필립 모리스가 말보로 멘톨이나 말보로 미디엄, 말보로 마일드 등의 확장에 투여되는 자원을 새로운 브랜드를 만드는 데 투여한다면 과연 현재보다 더 성장할 수 있을까? 우리는 그럴 수 있다고 생각한다. 그러나 다른 한편으로 우리는 흡연 반대자이기 때문에 그들이 우리의 충고를 받아들이지 않기를 바란다. 그건 그렇고, 멘톨 담배를 피우는 카우보이는 과연 몇이나 될까?

1백 밀리미터, 멘톨 담배 등으로 라인을 확장한 지 오래다. 이론에 따르면, 말보로나 윈스턴 브랜드도 폴 몰의 전철을 밟아야 한다. 그러나 장님 나라에서는 외눈박이가 왕 노릇을 하는 법이다.

그렇다면 과연 어느 브랜드가 끝까지 남아 1위에 도전하게 될까? 불행하게도 현재 거의 모든 주요 담배 브랜드가 라인 확장으로 기진맥진해서 싸울 힘조차 없는 처지에 있다.

어쩌면 담뱃갑에 애연가를 위한 경고문뿐 아니라 제조업체를 위한 경고문을 붙여야 할지도 모른다. '경고: 마케팅 전략가의 의견에 따르면 라인 확장은 귀하의 이익에 해로우니 지나친 라인 확장을 삼가시기 바랍니다.'

옥수수기름의 몰락

또 다른 기회 상실의 사례는 마가린 분야에서 찾아볼 수 있다. 플레이시만Fleischmann's은 옥수수기름으로 만든 마가린의 선도 브랜드로 매출 실적이 가장 좋다.

그러나 옥수수기름으로 만든 최초의 마가린은 마졸라Mazola였다. 라인 확장 이론이 혼란을 초래한 좋은 사례다.

마졸라는 당시 옥수수기름의 선도 브랜드명이었다. 마졸라 사람들은 생각했다. '옥수수기름으로 만든 마가린에 마졸라보다 논리적인 이름으로 어떤 것이 있을까?' '마졸라 기름.' 여기서 나온 이름이 결국 '마졸라 옥수수기름 마가린'이었다.

오늘날 플레이시만이 1위 브랜드다.

우습게도 플레이시만 마가린 역시 전문가의 입장에서 보면 라인 확장에 따른 이름이다. 혹시 플레이시만 이스트(발효 효모)를 기억하는가? 플레이시만에 다행이었던 것은 요즈음에는 집에서 직접 빵을 굽는 사람이 많이 없어진 까닭에 그 이름을 기억하는 사람이 거의 없다는 점이다.

플레이시만이라는 이름이 붙는 품목으로는 진과 보드카, 위스키 등도 있다. 그럼에도 이름으로 인한 혼란 요인이 아주 적은 이유는 주류와 마가린 사이에 있는 심리적 거리감 때문이다. (캐딜락이라는 반려견 사료가 나왔을 때, 그것을 제너럴 모터스에서 만들었을지도 모른다고 생각할 사람이 과연 몇이나 될까?)

커피 싸움

기회를 놓친 또 하나의 예로서 냉각 건조 커피업계에서 일어난 일을 들 수 있다. 오늘날 테이스터스 초이스Taster's Choice는 가장 많은 매출을 올리는 선도 브랜드다.

최초의 냉각 건조 커피의 이름은 무엇일까? 맥심Maxim이다. 그런데 왜 맥심이 1위 브랜드가 되지 못했을까? 그 배경에는 음모와 용기가 적절히 가미된 이야기가 있다. 자세히 살펴보기로 하자.

제너럴 푸드General Foods는 맥스웰 하우스Maxwell House라는 브랜드로 커피 시장에서 최대 매출을 누리고 있었다. 그러던 와중에 '냉각 건조 인스턴트'라는 새로운 제조 방식을 개발했다.

테이스터스 초이스와 관련해 알려지지 않은 이야기 하나를 소개하겠다. 당초 스위스의 유니레버Unilever 경영진은 맥심과 경쟁하기 위해 개발한 냉각 건조 커피 브랜드의 이름을 '네스카페 골드'로 짓고 싶어 했다. 세계에서 가장 많이 팔리는 인스턴트 커피인 네스카페의 덕을 보자는 의미였다. 그러나 미국의 경영진이 이것을 완강히 거부하며 테이스터스 초이스라는 이름을 고집했다. 보다 적절한 이름과 보다 적절한 전략은 때때로 이렇게 해당 영역에 뛰어든 두 번째 브랜드라는 단점도 극복하게 한다.

표면상 이 제조 방식은 제너럴 푸드의 커피 시장 점유율을 한층 더 높이는 기폭제가 될 것으로 보였다.

과연 그렇게 됐을까?

제너럴 푸드가 보여 준 초기 움직임은 오히려 경쟁자에게 득으로 작용했다. 맥스웰 하우스의 부산물인 맥심이라는 이름을 사용함으로써 스스로 무덤을 파고 말았던 것이다(맥스웰과 맥심, 소비자들은 두 이름이 뭐가 다른지 이해할 수 없었다). 맥심은 그 어떤 소비자 이득도 암시하지 못하는 의미 없는 이름이었다.

네슬레Nestlés는 테이스터스 초이스라는 이름으로 반격에 나섰다. 네슬레가 전략적인 이름을 선정했을 뿐 아니라 타이밍도 기가 막히게 맞아 떨어졌다. 그들은 가능한 한 빨리 움직여 맥심이란 이름이 커피 소비자의 마인드에 침투할 기회를 미연에 방지했다.

네슬레는 "가루를 볶아 만든 커피"라는 광고를 통해 냉각 건조 후 볶은 커피의 우수성을 훌륭하게 부각했다.

테이스터스 초이스는 커피 싸움에서 대승을 거두었다. 제너럴 푸드가 냉각 건조라는 영역을 개발해 첫 번째로 시장에 진입했음에도, 그들의 맥심은 테이스터스 초이스 판매량의 절반에도 미치지 못하고 있다.

변덕스러운 손 사건

핸드 로션업계에서 일어난 '변덕스런 손 사건'은 좋은 기회를 놓친 또 하나의 사례로 유명하다. 이야기는 핸드 로션 시장 점유율 1위 브랜드였던 저겐스Jergens에서 시작한다.

이 회사는 액상 형태의 로션만 선보이던 시절에 크림 형태의 로션을 최초로 개발해 '저겐스 엑스트라 드라이'라는 이름으로 출시했다. 그러나 저겐스 엑스트라 드라이는 중대한 기술 혁신을 이룬 제품이었음에도 비슷한 이름들에 묻혀 질식하고 말았다. 소비자들이 그 차이를 잘 몰랐던 것이다.

그러나 경쟁사들은 그 차이점을 잘 알고 있었다.

때마침 치스브로 폰즈Chesebrough-Pond's는 기다렸다는 듯이 '인텐시브 케어'라는 신제품을 발매했다. 비로소 새로운 크림 형태의 로션이 소비자의 마인드에 확실하게 포지셔닝 될 수 있는 이름을 가지고 등장한 것이다. 그리고 그 상품은 날개 돋친 듯이 팔렸다.

상황이 불리하게 돌아가는 것을 깨달은 저겐스는 곧바로 다이렉트 에이드라는 브랜드를 내놓고 반격에 나섰다.

그러나 때는 이미 늦어 마케팅의 승리는 인텐시브 케어 쪽으로 돌아갔다. 오늘날 인텐시브 케어는 저겐스, 저겐스 엑스트라 드라이, 다이렉트 에이드를 모두 합친 것보다 더 많이 팔리며 1위 브랜드로 군림하고 있다.

그러나 인텐시브 케어의 실제 이름이 '바셀린 인텐시브 케어'기 때문에 바셀린의 라인이 확장된 것 아니냐는 의문이 제기될 수도 있다.

옳은 지적이다. 그러나 소비자들은 그 상품을 인텐시브 케어라고 부르지 바셀린이라고 부르지는 않는다. 소비자 마인드에서는 바셀린이 페트롤리엄 젤리petroleum jelly를 의미하고 인텐시브 케어가 핸드 로션을 뜻한다.

인텐시브 케어의 성공은 가장 중요한 포지셔닝 아이디어 가운데 하나를 예시한다. 경쟁사가 도입한 라인 확장은 종종 당신 회사에게 기회가 될 수 있다. 그러한 라인 확장이 시행되면 다른 이름을 내걸고 즉시 뛰어들라. 반드시 전투는 당신에게 유리하게 전개될 것이다. 벤슨 앤드 헤지와 테이스터스 초이스, 인텐시브 케어가 좋은 예다.

다이어트 콜라 전쟁

다이어트 펩시와 탭 콜라 간의 경쟁처럼 정반대의 전략을 가진 두 상품이 정면으로 충돌하는 경우를 지켜볼 기회는 흔치 않다.

펩시 사람들이 라인 확장의 함정에 그렇게 쉽게 빠진 이유는 모든 것이 펩시에 유리해 보였기 때문이다. 펩시라는 유명한 이름, 그리고 제품의 성격을 확실하게 설명해 주는 '다이어트'라는 형용사를 합치면 거의 무적일 것처럼 보였다.

더욱이 다이어트 펩시는 그런 종류의 제품으로는 처음 출시되는 콜라였다. 포지셔닝 규칙에 따르면 고객의 마인드에 처음으로 들어가는 제품이 막대한 이익을 누린다고 하지 않던가. 그러나 그러한 이익도 라인 확장된 이름을 쓰는 단점을 극복할 만큼 충분하지 않다는 것이 결론이다.

일단 라인 확장의 효력을 믿게 되면, 엄연한 사실조차 무시하게 된다. 탭이 다이어트 펩시를 물 먹이고 라인 확장 이름의 약세를 확증했음에도, 펩시는 계속해서 즐거운 라인 확장 게임에 몰입했다. 그 결과 크리스탈 펩시와 와일드 체리 펩시, 펩시 맥스, 펩시 라이트, 펩시 AM, 펩시 원 등을 만들어 냈다. 이 중 제대로 된 브랜드나 제대로 될 것 같은 브랜드는 하나도 없다.

시장에서의 승리는 탭 콜라에게 돌아갔다. 펩시라는 이름을 라인 확장하여 다이어트 콜라 시장에 들어간 것이 결국 강점이 아닌 약점으로 작용한 것이다.

콜라 소비자들은 다이어트 펩시를 레귤러 펩시보다 열등한 제품으로 본 반면, 탭은 그 자체의 독립된 콜라로 보았다.

그렇다면 코카콜라사는 탭 콜라의 탁월한 성공에 힘입어 포지셔닝 원칙들을 계속 고수했을까?

물론 아니다. 그들도 똑같은 실수를 저지르는 쪽으로 나아갔다. 그들은 이제 루트 비어, 진저에일, 블랙 체리 등에도 탭이라는 이름을 붙이고 있다. '다이어트 콜라'의 대명사로 자리한 이름을 도대체 무슨 이유로 이러한 영역들에 끌어다 쓰는지 모르겠다. 새로운 브랜드를 만드는 것이 그렇게 힘들단 말인가.

그렇다면 펩시는 어떻게 하고 있을까? 중요한 시합을 놓친 다음엔 전략을 바꾸는 게 정석 아닐까?

그러나 그들은 또다시 같은 실수를 저질렀다. 펩시 라이트의 출시가 그것이다. 쓸모없는 라인 확장 이름을 또 만들어 낸 것이다.

오늘날의 라이트는 펩시 원이다. 펩시 사람들은 도대체 바보짓을 멈출 줄 모른다.

역逆 라인 확장

일반적으로 라인 확장은 부정적인 결과를 초래하지만 이를 뒤집어 활용하면 좋은 효과를 얻을 수도 있다. 역 라인 확장은 '기초 확대' 전략이라 할 수 있다. 가장 좋은 예 중 하나가 존슨즈 베이비 샴푸다.

제품의 부드러움을 성인 시장에 강력히 홍보함으로써, 회사는 존슨즈 베이비 샴푸를 성인 샴푸 시장에서도 하나의 선도 브랜드로 만들었다.

이 기초 확대 전략의 특징을 주의 깊게 살펴보면 같은 상품, 같은 포장, 같은 상표인데 용도만 확대했을 뿐이다.

만약에 존슨 앤드 존슨이 존슨즈 성인용 샴푸로 라인 확장을 시도했다면 그렇게 성공하지 못했을 것이다.

기초 확대 전략의 또 다른 예로는 생선 요리와 고기 요리에 모두 어울린다고 선전한 블루 넌Blue Nun 백포도주를 들 수 있다.

하지만 이들 예는 '모든 사람에게 호소하려는 함정'에 해당하는 게 아닐까? 반드시 그런 것은 아니다. 존슨즈 베이비 샴푸는 어른이 써도 괜찮다고 호소하는 최초이자 유일한 유아용 샴푸다. 그리고 블루 넌은 고기뿐 아니라 생선에도 어울린다고 광고하는 유일한 백포도주다.

존슨즈 베이비 샴푸는 단기간에 성인용 샴푸 시장의 선도 브랜드로 자리했다. 그러자 존슨 앤드 존슨은 그들의 광고 프로그램을 접었고, 결과적으로 그 브랜드를 표류하게 만들었다. 어떤 제품들은 많은 양의 광고를 계속 쏟아부어야 해당 브랜드를 마인드에 살아 있게 할 수 있다. 이러한 전략은 반드시 매출 상승으로 직결되는 게 아니다. 그보다는 오히려 현재 수준을 유지하기 위해 펼치는 전략이라고 봐야 한다. 그러나 안타깝게도 너무나 많은 회사가 광고를 '투자 대비 수익' 차원으로만 보는 경향이 있다.

만일 위와 같은 조건을 갖추지 못한 다른 브랜드들이 이와 똑같은 접근 방식을 시도했다면 이들 두 상품과 같은 성공을 거두기는 어려울 것이다.

냉장고나 배수관에도 쓸모 있다고 선전하는 암 앤드 해머 베이킹 소다 역시 큰 성공을 거두고 있다. 그러나 암 앤드 해머가 라인 확장으로 암 앤드 해머 베이킹 소다 방취제를 만들었다면 어떻게 되었을까?

성공 가능성은 거의 없었을 것이다. 필리스 딜러Phyllis Diller(1917~2012. 미국의 희극인 겸 배우-역주)가 말한 것처럼 "당신이 냉장고 안에 들어가 있는 경우에나 그게 먹혔을 것이다."

암 앤드 해머는 이후 그 브랜드명을 확장해 다양한 영역의 상품들을 만들어 냈다. 치약과 카펫 세제가 대표적인 예다. 이 제품들 대부분은 잘해 봤자 중간 수준의 성공밖에 거두지 못했다. 여기서 질문 하나를 해 보자. 만약 이들이 자신들의 기술적 능력을 적절히 활용해 새로운 영역에 새로운 브랜드를 도입하며 승부를 걸었다면 회사는 얼마나 더 많은 이익을 얻었을까? 현재 멘타덴트Mentadent라는 치약이 베이킹 소다 성분의 함유를 내세우며 암 앤드 해머 치약을 물 먹이고 있다. 회사를 성공으로 이끈 브랜드 이름이 얼마나 고맙고 사랑스럽겠는가. 충분히 이해가 간다. 그러나 너무 사랑하지는 말지어다!

심지어 『하버드 비즈니스 리뷰The Harvard Business Review』도 최근호에서 라인 확장의 위험성을 경고한 바 있다. 왜들 귀 기울이지 않는가?

13 라인 확장이 효과적인 경우

라인 확장은 인기가 좋다. 의심의 여지없이 그렇다.

뉴욕시의 프로 야구, 미식축구, 농구, 테니스 팀은 각각 메츠Mets, 제츠Jets, 네츠Nets, 세츠Sets로 알려져 있다.

또한 뉴욕시의 어느 장외 경마 사무소는 "뉴욕 베츠Bets"라고 쓴 포스터를 내걸었다. 뉴욕시가 체조 팀을 가졌다면 아마 그것은 '뉴욕 스웨츠Sweats'라 불렀을 것이다.

어디 그뿐인가? 거리의 불량배들은 '뉴욕 게츠Ghetts'가 될 것이고, 도시 계획 입안자들은 '뉴욕 데츠Debts'가 될 것이다.

다행히도 이제는 이러한 경향이 전환점에 이른 듯, 최근 테니스 팀은 이름을 뉴욕 세츠에서 뉴욕 애플스로 바꾸었다.

단기적 이점

라인 확장이 계속 인기를 끌고 있는 것은 단기적으로 뭔가 얻는 게 있기 때문이다.

뉴욕에 프로 수영 팀이 생긴다고 가정해 보자. 아마 '웨츠Wets 탄생!'이 그 소식을 알리는 신문들의 전형적인 헤드라인이 될 것이다. 우리는 '웨츠'라는 한마디로 그것이 (1) 프로 스포츠 팀이라는 것, (2) 대도시 뉴욕 지구에 있다는 것, (3) 물과 관련이 있는 스포츠임을 알게 된다.

그러나 이는 단기적인 것에 불과하다. 최초의 발표가 마인드에서 희미해지면 혼란이 그 자리를 메운다.

웨츠라는 수영 팀이 정말 있는 걸까? 내가 혹시 네츠라는 농구 팀과 혼동하고 있는 것은 아닐까? 아니면 세츠라는 테니스 팀과 혼동하고 있는 것일까? 가만 있자, 네츠는 애플스로 이름을 바꿨지. 아니, 이름을 애플스로 바꾼 건 세츠 아닌가?

라인 확장된 이름은 최초의 이름과 관련되어 있기 때문에 바로 이해된다. '아! 그래, 다이어트 코카콜라라 이거지' 하는 식으로 말이다.

또한 이러한 라인 확장은 즉각적인 매출 신장으로 이어진다. 알카셀처가 알카셀처 플러스라는 신제품을 발표하면 모두가 그것을 사들이기에 바쁘다. 소비자가 사는 것이 아니라 소매점이 산다는 얘기다.

따라서 초기의 매출 수치는 성공적으로 보인다(1백만 달러 매출을 기록하려면 각 슈퍼마켓에 5달러 정도만 팔면 된다).

유통망을 확보하는 최초의 6개월 동안 사업은 잘 돌아가는 것처럼 보인다. 그러나 6개월이 지난 뒤 상품의 재주문이 없을 때 갑자기 모든 상황이 암흑 속에 빠지는 것이다.

장기적 결점

라인 확장 브랜드에 대한 최초 인지 과정이 지나고 나면, 소비자는 그러한 상품의 존재를 제대로 확신하지 못하게 된다.

슐리츠 라이트, 폴 몰 엑스트라 마일드, 저겐스 엑스트라 드라이 등의 브랜드명은 쉽게 마인드에 들어왔다가 쉽게 사라져 버린다. 이들은 소비자에게 정신 작용을 거의 요구하지 않는다.

> 라인 확장 문제를 이해하는 열쇠 중 하나는 단기적 영향과 장기적 영향을 구분해 살펴보는 것이다. 알코올은 흥분제인가 진정제인가? 사실 둘 다 해당된다. 단기적으로 보면 알코올은 흥분제지만 장기적으로는 진정제다. 라인 확장도 이렇게 두 가지의 다른 영향력을 발휘하는 것이다.

들어가기가 쉬우면 나오기도 쉽다. 라인 확장 브랜드들은 마인드에서 독립된 포지션을 갖추지 못하기 때문에 잊히기 쉽다. 한마디로 오리지널 브랜드명의 위성에 불과하다. 그들의 유일한 공헌은 오리지널 이름이 차지하고 있던 포지션을 약화하는 것뿐이다. 그리고 때로는 파국의 길에 접어들기도 한다.

1930년대에 랠스턴 퓨리나 컴퍼니Ralston Purina Company는 "랠스턴 1·2·3"이라는 라디오 광고를 냈다. 1은 슈레디드 랠스턴, 2는 레귤러 랠스턴, 3은 인스턴트 랠스턴이었다.

1, 2, 3, 모두 사라져 버렸다.

전설적인 광고인 데이비드 오길비는 린소Rinso 화이트와 린소 블루에 대한 광고 카피를 쓰다가 펜을 부러뜨렸다.

사라 리Sara Lee(미국의 소비재 회사-역주)는 '사라 리 치킨 앤드 누들 오 그라탱'과 '사라 리 비프 앤드 페퍼 스튜' 등의 상품을 들고 디너용 냉동식품 분야에 참여하려 애썼다.

사라 리는 그때까지 디저트라는 포지션을 갖고 있었다. 아무도 사라 리를 싫어하지 않았지만 치킨 앤드 누들 오 그라탱을 싫어하는 사람은 많았다. 그래서 사람들은 그것을 사지 않았다. 특히 사라 리의 이름이 붙어 있어서 더욱 사지 않았다. 결국 사라 리는 8백만 달러라는 거금을 손해 보고 냉동식품업계에서 철수했다.

USA Today on TV.

실패한 라인 확장의 리스트는 유난히 길다. TV에 진출한 『USA 투데이USA Today』는 첫해에 1천5백만 달러를 잃었고, 이듬해 TV 사업 자체를 포기했다. 그러나 각 매체는 『USA 투데이』 TV의 '서거'를 보도하면서 라인 확장 측면으로는 단 한 줄도 언급하지 않았다. 모두 프로그램과 기술, 타이밍, 환경 등이 문제였다고 입을 모았다. 이게 바로 본질적인 '상품 대 포지셔닝' 문제다. 우리는 보통 수준밖에 안 되는 상품이나 서비스라도 적절한 이름을 붙이고 적절한 포지셔닝을 실시하면 성공으로 이끌 수 있다고 믿는다. 그러나 대부분의 사람은 상품이나 서비스의 질 자체가 중요할 뿐이라고 믿는다. 그렇지 않다.

사실상 라인 확장을 시도하지 않은 기업은 거의 없다. 『새터데이 리뷰 매거진Saturday Review Magazine』은 예술, 과학, 교육, 사회의 네 분야로 나누어 잡지를 출판하려다가 1천7백만 달러의 손실을 입고 물러났다.

최근 리바이 스트라우스Levi Strauss와 브라운 슈Brown Shoe는 공동으로 '발을 위한 리바이스Levi's', 즉 리바이스 신발을 출시하기 위해 움직이고 있다. 리바이스는 청바지업계의 선도 브랜드인데, 이제 그것을 자기 발로 차려는 것이다.

에이비스의 꽃, 제니스Zenith의 손목시계, 올드 그랜드대드Old Grand-Dad의 담배, 빅Bic의 팬티스타킹, 크리넥스의 기저귀 등도 마찬가지다.

피에르 가르뎅Pierre Cardin 와인도 있다. 물론 레드와 화이트 두 가지 다 있다. 그리고 남성용 샤넬도 나왔다.

'2'라는 숫자는 라인 확장의 인기 있는 콘셉트인 것 같다. 알카 2, 다이얼 2, 소미넥스 2, 그리고 〈죠스 2Jaws 2〉도 있다(영화의 속편이 오리지널만큼 흥행이 잘된 적은 거의 없다).

심지어 광고 회사마저 이 2라는 숫자를 내밀며 뛰어들고 있다. 오길비 앤드 매더 2, DDB 2, N.W. 에이어 2, 그레이 2 등을 들 수 있다.

Levi's Tailored Classics?

리바이 스트라우스는 처음에 '리바이스 테일러드 클래식스'라는 상품을 도입하려 했다. 그러나 그들은 생각을 바꾸어 사실상 똑같은 상품에 '다커스 Dockers'라는 이름을 붙였다. 오늘날 다커스는 1억 5천만 달러를 버는 세계적인 브랜드가 되었다. 리바이스의 신발 라인인 '발을 위한 리바이스'는 매우 신속하게 사망했다.

쇼핑 목록 테스트

라인 확장의 효력을 확인하는 고전적인 방법으로 쇼핑 목록 테스트라는 것이 있다.

당신이 사고자 하는 브랜드를 크리넥스, 바이엘, 크레스트, 라이프 세이버, 다이얼과 같은 식으로 메모지에 작성한 다음, 배우자로 하여금 슈퍼마켓이나 시장에서 사 오도록 한다.

결과는 매우 쉽게 짐작할 수 있다. 대부분의 남편이나 부인은 크리넥스 티슈, 바이엘 아스피린, 크레스트 치약, 라이프 세이버 캔디, 다이얼 비누를 사 온다.

크리넥스 타월, 라이프 세이버 껌, 바이엘 비아스피린, 다이얼 지한제와 같은 라인 확장 제품이 해당 브랜드의 원래 포지션을 파괴하지 않았음을 알 수 있다. 아직까지는 말이다. 그러나 이들이 스스로 목을 매기에 충분한 시간이 흐른 뒤에는 어떤 결과가 나올까?

이런 목록은 어떨까? 하인즈, 스콧, 크래프트Kraft.

당신의 배우자가 사오는 것은 하인즈 피클일까? 아니면 케첩(아니면 유아식)일까? 스콧 티슈일까? 아니면 타월일까? 크래프트 치즈일까? 마요네즈일까? 혹은 샐러드드레싱일까?

하나의 이름이 두 개 이상의 제품을 상징할 때 일으키는 혼란은 스콧이나 크래프트라는 브랜드의 강도를 서서히, 그러나 확실하게 약화한다.

과도하게 팽창하다 폭발한 별처럼, 그 브랜드는 결국 타서 재만 남게 된다. 마케팅의 거대한 걸림돌이 되고 마는 것이다. 라인 확장의 폐단은 그 결과가 몇 년은 지나야 나타난다는 사실이다. 몇 년에 걸쳐 서서히 쇠약해지는 것이다.

크래프트의 예를 살펴보자. 최후의 라인 확장으로 고통 받는 이름이다.

크래프트는 무엇인가? 모든 것을 뜻하면서 동시에 아무것도 뜻하지 않는다. 크래프트 브랜드는 거의 모든 영역에서 1위가 아니다. 마요네즈에선 헬만Hellmann의 다음이며, 샐러드드레싱에서는 위시본Wishbone 다음이다.

그런데 크래프트사는 선도 브랜드를 차지하고 있는 분야에서는 크래프트라는 이름을 쓰지 않고 있다.

크림치즈에서는 필라델피아Philadelphia지 크래프트가 아니다.

아이스크림에서는 실테스트Sealtest지 크래프트가 아니다.

마가린에서는 파케이Parkay지 크래프트가 아니다.

크래프트라는 이름의 강점은 어디에 있는 것일까? 크래프트는 너무 널리 퍼져 있어서 모든 것을 뜻하는 동시에 아무것도 의미하지 않는다. 이렇듯 라인 확장은 강점이 아니라 약점이 될 뿐이다.

치즈에서는 어떤가? 크래프트는 치즈 분야에서는 확실히 강력한 이름이다.

그들은 "미국에서 치즈는 K-R-A-F-T로 씁니다"라고 광고한다. 정말 끔찍한 철자에 끔찍한 전략이다.

마케팅은 경마와 같다. 반드시 좋은 말이 승리하는 것은 아니다. 모든 것은 경주에 참가하는 말들의 일시적인 능력에 따라 좌우된다. 매각 경마(승리한 말이 출주 전에 정해진 가격으로 경주 후에 팔리는 경마-역주)에서는 승리한 말이 가장 나쁜 말 중에 가장 나은 말에 속하지만, 내기 경마(출마 등록료의 총액을 3차까지의 말에 배분하는 경마-역주)에서는 두말할 것도 없이 승리한 말이 최상의 말이다.

어쩌면 우리가 크래프트를 지나치게 혹평했던 것인지도 모른다. 크래프트는 제너럴 일렉트릭과 같은 브랜드로서 일정 수준 이상의 생명력을 꾸준히 유지해 왔다. 치즈 분야에서는 여전히 잘 나가고 있고, 여타 분야에서도 최고는 아니라 해도 그런 대로 적잖은 위력을 발휘하고 있다. 아울러 여전히 분명한 것은, 크래프트가 새로운 영역에서 새로운 브랜드에 초점을 맞추었더라면 지금보다 훨씬 더 나은 지위를 누리고 있을 것이라는 점이다.

크래프트는 치즈 분야에서 성공했다. 그러면 당신이 아는 다른 모든 치즈 브랜드를 한번 열거해 보라.

크래프트는 매각 경마에서 승리한 말에 불과하다.

브랜드가 없거나 약한 브랜드밖에 없을 때에는 라인 확장을 할 수 있다. 그러나 강력한 경쟁자의 등장과 동시에 여러 문제에 봉착할 것이다.

탱쿼레이Tanqueray는 그들의 잘 알려진 진 브랜드를 앞세워 보드카 시장에 뛰어들며 많은 돈을 썼다. 과연 탱쿼레이 보드카가 앱솔루트나 스톨리크나야를 물리치고 시장의 선도 브랜드가 될 수 있을까? 천만의 말씀.

바텐더 테스트

쇼핑 목록 테스트 말고 바텐더 테스트라는 것이 있다. 당신이 브랜드를 지명해서 바텐더에게 주문하면 과연 어떤 것이 나올까?

'J&B, 온더록스'를 주문하면 틀림없이 스카치를 줄 것이다. '비피터Beefeater 마티니'를 주문하면 진이 나올 것이고, '돔 페리뇽Dom Perignon 한 병'을 시키면 분명히 샴페인이 나올 것이다.

그렇다면 '커티, 온더록스'를 주문하면 어떻게 될까? 물론 스카치가 나올 것은 분명하나 바텐더가 커티 삭을 줄 것인지, 아니면 그보다 고가품인 12년산 커티 12로 줄 것인지는 분명치 않다.

커티 12는 스카치 영역에서 다이어트 펩시에 해당한다. 잘 알려진 이름 '커티'와 숫자 '12'를 조합한 것이다. 제조업자의 관점에서는 매우 논리적인 이름이겠지만, 애주가의 관점에서도 그렇게 받아들여질지는 의문이다.

당신이 '시바스, 온더록스'를 주문하면, 고급 위스키를 바라고 있음을 모두에게 알리는 셈이 된다. 시바스가 시바스 리갈을 뜻하기 때문이다.

커티 12를 마시고 싶다면 그냥 '커티'라고만 해서는 안 된다. 또 당신이 '12'라고 덧붙여 말했을 때, 바텐더가 과연 들었는지, 혹은 그에 못지않게 중요한 것은 당신 주위에 있는 사람들이 과연 들었는지 확신이 서지 않는 경우도 많다.

커티 12의 판촉은 오리지널인 커티 삭 브랜드를 돕는 일이 아니다. 커티 삭의 애음자에게는 하급의 술을 마시고 있다는 사실을 매번 상기시키는 결과만 초래하는 것이다.

커티 12가 시바스 리갈보다 시장에 늦게 진출했기 때문에 많은 것을 기대해서는 안 되는 것인지도 모른다.

그러나 시바스 리갈도 최초의 12년산 스카치는 아니다. 미국 시장에는 시바스보다 훨씬 전에 나온 12년산 스카치 브랜드가 있다.

바로 조니 워커 블랙 라벨이다.

물론 오늘날에는 후발 주자인 시바스 리갈이 조니 워커 블랙 라벨을 큰 차이로 앞서고 있다.

"바텐더, 소다수 탄 조니 워커로!"

"블랙 라벨로 드릴까요? 레드 라벨로 드릴까요?"

"글쎄, 그거 말고 시바스로 줘."

커티 12와 조니 워커 블랙 라벨은 라인 확장을 통한 스텝 업(품질과 가격

영원한 브랜드는 없다. 의류나 주류 같은 상품 분야에는 유행 요소라는 것이 있다. 주류 분야를 살펴보면, 예전의 히트 브랜드는 위스키나 스카치 같은 '갈색' 상품이었다. 그러나 오늘날의 히트 브랜드는 보드카나 테킬라 같은 '흰색' 상품이다. 일부 지역에서는 테킬라가 보드카보다 더 많이 팔리는 것이 요즈음 상황이다. 그렇다면 이런 시류를 타고 '앱솔루트 테킬라' 같은 브랜드가 나올 가능성이 있을까? 충분히 있다고 본다.

면의 격상-역주)의 예다. 이런 것들은 대개 고급 품목 시장에서 무기력한 매출을 보인다. (어느 누가 값싼 이름에 프리미엄 가격을 지불하고 싶겠는가?)

패커드는 무엇인가?

스텝 다운의 문제는 앞의 경우와 정반대다. 스텝 다운 상품도 일시적으로는 성공을 거두는 경우가 많다. 부작용은 나중에 나타난다.

제2차 세계 대전이 발발하기 전에 패커드Packard는 미국 최고의 자동차였다. 전 세계에서 캐딜락보다 사회적 지위를 더 과시하는 상징으로 군림했다.

정부의 수뇌들은 무장된 패커드 승용차를 구입했다. 그리고 그중 한 대는 루스벨트 대통령 전용 승용차였다. 롤스로이스와 마찬가지로 패커드도 군소 제조업체들이 많이 의존하던 연도별 모델 변경 정책을 지양하며 고급 차별화 정책을 펼쳤다. 패커드는 군소 메이커들의 윗자리에 포지셔닝 하는 전략을 쓴 셈이다.

그러다가 1930년대 중반에 들어서면서, 패커드는 정책을 바꿔 최초의 스텝 다운 모델인 중형차 가격의 패커드 클리퍼Packard Clipper를 출시했다.

패커드 클리퍼는 패커드가 그때까지 만든 자동차 중에서 가장 성공적인 상품이었다. 나오자마자 날개 돋친 듯 팔리며 시장을 휩쓸었다. 그러나 그것이 회사가 쇠퇴의 길을 걷는 요인이 될

줄은 아무도 몰랐다(보다 정확하게 말하면 패커드 클리퍼는 패커드라는 고급 포지셔닝을 파괴했고, 그것이 회사를 망하게 하는 결과로 이어졌다).

패커드는 1954년까지 그럭저럭 명맥을 유지하다 결국 스터드베이커Studebaker에 흡수되었다. 그리고 4년 후에는 사라진 브랜드가 되었다.

캐딜락은 무엇인가?

당신이 캐딜락에 대해 알고 있는 것은 무엇인가? 차체의 길이가 얼마나 되는지 알고 있는가? 몇 가지 색깔로 나오는지 알고 있는가? 엔진의 마력은 얼마인지 알고 있는가? 어떤 품목이 나오는지 알고 있는가?

제너럴 모터스는 일반 자동차 구매자들에게는 캐딜락에 대한 정보를 거의 제공하지 않는 전략을 성공적으로 펼쳐 왔다. 다만 미국산 호화 자동차로서 최상위 포지션을 차지하고 있다는 사실만 계속 상기시켰다.

그러나 제너럴 모터스조차도 때로는 모든 상품에 두 가지 측면이 있다는 사실을 잊곤 한다. 대부분의 라인 확장 오류도 마케터들이 이 사실을 인정하지 않기 때문에 일어난다.

캐딜락이란 무엇인가? 아마 놀랄지도 모르겠지만, 제너럴 모터스의 관점에서 보면 캐딜락은 결코 자동차가 아니다. 하나의 부문이다. 실제로 이 부문은 제너럴 모터스에서 가장 이익을 많

쉐보레 같아 보이는 캐딜락은 결코 성공할 수 없을 것이다.

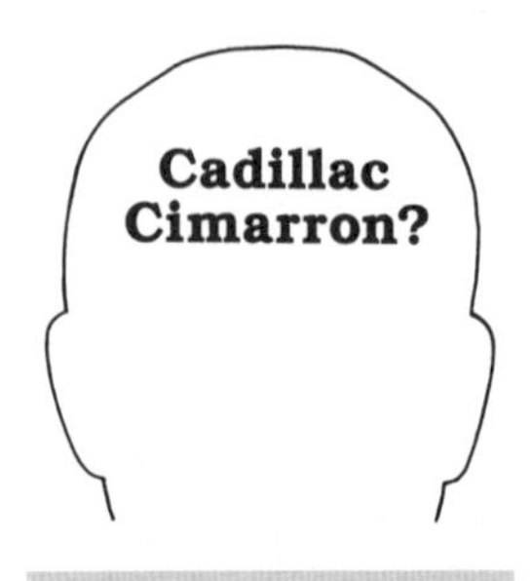

캐딜락 세빌에 대한 우리의 판단은 틀렸다. 지금도 팔리고 있기에 하는 말이다. 우리가 생각했던 것만큼 그렇게 작은 차가 아니었기 때문인 것 같다. 캐딜락이 이어서 시도한 소형차 모험, 즉 캐딜락 시마론Cimarron은 실패로 끝났지만, 그들은 결코 포기하지 않았다. 그들은 다시 "골목길을 빠져나가는 캐딜락"이란 슬로건을 내걸고 캐딜락 카테라Catera를 출시했다. 그러나 아무리 생각해 봐도 소형 캐딜락은 '대박'과는 영영 거리가 먼 듯하다. 잠재 고객의 마인드에 있는 그 무엇과 상충되기 때문이다. 캐딜락은 대형차라는 인식이 너무도 크기에 하는 말이다.

이 내는 부문에 속한다.

그러나 소비자의 관점에서 보면 캐딜락은 대형 호화 자동차일 뿐이다. 이제 문제가 무엇인지 이해하겠는가?

휘발유 상황은 캐딜락을 괴롭혔고, 그래서 제너럴 모터스는 수익성을 유지하기 위해 최근에 소형 캐딜락인 세빌Seville을 출시했다. 단기적으로 세빌의 판매고는 성공을 향해 치닫는 듯 보일 것이다. 그러나 장기적으로 소형 캐딜락 전략은 캐딜락이 소비자 마인드에서 이미 차지하고 있는 대형차라는 포지션과 상충하는 것이다.

소비자들은 세빌을 보고 이렇게 반문할 것이다. '이게 캐딜락이라고?'

장기적으로 보면 세빌은 메르세데스의 도전에 대한 가장 효율적인 대응을 방해하게 된다. 제너럴 모터스가 소형 호화 브랜드 승용차 시장을 장악하려면 별개의 이름과 별개의 판매 조직이 필요한 셈이다.

쉐보레는 무엇인가?

다른 상품과 마찬가지로 자동차에 대해서도 전통적인 질문을 던져 보면, 포지셔닝 문제가 있는지 없는지 쉽게 알 수 있다.

'그것은 무엇인가?'라는 질문 말이다.

예를 들면 쉐보레란 무엇인가? 쉐보레는 모두에게 호소하는 함정에 빠진 자동차다. 모두의 마음에 들려고 하면 할수록 그런 상품은 모든 이로부터 외면을 당하게 된다.

쉐보레란 무엇인가? 크면서도 작고, 싸면서도 비싼 승용차를 의미한다. 그런데 어째서 쉐보레는 여전히 1위일까? 어떻게 해서 포드에게 선두 자리를 빼앗기지 않았을까?

이 질문에 대한 우리의 대답은 '포드는 무엇인가?'이다. 쉐보레와 같은 문제가 여기에도 존재한다. 포드 또한 크면서 작고, 싸면서 비싼 차다.

게다가 포드는 다른 문제도 안고 있다. 포드는 자동차 브랜드일 뿐 아니라 기업명이자 인명이다.

일반적인 포드 승용차는 (값이 싸니까) 괜찮을지 모르지만, 포드 머큐리나 포드 링컨을 팔 때에는 정말 큰 문제가 생긴다(이것이 고급 승용차를 팔 때 포드 모터사가 언제나 어려워하는 한 가지 이유다).

쉐보레는 결국 포드에게 선두 자리를 빼앗겼다. 우리는 그것이 우리가 이미 언급한 바 있는 이유 때문이라고 생각한다. 그들은 모든 사람에게 모든 것이 되기 위해 애썼다. 지난 20년 동안 쉐보레는 계속 영역을 넓혀 포드보다 더 많은 모델을 출시해 왔다. 그리하여 오늘날 쉐보레는 포드의 7가지보다 많은 9가지 자동차 모델을 갖게 되었다. 그러나 이것은 단지 수적인 차이와 관련된 문제가 아니다. 포드는 그러면서도 줄곧 타우러스Taurus 모델에 총력을 기울여 왔다. 그런데 쉐보레 라인 가운데 초점이 되는 브랜드는 무엇인가? 아무도 모른다.

폭스바겐은 무엇인가?

라인 확장이라는 비극은 대개 3막에 이르러 필연적인 결말을 맞는다.

제1막은 대성공이다. 일반적으로 크게 열린 빈틈을 찾아 멋지게 개발한 결과다.

폭스바겐은 소형차 포지션을 찾아서 재빨리 진입했다. "작게 생각하라"는 광고사에 길이 남을 유명 광고가 되었을 뿐 아니라, 가장 명확한 말로 해당 포지션을 나타낸 광고이기도 했다.

폭스바겐 비틀은 자동차 시장에서 매우 빠르면서도 의외로 강력한 포지션을 확립했다. 그리하여 많은 성공 사례가 그러하듯 폭스바겐도 브랜드명 이상의 의미를 갖게 되었다.

'나는 폭스바겐을 몬다'라고 말하는 것은 그 사람이 소유하고 있는 차의 생산업체가 어디인가 하는 것 이상을 의미한다. '나는 폭스바겐을 몬다'라고 말하는 것은 곧 소유자의 생활 방식을 말하는 것이 된다. 합리적이고 실용적이며, 자신의 삶에 자신감을 가진 사람을 뜻한다. 폭스바겐이 단순하면서도 기능적인 운송수단을 상징하기 때문이다.

폭스바겐의 소유주는 잘난 체하는 사람과 거리가 멀다. 이웃에 자랑하면서 자동차를 사는 사람을 업신여긴다. "1970년형 폭스바겐은 못생긴 채로 오래 있을 것입니다." 이 광고 문구야말로 그러한 태도를 완벽하게 보여 주는 걸작이다.

제2막은 끝없는 성공을 향한 욕망과 환상으로 가득 찬다. 그 결과 폭스바겐은 폭스바겐의 신뢰성과 품질을 더 크고 비싼 차로 확장한다. 버스나 지프형의 차로 말이다.

그 결과물이 바로 대셔Dasher다. "폭스바겐은 자부심을 가지고 고급 호화 승용차 분야에 들어섰습니다." 대셔의 출시를 알리는 광고 문구다.

격조 높은 폭스바겐이라고? "탁월하고 놀라운 인테리어에 풍요로운 약속을 제공합니다"라고 광고는 말한다. 이게 폭스바겐이란 말인가? 합리적이고 실용적이며 기능적이라던 접근 방식은 어디에 팽개쳤을까? 대셔는 이름 그대로 폭스바겐이 그동안 쌓아 올린 모든 것을 무너뜨리기 위해 돌진하고 있었다.

'나는 폭스바겐을 믿었는데 이제 폭스바겐이 폭스바겐을 못 믿는구나!' 폭스바겐의 팬들은 이렇게 한탄했다.

그러나 그 어떤 한탄도 폭스바겐의 행보를 되돌릴 수 없었다. 이때 나온 광고, "다른 사람들을 위한 각기 다른 폭스바겐"은 당시 이 기업의 태도를 한마디로 요약했다. 폭스바겐은 다섯 가지 각기 다른 모델을 내놓고 그저 의기양양한 태도로 만족스런 미소만 보이고 있었다.

"다른 사람들을 위한 각기 다른 폭스바겐"은 자동차 광고의 헤드라인으로는 꽤 재미있는 표현이었는지 몰라도, 자동차 회사의 전략으로는 끔찍하기 이를 데 없었다. 숫자 자체만으로도 충격적이었다. 1965년 폭스바겐은 '비틀'이라는 하나의 모델에만 총력을 기울여 수입차 시장 점유율 67퍼센트라는 놀라운 성과를 거두었다. 그런데 라인 확장에 그렇게 힘을 기울인 결과, 1993년 시장 점유율은 3퍼센트를 밑돌았다. 최근에 그들은 비틀을 부활시켰고, 그 덕에 판매고가 치솟고 있다. 여기서 또 한 가지 의문이 생긴다. 만약 폭스바겐이 그 모든 세월 동안 비틀에 초점을 맞추고 계속 그 모델을 발전시키는 데 힘을 기울였다면 과연 어떻게 되었을까?

제3막은 대단원이다. 다섯 가지 모델의 총 판매량이 한 가지 모델의 그것보다 못할 수도 있을까? 그것은 가능할 뿐 아니라 실제로 그러한 일이 벌어졌다.

미국 내 수입차 시장에서 1위를 달리던 폭스바겐은 도요타Toyota, 댓선Datsun, 혼다Honda에 이어 4위로 떨어졌다(혼내고 모욕까지 안기는 격으로, 혼다는 "단순하게 살라"는 슬로건을 들고 나왔다. 폭스바겐의 1막을 모방해 재연하자는 의도가 분명한 듯하다).

1971년만 해도 수입차 시장에서 35퍼센트의 점유율을 자랑하던 폭스바겐은 1979년 12퍼센트로 하락한 점유율을 붙들고 울어야 했다.

폭스바겐의 부흥, 퇴락, 재부흥은 소비자 인식의 위력을 여실히 보여 주는 훌륭한 사례다. 폭스바겐은 마인드에 소형차 포지션을 구축한 최초의 자동차였다. 그런데 그들은 '크게 생각하기' 시작했고, 동시에 나락으로 떨어지기 시작했다. 이후 그들은 다시 '작게 생각하기' 시작했고, 아울러 재부흥의 발판을 다지기 시작했다. 여기서 우리는 한 가지 교훈을 배울 수 있다. 사람의 마인드를 바꾸려고 노력하지 말라!

초기의 성공에 이끌린 라인 확장과 그에 따른 파멸은 흔히 있는 유형이다. 어쨌든 스콧이나 폭스바겐 같은 기업들은 그저 과거의 영예에 안주할 수만은 없을 것이다. 기업은 항상 정복해야 할 새로운 분야를 찾지 않으면 안 된다. 그렇다면 새로운 분야는 어떻게 찾아야 할까? 방법은 분명하다. 새로운 포지션과 그에 걸맞은 새로운 이름과 더불어, 새로운 콘셉트나 상품을 개발하는 것이다.

볼보는 무엇인가?

개중에는 더 적절한 형태의 라인 확장을 꾀하기 위해 애쓰는 회사들도 있다. 그러한 회사들은 라인을 확장하지 않고 상품의 콘셉트를 확대한다.

볼보를 예로 들어 보자. 볼보란 무엇인가?

다른 많은 자동차 브랜드와 마찬가지로 볼보 또한 최근 들어 곤란을 겪고 있다. 예전의 볼보는 중형 수입차 시장에서 신뢰성 높은 포지션을 갖고 있었다(일종의 크고 믿을 만한 '비틀'이라고나 할까). 그런데 무슨 일이 벌어진 것일까?

볼보는 점차 값비싸졌고, 사치스러운 세단 겸 승용차에다 안전성 높은 스테이션 웨건으로 콘셉트를 확장해 나갔다. 결국 볼보는 '유한계급을 위한 근로 승용차'가 되었다.

WE DESIGN EVERY VOLVO TO LOOK LIKE THIS.

볼보는 사치, 드라이빙, 의존성 따위는 잊고 다시 안전에만 초점을 맞추었고, 그러자 판매가 살아나기 시작했다. 현재 볼보는 전 세계적으로 40만 대가 팔리며, 자동차 구매자들의 마인드에 안전이라는 포지션을 확보하고 있다. (요즘 들어 왜 또 엉뚱한 방향으로 나아가고 있는지 답답하다. 컨버터블과 쿠페(2도어 세단)는 단연코 볼보가 나아갈 방향이 아니다.) BMW는 최근 볼보와 동일한 전략으로 드라이빙에만 초점을 맞추어 드라이빙 포지션을 확립했다.

그래서 오늘날 볼보는 무엇인가? 믿을 만하고 호화로운 데다가 운전하기에 신나는 안전한 차다. 그러나 다다익선은 포지셔닝에는 적용되지 않는 논리다. 포지션이 네 개라고 해서 하나보다 더 이롭거나 좋은 것은 아니다.

현재 볼보의 판매량은 떨어지고 있다. 콘셉트의 라인 확장이라는 저주에 휘말린 또 하나의 희생자가 된 것이다.

이름은 고무줄과 같다

고무줄은 잡아당기면 늘어나지만, 어느 정도 이상은 늘어나지 않는다. 게다가 늘이면 늘일수록 힘은 약해진다. 이름도 이와 같다(기대하는 것과 정반대의 현상이 일어난다).

그렇다면 하나의 이름은 얼마나 늘릴 수 있을까? 이는 판단의 문제이자 경제적 문제다.

가령 당신이 야채 통조림 회사를 갖고 있다 치자. 완두콩용으로 브랜드 하나, 옥수수용으로 다른 브랜드 하나, 강낭콩용으로 또 다른 세 번째 브랜드 하나, 이렇게 따로따로 브랜드를 사용할까? 아마도 그렇게 하지는 않을 것이다. 이는 경제적으로 쉽지 않은 일임에 틀림없다.

따라서 과일 통조림과 야채 통조림에 같은 이름을 사용한다는 점에서 델몬트Del Monte의 조치는 적절한 선택이라고 해야 할 것이다. 그러나 경쟁자가 단 하나의 상품에 표적을 맞추어 덤빌 때, 어떤 일이 일어나는지 심각하게 살펴볼 필요가 있다.

돌Dole은 파인애플 통조림을 생산한다. 파인애플 시장에서 델몬트는 돌의 경쟁 상대가 못 된다. 매번 돌이 이긴다.

이어서 돌은 어떤 조치를 취했을까? 돌의 이름을 바나나에 붙였다.

그리하여 돌은 돌이 바나나를 의미하도록 하는 데 성공했다. 그렇다면 파인애플 통조림 쪽에서는 어떻게 되었을까? 시소 원칙은 여기에도 적용된다. 돌은 한쪽에는 바나나, 다른 한쪽에는 파인애플 통조림을 실은 시소와 같게 되었다.

돌은 델몬트처럼 될 수 없었을까? 모든 종류의 통조림과 신선 식품의 공급자가 될 수는 없었을까?

물론 될 수는 있었지만 매우 가치 있는 파인애플을 희생하는 대가를 치러야만 가능했다. 게다가 가장 늦게 라인 확장을 했다는 결점도 감수해야 가능한 일이었다.

필요한 규칙

우리는 라인 확장을 '함정'이라고 하지 '실수'라고 하지는 않는다. 라인 확장도 효력을 발휘할 수 있기 때문이다. 단, 다음과 같은 조건이 따라야 한다.

그 조건이란 만만치 않다. 첫째, 당신의 경쟁 상대가 어리석어야 한다. 둘째, 당신 상품의 물량이 작은 규모여야 한다. 셋째, 경쟁 상대가 아예 없으면 더 좋다. 넷째, 당신이 잠재 고객의 마인드에 포지션을 구축하기를 기대해서는 안 된다. 다섯째, 해당 상품을 광고하지 않아야 한다.

사실 많은 상품이 팔리고는 있지만, 포지션이 확립된 경우는 매우 드물다.

다시 말하면, 강낭콩 브랜드에 관한 적극적인 선호나 포지션을 갖고 있

우리가 수도 없이 겪은 일을 여기에 적고자 한다. 우리가 강연을 할 때 라인 확장의 위험성을 경고하면 청중 가운데 아무도 주의를 기울이지 않는다. 그러다가 지금부터는 성공적으로 라인 확장을 할 수 있는 경우를 말하겠다고 하면 모두 펜을 집어 들고 귀를 기울인다. 그만큼 기업이나 경영진이 라인 확장을 원한다는 뜻이다. 우리는 그러한 사고방식을 이해한다. 그것이 바로 포지셔닝 사고의 근간이기 때문이다. 마인드란 한 번 굳어지면 변화시키기가 좀처럼 쉽지 않다. 라인 확장이야말로 자신이 나아갈 길이라고 결정해 버린 마인드도 다를 바 없다.

지 않은 소비자도 얼마든지 강낭콩 통조림을 집어들 수 있다는 것이다. 이때 어떤 것이든 이름이 잘 알려져 있는 브랜드라면 잘 알려지지 않은 브랜드보다 더 잘 팔릴 게 틀림없다.

만약에 당신이 일하는 회사가 수천 가지 종류에 각 물량의 규모가 작은 상품들을 다루고 있다면(쓰리엠이 전형적인 예다), 각 상품에 일일이 새로운 이름을 붙인다는 것은 사실상 불가능하다.

그래서 우리는 상품에 기업명을 사용하는 것은 언제고, 사용하면 안 될 때는 언제인지를 보여 주는 몇 가지 규칙을 제시하고자 한다.

1) **예상 매출:** 시장의 승자가 될 가능성이 높은 상품에는 기업명을 써서는 안 된다. 규모가 작은 상품에 써야 한다.
2) **경쟁:** '진공'과도 같은 경쟁 공간에 들어갈 때에는 브랜드에 기업명을 써서는 안 된다. 혼잡하고 붐비는 경쟁 공간에 들어갈 때에만 써야 한다.
3) **광고 지원:** 광고 예산을 많이 잡은 브랜드에는 기업명을 써서는 안 된다. 예산이 적은 브랜드에 써야 한다.
4) **중요성:** 혁신적인 제품에는 기업명을 써서는 안 된다. 화학 제품과 같은 일상 용품에 써야 한다.
5) **유통:** 진열대에 놓고 판매하는 품목에는 기업명을 써서는 안 된다. 판매 대리점을 통해 판매하는 품목에 써야 한다.

14 기업의 포지셔닝: 몬산토의 경우

모든 것이 포지셔닝 대상이 된다. 개인, 상품, 정치가는 물론 기업도 포지셔닝이 가능하다.

그렇다면 기업을 포지셔닝 하기를 원할 때는 어떤 경우일까? 상품과 마찬가지로 팔기 위해 포지셔닝 한다는 얘기일까? 그렇다면 아예 인수·합병을 목적으로 활동하는 몇몇 기업을 제외하고 도대체 누가 기업을 살까? 기업은 대체 무슨 이유로 스스로를 판매하길 원할까? 그리고 판다면 누구한테 판다는 얘기일까?

기업의 매매

실제로 기업의 매매는 계속 이루어지고 있다. 단지 매매라고 부르고 있지 않을 뿐이다.

취직한다는 것도 어떤 면에서는 바로 회사를 '구매하는' 것이다(사실 회사는 구인 계획을 가지고 스스로를 판매하고 있는 것이다).

스키넥터디 일렉트리컬 워크스Schenectady Electrical Works라는 회사와 제너럴 일렉트릭을 놓고 택하라면 당신은 어느 곳에 취직하려 하겠는가?

해마다 전국의 기업들은 일류 대학의 우수 졸업생들을 놓고 쟁탈전을 벌인다. 과연 어느 기업이 그해의 최우수 인재를 확보하는가? 미국에서 취직 희망자의 마인드에 가장 강하게 포지셔닝 되어 있는 기업은 제너럴 일렉트릭, 프록터 앤드 갬블 등이다.

주식을 사는 사람도 사실은 그 기업의 현재와 미래의 포지션 일부를 사는 것이다.

한 주당 얼마를 기꺼이 지불할 것인가는 그 회사의 포지션이 투자자의 마인드에 얼마나 강하게 자리하고 있느냐에 따라 달라진다.

따라서 회사를 효과적으로 포지셔닝 하면, 그 회사의 간부나 임원에게도 크게 유리해진다. 그러나 이게 쉽게 되는 것은 아니다.

다시 기업명이 문제다

무엇보다 기업명이 문제다. 오늘날 풀맨Pullman사가 철도 차량업계에서 더 이상 큰 몫을 차지하지 못하고 있다는 사실을 당신은 아는가?

그레이하운드Greyhound사의 총수입에서 버스 부문이 차지하는 비율이 형편없다는 것도 알고 있는가?

풀맨이나 그레이하운드의 사업 내용은 철저하게 변했지만, 일반인이 보는 눈은 거의 변하지 않았다. 기업명이 두 회사를 과거의 명성에 묶어 놓고 있기 때문이다.

이 두 기업은 그동안 많은 노력을 했다. 특히 그레이하운드는 수백만 달러를 쓰면서 '이제 단순한 버스 회사가 아님'을 금융계에 알리려고 애썼다.

그러나 차체에 날렵하게 뛰는 개의 모습이 그려진 버스들이 미국 전역의 고속도로를 달리고 있는 한, 기업 광고를 아무리 해도 그것은 값비싼 낭비에 불과하다. 그레이하운드가 버스 회사 이상의 것이 되고 싶다면 새로운 기업명, 즉 단순히 버스 회사가 아님을 의미하는 기업명이 필요하다.

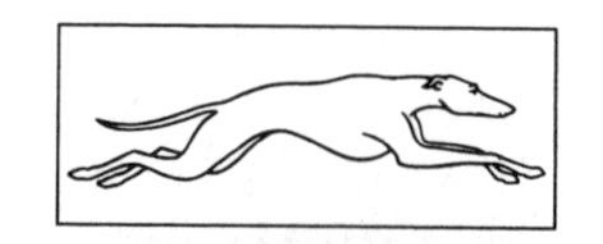

그레이하운드는 투자자에게 '버스 회사 이상'임을 강조하기 위해 수백만 달러를 썼다. 그래서 오늘날의 그레이하운드는 무엇일까? 버스 회사다. 더 이상 할 말이 없다. 마인드를 바꾸려는 시도는 결코 보상받지 못한다.

그러나 적절한 이름을 갖는 것으로 기업의 포지셔닝이 다 끝나는 것은 아니다. 기업명이 업계에서 무언가를 상징해야 한다.

무언가를 상징하라

포드 자동차를 생각해 보자. 포드가 자동차 회사라는 것을 모르는 사람은 거의 없다. 그런데 포드 차란 어떤 종류의 차를 말하는 걸까?

포드는 트럭을 포함해 온갖 형태에 갖가지 크기의 차를 생산하고 있기 때문에 특정 종류의 차에 대해 기업 포지션을 확립할 수 없다(이러한 생산 체계를 취해야 하는가의 여부는 여기서는 별개의 문제다).

따라서 포드의 포지셔닝 문제는 취급하는 모든 차종에 대해 무언가를 상징할 수 있는 특성을 찾아내야 하는 데 있다.

Quality is Job 1.

포드는 결국 더 뛰어난 아이디어를 도출해, "품질이 최우선입니다!"라는 캠페인으로 방향을 바꿨다. 오늘날 자동차업계에서 어떤 기업이 '품질' 포지션을 갖고 있을까? 우리 짐작에는 메르세데스 벤츠가 아닌가 싶다. 타사의 포지션을 뺏으려는 시도는 결코 이익이 되지 않는다.

그리하여 포드는 자사에서 생산하는 모든 차종의 특성을 '혁신'이라는 말로 표현하기로 결정하고 "더 나은 아이디어의 포드"라는 캠페인을 시작했다.

나쁘지는 않지만, 이런 식의 캠페인에 의존하다 보면 기업 광고의 방향이 평범하고 진부한 접근 방식에 안주하기 쉽다. 그중에서도 가장 무난하다고 여겨지며 흔히 사용되는 수법이 사람을 주제로 한 광고다.

"직원들이야말로 우리 회사 최대의 자원입니다."

"걸프Gulf의 직원들은 도전에 맞서 일어섭니다."

"그루먼Grumman의 자랑은 제품입니다. 그러나 더 큰 자랑은 그러한 제품을 만드는 직원들입니다."

직원의 질이라는 것이 회사에 따라 그렇게 큰 차이가 있을까?

물론 차이는 있을 것이다. 그러나 이것은 우수한 인재를 포지셔닝의 토대로 삼는 것과는 전혀 다른 문제다.

우리는 대개 성공하고 있는 대기업에 우수한 사원이 있다고 생각한다. 그리고 규모가 작고 수익이 부진한 기업에는 대기업에서 낙오한 사람들이 있다고 생각한다.

따라서 만약 당신의 회사가 잠재 고객의 상품 사다리에서 맨 위 칸을 차지하고 있다면, 잠재 고객들이 당신의 회사에 최고의 인재들이 모여 있는 것으로 인정한다고 믿어도 좋다.

결국 제품이 최고가 아니면서 직원들이 우수하다고 소비자에게 호소하는 것은 모순이며, 따라서 결코 호의적인 반응을 얻을 수도 없다.

만약 포드에 정녕 '더 나은 아이디어'가 있다면, 그것을 광고로 알리는 데 힘쓸 것이 아니라 제작이나 판매에 활용해서 제너럴 모터스를 따라잡으면 되지 않을까?

제너럴 모터스가 실행한 기업 캠페인 "탁월성의 표시" 광고도 회사에 큰 성과를 안기지는 못했다. 브랜드들(새턴, 시보레, 폰티악, 올즈모빌, 뷰익, 캐딜락)이 기업명을 구체화하지 않는 상황에서 기업 광고 프로그램을 펼치는 것은 대개 낭비로 끝나기 마련이다.

만약 크라이슬러의 기계 공학이 정말 더 뛰어나다면, 더 나은 차를 만들어 포드나 제너럴 모터스보다 더 많이 팔아야 하지 않을까?

이런 것들은 사실의 문제가 아니다. '포드가 정말로 더 나은 아이디어를 가졌을 수도 있지만, 어쨌든 여전히 업계 2위가 아닌가.' 이것이 잠재 고객들의 마인드에 떠오르는 의문인 것이다.

그리고 광고가 성공하려면 이 물음에 답하지 않으면 안 된다.

게다가 더 나은 회사가 더 나은 사람들을 보유하고 있다고 생각하는 게 그렇게 잘못된 생각도 아니지 않은가?

동정이야 패자에게 갈 수 있어도, 이력서는 승자에게 보내는 것이 인지상정 아닐까?

다각화는 답이 되지 않는다

'인재' 다음으로 가장 많이 사용되는 기업 포지셔닝의 주제는 '다각화'다. 이때 회사는 고품질의 제품을 광범위하게 생산하는 다각화한 제조업체로 알려지기를 원한다.

그러나 다각화는 기업 광고의 접근 방식으로서 별반 효과가 없다. 실제로 포지셔닝과 다각화라는 두 가지 개념은 정반대에 위치한다.

강한 포지션은 기업의 주요한 업적을 바탕으로 구축되는 것이지 폭넓은 제품 라인을 토대로 구축되는 것이 아니다.

제너럴 일렉트릭이 유명한 것은 세계 최대의 전기 제조업체이기 때문이지, 산업 설비와 수송용 기자재, 화학 제품, 가전제품 등을 제조하는 다각화한 기업이기 때문이 아니다.

제너럴 일렉트릭은 현재 수천 가지의 소비재와 생산재를 제조·판매하는 기업이다. 그러나 성공한 대부분의 제품은 전기 제품이고, 성공하지 못한 대부분은 비非전기 제품이다. 컴퓨터가 전형적인 예다.

제너럴 모터스는 세계 최대의 자동차 메이커로 알려져 있다. 산업용·수송용 기자재나 가전제품으로 다각화한 기업으로 알려져 있는 것이 아니다.

IBM은 세계 최대의 컴퓨터 제조업체로서 명성을 구가하고 있다. 각종 사무기기의 세계적 제조업체로서가 아니다.

물론 다각화가 성과의 향상을 낳는 경우도 있다. 그러나 다각화를 토대로 포지션을 확립하려는 것은 다시 생각해야 할 문제다.

주식 시장에서조차 ITT나 걸프 앤드 웨스턴Gulf+Western과 같은 복합 기업은 높이 평가하지 않는다. 이에 대한 전형적인 예가 다수의 기업을 조율한 카이저 인더스트리스Kaiser Industries라는 지주 회사였다. 카이저 인더스트리스의 전체 시장 가치는 항상 각 부문의 순자산 가치를 합한 것보다 낮았다. 카이저가 분할된 뒤 주주들은 주당 12달러 가치의 주식에 대해 21달러를 받았다.

자신들이 커뮤니케이션 효과를 집중화하고 있다고 생각하지만 실제로는 전혀 그렇지 못한 기업이 많다. 포지셔닝 개념을 너무 확대해 거의 무의미하게 적용하고 있는 것이다.

스스로 '일과 교육, 오락을 위한 정보 시스템의 개발자 겸 지원자'라고 일컫는 회사는 어디일까?

이 질문에 벨 앤드 하월Bell & Howell이라고 바로 대답할 수 있는 사람이 몇이나 될까?

FOCUS
THE FUTURE OF YOUR COMPANY DEPENDS ON IT
AL RIES
co-author of The 22 Immutable Laws of Marketing

우리는 광고의 한 주제로서 '다각화'를 이야기하고 있었다. 그러나 사실 다각화는 사업적인 측면에서도 전혀 합리적이지 못한 것으로 드러났다. 여기에 ITT는 전형적인 예다. 세 개의 개별 회사로 분리되기 전까지는 늪에서 허우적거리지 않았던가. 이 개념은 『초점*Focus*』이라는 책에 자세히 나와 있다. 당신 회사의 미래도 초점을 어떻게 맞추느냐에 따라 달라질 것이다.

몬산토의 접근 방식

기업 포지셔닝 프로그램은 해당 기업이 무엇인지에 대한 명확한 정의에서 출발해야 한다. 물론 훌륭한 포지셔닝 프로그램은 정의 확립에서 끝나지 않는다. 훌륭한 프로그램은 말만이 아니라 그 말을 실천에 옮기는 행위와 함께 진행된다. 때로는 말 자체가 행위를 나타내기도 한다.

이에 대한 예시로, 최근에 몬산토Monsanto가 실행하고 있는 기업 포지셔닝 프로그램을 살펴보자. 이 프로그램의 목적은 몬산토를 업계의 리더이자 대변자로 만드는 것이다.

자, 그렇다면 어떻게 해야 리더가 될까?

우리는 지난 역사를 통해 어떤 회사든 최초로 무언가를 해야 리더가 될 수 있다는 것을 알고 있다. 단지 리더라고 선언하거나 주장한다고 해서 리더가 되는 것은 아니다.

IBM은 최초로 컴퓨터를 만들었고, 제록스는 최초로 보통 종이 복사기를 만들었으며, 듀퐁은 나일론을 처음으로 출시했다. 그렇다면 몬산토가 최초로 한 일은 무엇일까?

몬산토 같은 회사에게는 리더십 포지션을 확립할 가능성이 있는 세 가지 분야가 있다. 각각의 가능성을 차례로 살펴보면 다음과 같다.

1) 상품 리더십

상품 리더십에서 몬산토는 몇 위일까?

최근 연봉 1만 5천 달러 이상의 대졸 직장인을 대상으로 한 업종별 인지도 조사에 따르면, 몬산토는 (자동차 업종과 비교할 때) 제너럴 모터스 수준에는 못 미치고 아메리칸 모터스보다는 나은 것으로 드러났다.

화학 제품 업종의 인지도 순위
(주요 상품을 정확히 알고 대답한 응답자 백분율)

듀퐁	81퍼센트
다우	66퍼센트
몬산토	63퍼센트
유니언 카바이드	57퍼센트
얼라이드 케미컬	34퍼센트
아메리칸 시안아미드	29퍼센트
올린	25퍼센트
FMC	13퍼센트

위 표처럼 사실 몬산토와 다우Dow, 그리고 유니언 카바이드는 통계학적으로 큰 차이 없이 2위 그룹을 형성하고 있다(이니셜을 기업명으로 쓰는 FMC의 위치를 보라).

물론 1위는 듀퐁이다. 듀퐁은 또 하나의 IBM이자, 제록스이며, 시바스 리갈인 셈이다.

테프론과 나일론, 다크론 등과 같은 상품 업적으로 듀퐁은 확고한 1위 자리를 지키고 있다. 이 경우 듀퐁과 정면 대결을 벌여 1위 자리를 차지할 수 있는 기업은 없다. 게다가 유니언 카바이드, 올린, FMC 같은 경쟁자들 또한 상품 리더십을 강조하는 기업 프로그램을 가동하고 있는 마당에서는 더욱 그렇다.

2) 비즈니스 리더십

가능성 있는 두 번째 접근 방식인 비즈니스 리더십을 살펴보겠다. 오늘날 비즈니스 리더십은 주로 자유 기업 시스템을 수호하는 것을 의미한다.

몬산토가 자유 기업을 옹호하는 최초의 기업이 될 수 있을까?

절대로 그렇지 않다. 1976년 미국 광고 위원회는 미국 상무부, 미국 노동부와 공동으로 '미국의 경제 시스템과 기업의 역할'을 설명하기 위한 방대한 프로그램을 출범시킨 바 있다.

대규모 프로그램이었다. 찰스 슐츠Charles Schulz를 섭외해서 만화 〈피너츠〉로 설명 내용을 그리게 한 것을 보면 알 수 있다.

벌써 40년 이상 계속되고 있는 워너 앤드 스와지Warner & Swasey의 캠페인을 필두로, 그동안 많은 기업이 자유 기업 시스템을 옹호해 왔다.

텍스트론Textron사는 자사에서 개개인의 기업 정신이 얼마나 잘 발휘되고 있는지를 알리는 텔레비전 광고를 계속 내보내고 있다.

"정부 기관들에 대한 신뢰 감소가 계속 보도되고 있는 이때, 재계는 우리 사회에 어떤 공헌을 하고 있는지 나름의 책임감을 갖고 설명해야 합니다." 텍스트론의 회장인 G. 윌리엄 밀러G. William Miller가 재무부 장관이 되기 전에 한 말이다.

얼라이드 케미컬Allied Chemical 또한 인쇄물을 통해 "이익은 사회로!"라는 캠페인을 벌이고 있다.

자유 기업 정신 운운하는 이런 식의 소란을 놓고 『뉴욕 타임스』는 "경제 광고의 바벨탑"이라고 혹평했다.

모두가 떠들고 있는 분야는 피하는 것이 포지셔닝의 기본 원칙이다. 이런 분야에서 시도를 하다간 일시적 유행에 휘말리는 꼴만 되고 만다. 기업 포지셔닝에서 진전을 이루려면 새로운 미개척 분야에 뛰어들어 스스로의 힘으로 힘차게 나아가야 한다.

3) 산업 리더십

세 번째는 산업 리더십이다. 몬산토는 과연 화학 산업 분야에서 포지션을 향상시킬 수 있을까?

몬산토가 처음에 기업 포지셔닝 프로그램을 고려했을 때 한 가지만은 완벽하게 분명했다. 화학 산업이 공격을 받고 있다는 사실. 일반 대중은 신문, 잡지, 라디오, 텔레비전 등을 통해서 연일 화학과 관련된 나쁜 소식을 듣고 있었다. 그 나쁜 소식은 크고도 명료했다. '화학 제품은 암을 유발한다.'

화학 제품을 반대하는 비이성적인 분위기가 전국을 휩쓸고 있었다. 1976년 9월 4일에 방영된 NBC 저녁 뉴스의 보도가 전형적인 예다. "한 가지 점에서 거의 모든 국민이 동의하고 있습니다. 이제 화학 제품으로 인해 심각한 재난이 발생할 가능성이 핵무기로 인한 재난의 가능성보다 더 크다는 것입니다."

이 문제는 정말로 심각했다. 업계 최고로 인정받는 여론 조사 기관인 양켈러비치 스켈리 앤드 화이트Yankelovich, Skelly and White는, "화학 산업이 건강 문제의 근원지로서 일반 대중의 주적으로 떠오르고 있다"고 발표할 정도였다.

생명의 화학적 사실

이런 상황에서 몬산토는 화학 제품의 실상을 제대로 알리기로 결정했다. 일반 대중에게 화학 제품의 위험성은 물론 혜택에 대해서도 말하자는 것이었다.

'화학 물질이 없으면 생명 그 자체가 불가능하다.' 이것이 몬산토 프로그램의 주제였다. 몬산토의 첫 번째 광고는 다음과 같은 메시지를 전했다.

어떤 사람들은 '화학적인' 것은 무엇이든 나쁘고, '자연적인' 것은 무엇이든 좋다고 생각합니다. 그러나 사실은 자연 그 자체가 바로 화학적인 것입니다.
식물은 광합성이라 불리는 화학 작용을 통해 우리가 필요로 하는 산소를 생성합니다. 우리가 숨을 쉴 때, 우리의 몸은 혈액을 통한 화학적 반응으로 그 산소를 흡수합니다.
생명은 화학 그 자체입니다. 그래서 몬산토 같은 회사들은 화학 물질을 통해 생명과 삶의 질을 향상시키기 위해 노력하는 것입니다.
화학 물질을 잘 이용하면 우리는 생명을 연장할 수도 있습니다. 비타민 D라는 화학 물질이 우유나 그 밖의 식품에 첨가되기 전에는 많은 아이가 구루병에 걸려 신음했습니다.
그러나 어떤 화학 물질이든 언제 어디서나 완벽하게 안전할 수는 없습니다. 그건 자연 환경에서도 그렇고 실험실 환경에서도 그렇습니다. 따라서 진정한 도전은 화학 물질을 적절하

게 이용하는 것입니다. 삶을 보다 살 만하게 만들기 위해서 말입니다.

왜 몬산토가 나섰을까? 왜 몬산토는 산업 차원의 문제점을 대변해야 했을까?

이에 대한 대답은 다시 포지셔닝 전략으로 돌아가 보면 쉽게 알 수 있다. 화학 산업의 리더로 인정받기 위해서 몬산토는 리더가 해야 할 일을 해야 했던 것이다.

'산업을 대변하라!' 만약 몬산토가 그저 멍하니 앉아 다른 업체가 먼저 그 일을 해 주길 기다렸다면, 몬산토는 분명 업계의 맹주를 자처할 기회를 상실하고 말았을 것이다.

이것이 몬산토의 '생명의 화학적 사실' 프로그램에 따른 첫 번째 광고였다.

신뢰를 쌓아 가는 몬산토

타이밍은 어디서나 중요하다. 1976년의 화학 제품 관련 상황을 분석해 보면 사실 이미 시계추는 되돌아갈 준비를 하고 있었다. 대중 여론이 그때를 기점으로 다시 화학 제품 기업들에게 우호적인 쪽으로 기울 채비를 하고 있었다는 의미다. 따라서 몬산토가 나서거나 나서지 않았더라도 큰 흐름은 마찬가지였을 것이다.

그렇다면 몬산토는 왜 나섰을까? 몬산토는 '생명의 화학적 사실' 프로그램이 그러한 흐름을 가속화할 수 있음을 인지했다. 더 나아가 몬산토에게는 큰 신뢰를 얻을 수 있는 기회였다.

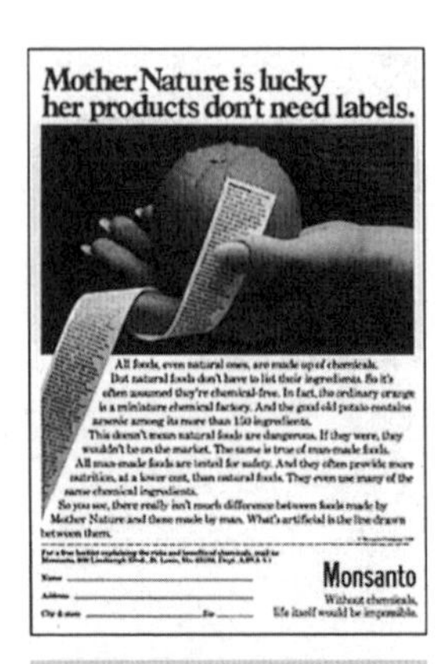

"자연은 운이 좋습니다. 상품에 라벨을 붙일 필요가 없으니까요." 몬산토 시리즈의 두 번째 광고는 보통의 오렌지 하나에 담긴 수백 가지 화학 물질을 열거하는 방식이었다.

상황은 정확히 그렇게 흘러갔다. 한 조사에 따르면 대중의 긍정적인 인식 비율이 36퍼센트에서 42퍼센트로 상승했다. 단 2년 만에 이룬 실질적인 성과였다. (같은 기간에 석유 산업에 대한 긍정적인 인식은 37퍼센트에서 22퍼센트로 하락했다. 이는 가격 상승이 업계 측의 적절한 설명으로 보완되지 않을 때 어떤 일이 일어나는지 여실히 보여 주는 사례다.)

심지어 『뉴욕 타임스』까지 호의적인 태도를 보이기 시작했다. "유용한 발암 물질의 경우"라고 제목을 붙인 사카린 관련 사설에서 『뉴욕 타임스』는 이렇게 말했다. "완전 금지에 따르는 문제는, 그로 인해 혜택까지 사장될 우려가 높다는 것이다."

몬산토의 역할에 대한 최종적인 칭찬은 1979년 『비즈니스 위크』의 "화학적 이미지 씻어 내기"라는 제목의 기사에서 나왔다.

1977년, 화학 산업의 이미지 구축 작전의 선봉에 몬산토가 섰다. 몬산토의 존 W. 핸리 John W. Hanley **회장은 화학 물질이**

'원흉' 취급당하는 상황이 계속되자 뭔가 조치를 취해야 할 시점임을 깨달았다. 그해부터 몬산토는 이미지 구축 작업에 매년 450만 달러 이상 투자해 왔다.

『비즈니스 위크』는 또한 몬산토의 리더십 역할에 주목했다. "몬산토의 움직임에 고무된 듀퐁도 4백만 달러를 투자해 자체적으로 조직적인 광고 캠페인을 시작했다."

> 몬산토는 화학 제품에서 유전자 공학 제품으로 초점을 옮겼다. 그러나 그냥 화학 분야에 머물러 있어야 했다는 징후가 하나 둘씩 나타나고 있다.

기업 포지셔닝을 효과적으로 실행해 선도자의 인식을 심는 데 성공하면, 그것은 곧 현금으로 직결된다. 화학 제품업체든 은행이든 자동차 제조업체든, 고객으로부터 리더라는 인식만 얻어내면 경쟁자보다 항상 더 나은 성과를 누릴 수 있기 때문이다.

15 국가의 포지셔닝: 벨기에의 경우

저렴한 항공 요금 시대의 개막과 더불어 빠른 속도로 관광 붐이 세계를 휩쓸고 있다.

예전에는 어느 정도 나이가 들고 먹고사는 데도 여유가 있는 사람들이 해외여행을 많이 했다. 그러나 이제는 양상이 완전히 바뀌었다. 과거에는 비행기 승무원들이 젊고 승객들이 늙은 사람들이었으나, 지금은 승객들이 젊고 승무원들이 오히려 나이 든 사람들로 채워져 있다.

사베나 항공의 경우

북대서양 항로에서 해외 관광객을 유치하기 위해 치열한 경쟁을 벌이고 있는 열여섯 개 국제 항공사 가운데 사베나 벨지안 월드 에어라인Sabena Belgian World Airlines이 있다. 그러나 이들 열여섯 개 항공사가 모두 똑같은 입장에서 경쟁을 벌이고 있는 것은 아니다. 예를 들어 TWA와 팬 암은 이미 오래전부터 미국과 유럽의 수많은 관문 도시에 취항해 왔다.

그러나 사베나 에어라인은 불과 몇 년 전만 해도 미국에서 유럽으로 가는 단 하나의 노선, 즉 뉴욕-브뤼셀 노선만 갖고 있었다. 따라서 브뤼셀에서 다른 항공기로 갈아탈 계획이 아니라면 미국에서 유럽으로 가는 사람들이 사베나 항공을 이용할 일은 없었다.

물론 사베나는 벨기에로 들어가는 노선에서 가장 큰 몫을 차지했지만, 노선의 시장성이 보잘것없어 수익성이 별로 없었다.

또한 벨기에가 워낙 작은 나라여서 찾는 사람들도 많지 않았다.

다음은 최근의 어느 한 해 동안 대서양 항로를 이용해 유럽의 주요 16개국에 들어간 승객들의 목적지별 백분율 표다.

영국	29퍼센트
독일	15퍼센트
프랑스	10퍼센트
이탈리아	9퍼센트
네덜란드	6퍼센트
스페인	5퍼센트
아일랜드	5퍼센트
포르투갈	4퍼센트
스위스	3퍼센트
아이슬란드	3퍼센트
이스라엘	3퍼센트
덴마크	3퍼센트
그리스	2퍼센트
벨기에	2퍼센트
노르웨이	1퍼센트
스웨덴	1퍼센트

여행객들의 마인드에 있는 국가 사다리에서 벨기에는 거의 밑바닥에 위치했다. 사실 사다리에 포함되어 있는지도 의심스러웠다.

이 수치들을 보면 사베나 항공의 광고에 뭔가 문제가 있음을 쉽게 이해할 수 있을 것이다. 사베나의 광고는 고전적인 항공사

전략에 매달려 기내식과 서비스만을 강조했다.

"사베나를 타려면 꼭 식도락가여야 할까요?" 사베나의 전형적인 광고다. 그러나 기내식이 훌륭하다는 이유만으로 자신의 목적지와 다른 비행기를 타는 사람은 없다.

이 통계 수치들은 20년의 세월이 지났음에도 사실상 변한 게 없다. 상위 5개국은 여전히 영국, 독일, 프랑스, 네덜란드, 이탈리아다. 유일한 변화는 네덜란드가 4위로 한 계단 올라가고 이탈리아가 한 계단 떨어졌다는 것뿐이다.

항공사보다는 국가를 포지셔닝 하라

사베나 항공의 가장 성공적인 전략은 사베나 에어라인을 포지셔닝 하는 것이 아니라 사베나가 대표하는 나라, 즉 벨기에를 포지셔닝 하는 것이었다. 다시 말해서 KLM(네덜란드 항공)이 암스테르담을 포지셔닝 한 것과 같은 전략이었다.

사베나는 벨기에를 여행객들이 방문해서 일정 기간 머물고 싶은 나라로 부각해야 했다. 벨기에가 예전처럼 다른 목적지로 가는 길의 중간 기착지로만 남아서는 안 되었다.

사베나의 행보에는 뚜렷하고 명료한 교훈 하나가 적용되었다. 콜라든 기업이든 국가든 그 무엇을 팔든 '마음에서 멀어지면 사업에서도 멀어진다'는 교훈 말이다.

미국인의 대부분은 벨기에라는 나라에 대해 아는 것이 거의 없었다. 그들은 워털루(1815년 영국의 웰링턴이 이끄는 연합군이 나폴레옹 1세를 격퇴한 싸움터-역주)가 파리 근처에 있으며, 벨기

나폴레옹이 격전을 치른 워털루는 벨기에에 있다. 그러나 아는 사람이 별로 없다. 예전에 우리가 벨기에로 여행을 갔을 때, 사베나의 광고 매니저는 '워털루에 데려가 달라'는 우리의 요청을 처음엔 거절했다. '전쟁 기념비가 있는 곳엔 뭐하러 가는가? 그런 곳을 좋아하는 사람이 어디 있겠는가?' 하는 입장이었다. 벨기에 사람들은 그런 곳에 가길 원치 않는지 몰라도, 미국 사람들은 그렇지 않다는 게 우리의 답변이었다. 미국에서는 매년 약 6백만 명이 게티즈버그를 방문한다. 게티즈버그라는 격전지는 미국인들이 가장 선호하는 관광지 가운데 하나다.

에의 주산물은 고작 와플 정도로 여겼다. 또 많은 사람은 그 나라가 어디에 위치해 있는지도 몰랐다.

"화요일이라면 이곳이 벨기에가 틀림없겠군If it's Tuesday, this must be Belgium"이라는 영화 제목이 모든 걸 말해 주었다(18일 동안 유럽 9개국을 여행하며 벌이는 해프닝을 다룬 1969년도 미국 코미디 영화로, 한국에는 "이프 이츠 튜즈데이"라는 제목으로 알려졌다-역주).

그렇다면 어떻게 국가의 포지션을 찾아낼 것인가? 생각해 보면, 성공한 나라들은 모두 강렬한 정신적 이미지를 갖고 있다.

우선 '영국' 하면 화려한 의식과 빅벤, 런던 탑 등이 떠오른다.

'이탈리아'는 콜로세움, 성 베드로 대성당, 미술품, 의류 등을 떠오르게 한다.

'암스테르담'은 튤립과 렘브란트와 아름다운 운하를, '프랑스'는 요리와 에펠 탑, 눈부신 코트다쥐르 등을 생각나게 한다.

이러한 것들이 그림엽서를 보듯 마인드에 떠오르게 되는 것이다. '뉴욕' 하면 마천루의 스카이라인이 마인드에 떠오르며, '샌프란시스코'는 케이블카와 금문교, '클리블랜드'는 공장 연기로 자욱한 잿빛 거리 풍경이 마인드에 떠오른다.

유럽 여행을 처음 하는 관광객들이 가장 먼저 마인드에 떠올리는 도시는 런던, 파리, 로마 등이다. 사베나가 이 여행객들을 끌어들일 가능성은 거의 없었다.

그러나 모두가 가는 여행지에는 이미 식상해하고 그다음 여행지를 물색하는 사람도 많은 법이다. 유적이 많은 그리스나 산악으로 뒤덮인 스위스 같은 나라를 찾는 여행객을 빼놓을 수 없다.

목표가 분명해지면 포지션을 찾는 것은 그리 어렵지 않다.

아름다운 벨기에

벨기에는 경험 많은 여행객들까지 매혹할 요소를 두루 갖춘 아름다운 나라다. 인상적인 도시 풍경과 역사적인 궁전, 박물관, 미술관 등이 그렇다.

그런데 이상한 것은 벨기에 국민들 스스로, 자국이 관광객에게 인기가 없다고 생각한다는 점이다. 이러한 분위기는 예전에 브뤼셀 공항에 걸려 있었던 표지판에 잘 나타나 있다. "벨기에에 오신 것을 환영합니다. 기후는 온화하지만, 연평균 220일 동안 비가 내립니다."

벨기에의 명소 가운데 하나인 '백작의 성'의 전경

결과적으로 그동안 벨기에가 선호해 온 전략은, 수도 브뤼셀이 유럽 중앙에 위치해 있는 관계로 런던이나 파리,

로마와 같은 다른 도시로 가기에 편한 유럽의 관문이 된다는 점을 강조하는 것이었다(뉴욕에 가고자 하는 사람에게, 그곳에서 가까운 거리에 있는 필라델피아를 들르라는 얘기와 똑같다).

관광객 유치에 이렇게 무관심한 나라가 또 있을까? 누구든 브뤼셀 시내를 산책해 보면 그런 분위기를 금방 느낄 수 있다. 금박을 씌운 고풍스런 건물들이 빙 둘러서 있는 그랑플라스는 유럽에서 가장 아름다운 광장에 속할 것이다. 그런데 이 나라는 그 광장 대부분을 주차장으로 쓰고 있었다(결국 뭔가 깨달았는지, 지금은 그 광장에 차량 진입을 금하고 있다).

유럽에서 가장 아름다운 광장 가운데 하나인 그랑플라스의 모습이다.

여기서 한 가지 중요한 교훈은, 지역 주민의 인식과 외부 방문객의 인식이 종종 다르다는 점이다.

많은 뉴욕인이 뉴욕을 관광 명소로 생각하지 않는다. 그들은 청소부들의 파업은 잊지 않으면서도 자유의 여신상은 잊고 산다. 그럼에도 매년 1천6백만 명의 관광객들이 고층 빌딩들을 보기 위해 찾아들고 있다.

별 세 개 등급의 도시들

'아름답다'는 것은 훌륭한 조건이 될 수 있지만 그것만으로는 관광객을 유치하기 어렵다. 한 나라를 최종 목적지로 포지셔닝 하려면, 관광객이 적어도 며칠은 그 나라에 머물 수 있도록 만드는 매력이 있어야 한다.

몬테카를로는 모나코 제1의 명물이기는 하지만 하룻저녁이면 충분히 볼 수 있다. 그래서 모나코를 목적지로 생각하는 사람은 아무도 없다(모나코 제2의 명물인 그레이스 공주Princess Grace는 절대 볼 수가 없다).

규모 역시 중요한 요소에 속한다. 나라가 크면 클수록 관광객을 유혹할 수 있는 요인이 많기 때문이다. 그런 점에서 작은 나라들은 확실히 불리하다(만일 그랜드 캐니언이 벨기에에 있다면, 벨기에는 그랜드 캐니언 하나만으로도 꽉 들어차서 그것 말고는 더 볼 게 없을 것이다).

20년의 세월이 흘렀음에도 크게 변한 건 별로 없다. 투르네는 별 하나를 상실했고, 『미슐랭 가이드』의 베네룩스 판은 두 개로 나뉘었다. 하나는 벨기에와 룩셈부르크를 합쳐서 다루는 것, 다른 하나는 네덜란드만을 다루는 것이다. 네덜란드에는 여전히 별 세 개 등급의 도시가 하나뿐이다. 그러니 벨기에가 네덜란드를 4대 1로 앞서는 셈이다. 객관적인 제3자가 제공하는 신뢰도를 바탕으로 마케팅 프로그램을 펼치면 훨씬 더 효율적이다. 아직도 벨기에에는 기회가 남아 있다는 얘기다.

규모 문제에 대한 해결책은 유명한 『미슐랭 가이드Michelin Guides』에서 찾아낼 수 있었다. 잘 알려져 있지는 않지만, 『미슐랭 가이드』는 레스토랑뿐 아니라 각 도시에도 등급을 매겼다.

이 가이드의 베네룩스 판에는 별 세 개 등급의 '특별히 여행할 만한 가치가 있는' 도시가 여섯 곳 있었다. 그중 다섯 곳이 벨기에의 도시들로 브뤼주, 겐트, 안트베르펜, 브뤼셀, 투르네였다.

그러나 정말 놀라웠던 것은, 관광 명소로 꼽히던 북쪽의 네덜란드의 경우 별 세 개 등급의 도시가 암스테르담 하나였다는 사실이다.

여기서 착안한 광고의 헤드라인이 바로 "아름다운 벨기에에는 다섯 개의 암스테르담이 있습니다"였다. 이 광고는 또한 그 다섯 개 도시 각각의 아름다운 풍경을 컬러로 소개했다.

이 광고가 나간 뒤, 벨기에를 그저 암스테르담발 파리행 열차의 차창을 통해서만 보았던 관광객들로부터 전화 문의가 빗발쳤다. 그중에는 네덜란드의 관광부 장관이 벨기에의 관광부 장관에게 건 전화도 있었다. 말할 필요도 없이, 네덜란드의 관광부 장관은 그 광고는 물론이고 광고를 만든 사람까지 함께 죽이고 싶어 할 정도로 화가 나 있었다.

벨기에가 펼친 '별 세 개 등급의 도시' 전략에는 세 가지 중요한 사항이 담겨 있다.

첫째, 이미 여행객의 마인드에 자리하고 있던 암스테르담이라는 목적지에 벨기에를 연결했다는 점이다. 어떤 포지셔닝 프로그램에서든 강력히 구축된 기존 인식을 이용할수록 자기 포지션 확립이 유리해진다.

둘째, 관광객의 마인드에 자리한 또 하나의 실체인 『미슐랭 가이드』를 이용함으로써 주장의 신뢰도를 높였다는 점이다.

셋째, '방문할 만한 다섯 개 도시'를 부각함으로써 벨기에를 진정한 목적지로 생각하게 만들었다는 점이다.

'아름다운 벨기에의 별 세 개 등급 도시들'이라는 콘셉트는 마침내 텔레비전 광고로 방영되었고, 실질적인 호응을 끌어냈다.

시각과 청각 양쪽에 전달하는 텔레비전 광고를 통해 인쇄 매체 광고보다 훨씬 더 빠르게, 벨기에의 아름다운 풍경들을 사람들의 마인드에 호소할 수 있었던 것이다.

그림만으로는 마인드에 포지션을 구축할 수 없다. 말이 더해져야 성과를 이룰 수 있다(또한 말은 단독으로도 포지션을 구축할 수 있다). 효과적인 포지셔닝 프로그램을 창출하려면, 그림을 말로 구현해야 한다. 이 경우 두운법을 사용하면 더 효과적으로 기억시킬 수 있다.

그러나 텔레비전이라는 매체는 잘못 이용하면 오히려 역효과를 초래하는 위험성 또한 내포한다. 예를 들면, 다른 나라에서도 쓰고 있는 장면과 유사한 그림을 내보내며 호소하는 경우가 그렇다.

광고에서 본 카리브해의 섬들을 떠올려 보자. 야자나무와 해변들을 구분해서 기억할 수 있는가? 누군가 나소, 버진아일랜드, 바베이도스 등을 언급하면, 각각의 풍경을 마인드에 떠올릴 수 있는가?

특별한 차이점을 발견하지 못하면 우리의 마인드는 그러한 풍경들을 모두 '카리브해의 제도諸島'라고 표시된 구멍에 넣어 버리고 잊는 것이다.

예스러운 홍취가 풍기는 유럽의 마을 풍경이나 웃는 얼굴로 맥주잔을 흔드는 주민들의 모습을 화면으로 볼 때에도 위와 똑같은 현상이 일어난다. 아무리 현명하게 앵글을 잡았다 해도 수많은 거리 풍경보다는 하나의 풍차 그림이 더 가치 있는 셈이다.

어떤 일이 일어났는가?

이러한 성과에도 불구하고 벨기에와 별 세 개 등급의 도시들을 방문한 사람이 많지 않았던 까닭은 무엇일까?

몇 가지 사건이 발생하여 이 프로그램의 완전한 구현을 방해했기 때문이다. 이 모든 것은 포지셔닝 프로그램을 추진하는 사람들에게 귀중한 교훈이 될 것이다.

텔레비전 광고가 개시될 무렵에 사베나 항공의 조직이 개편되었고, 새로 선출된 경영진은 이 프로그램에 전념하지 않았다. 그러던 중 브뤼셀 본사에서 다수의 관계자가 다시 '유럽의 관문' 전략으로 돌아가길 원했고, 그들은 이 전략을 따를 수밖에 없었다.

오늘날 유럽 공동체와 관련하여 볼일이 있는 사람이 아니라면 사베나 항공을 이용해 벨기에로 날아가는 사람은 그리 많지 않다. 너무나 안타까운 일이다. '아름다운 벨기에'는 수십 년간 꾸준히 홍보하고 광고했다면 강력한 포지셔닝 프로그램이 될 수도 있었다. 지난 20년의 세월을 놓고 하나 배운 게 있다면, 그것은 바로 '일관성'이다.

이는 포지셔닝 프로그램을 성공시키려면 책임자 간의 위임이 장기적으로 원활하게 이루어져야 할 필요가 있음을 알려 주는 사례다. 기업이든 교회든 항공사든 국가든, 모두에게 적용되는 교훈이다. 여행객의 마인드를 사로잡는 것은 전쟁을 수행하는 것과 같다. 조직 내의 모두가 목적에 대해 한마음을 갖고 임해야 승리를 얻을 수 있는 것이다.

또 다른 문제는 벨기에의 관광청이었다. 그들은 정치적 이유로, 왜 다른 도시들은 그 프로그램의 일부가 될 수 없는지 이해하려 하지 않았다. 『미슐랭 가이드』로부터 별 세 개 등급을 받지 못한 도시들까지 포함시키라는 성화였던 것이다.

이런 식의 커뮤니케이션 과잉 사회에서 유일한 희망은 단순함이다. 다른 도시들까지 합류시키면 결국 현안을 흐리고 혼란을 초래할 것이 뻔했다.

여기서의 교훈은 포지셔닝을 성공시키려면 커뮤니케이션을 지나치다 싶을 만큼 단순화해야 한다는 것이다. 절대 혼란을 초래해서는 안 된다. 단순성이야말로 '성배'라 하겠다.

16 제품의 포지셔닝: 밀크 더스의 경우

밀크 더스Milk Duds는 비트리스 푸드Beatrice Foods의 한 브랜드로 노란색과 갈색으로 된 조그만 상자 속에 들어 있는 캔디다.

영화관에서 즐겨 먹는 캔디로 알려져 있었던 이 캔디를 비트리스 푸드사는 어린이층 전반으로 확대하고 싶어 했다.

밀크 더스는 초콜릿이 코팅된 캐러멜 캔디로 조그만 상자에 담겨 판매된다.

마인드를 엿보라

모든 포지셔닝 프로그램의 첫 단계는 잠재 고객의 마인드를 들여다보는 것이다.

그렇다면 밀크 더스의 잠재 고객은 누구일까? 엄마 손에 이끌려 다니는 코흘리개는 분명 아니었다. 조사에 따르면, 밀크 더스의 가장 유력한 잠재 고객은 캔디 가게를 빈번하게 드나드는 세련된 캔디 구매자, 즉 초등학생들이었다.

연령층은 평균 10세 정도의 어린이들로, 자신이 지불한 금액에 대한 대가

열 살 난 아이들이 밀크 더스 광고의 타깃이 되었다. 타깃을 좁혀 잡는 것은 일반적으로 효과적인 포지션을 찾기 위한 첫 단계다. 설령 밀크 더스 같은 상품이 모두에게 호소할 수 있는 대상이라 하더라도(실제로 그러하다), 모두에게 호소하려는 광고 전략을 쓰는 것은 대개 실수로 끝나기 마련이다. 어른들은 간접적으로 메시지를 접하게 하면 된다.

에 관심이 많고 영리한 데다가 빈틈없는 소비자들이었다.

대부분의 포지셔닝 프로그램은 분명한 것에 대한 탐색일 뿐 그 이상도 이하도 아니다. 그러나 너무 성급하게 제품 자체에 초점을 맞추면 분명한 것을 놓치기 쉽다(에드거 앨런 포Edgar Allan Poe의 단편 「도둑맞은 편지The Purloined Letter」에서처럼, 때로는 너무나 보기 쉽기 때문에 분명한 것을 발견하지 못하는 경우도 있다).

캔디라는 주제가 나오면 어린이 잠재 고객의 마인드에는 무엇이 떠오를까? 아마 밀크 더스는 아닐 것이다. 설령 그 어린이들이 어렴풋이나마 밀크 더스 브랜드를 알고 있다 해도 마찬가지다.

대부분의 어린이에게 캔디라는 단어와 함께 마인드에 떠오르는 개념은 캔디 바다. 허쉬Hershey's, 네슬레, 마운즈Mounds, 아몬드 조이Almond Joys, 리세스Reese's, 스니커즈Snickers, 밀키 웨이Milky Ways와 같은 캔디 바 말이다. 이것들이 어린이들의 마인드에 자리하는 까닭은 물론 수백만 달러나 투입된 광고비 때문이다.

경쟁자에 대한 재포지셔닝

밀크 더스에 책정된 광고비는 경쟁사들이 투자하는 광고비에 비해 너무 적었다. 따라서 밀크 더스의 아이덴티티를 캔디 바로 구축하는 것은 거의 불가능했다. 결국 밀크 더스를 어린이들의 마인드에 침투시키는 유일한 방법은 캔디 바 영역의 재포지셔닝 방법을 찾는 것이었다.

다시 말해 경쟁자들이 투입한 수백만 달러의 광고비를 밀크 더스에 유리하도록 만들 방법을 찾는 일이었다(이미 기존의 캔디 바 이름들로 가득 차 있는 마인드에 단순히 새로운 캔디 이름을 집어넣는 것은 별 효과가 없을 게 분명했다).

다행히도 경쟁 캔디 바들에는 밀크 더스가 유리하게 이용할 수 있는 큰 약점이 있었다. 그 약점은 허쉬 바의 크기와 모양, 가격을 보면 금방 알 수 있다.

어떤 캔디 바든 오래 먹을 수 없다는 것이 약점이었다. 30센트짜리 허쉬 바를 어린이들은 불과 2~3초 만에 먹어치웠다.

미국의 캔디 애호가들의 마인드에는 강한 불만이 깔려 있었다. 그리고 캔디 바의 크기가 작아질수록 그러한 불만은 커져만 갔다.

'어렵게 얻은 용돈으로 캔디 바를 사 먹으면 금방 없어져.'

'내가 갈수록 빨리 먹는 건지, 캔디 바가 갈수록 작아지는 건지 모르겠어.'

'요즈음엔 한마디로 입에 넣으면 없어진다니까!'

이것이 바로 초콜릿 코팅을 씌운 부드러운 캔디 바가 갖는 약점이었다.

그러나 밀크 더스는 달랐다. 우선 비닐 포장이 아닌 상자에 담겨 있는 점이 달랐고, 오래 먹을 수 있는 캐러멜에 초콜릿을 씌워 한 상자에 열다섯 개나 제공한다는 점이 달랐다.

캔디 바 한 개와 비교할 때 분명히 밀크 더스 한 상자는 훨씬 더 오래 먹을 수 있었다(한 상자 분량을 한꺼번에 입에 넣으면 아마 턱이 달라붙어 입을 열지 못할 것이다). 바로 그 이유 때문에 극장에서 인기를 끌었던 것이다.

이제 밀크 더스의 새로운 포지션은 분명해졌다.

오래 먹을 수 있다는 대안

밀크 더스의 강점은 다른 캔디 바들보다 오래 먹을 수 있다는 것이었다.

이런 당연한 사실이 그동안 밀크 더스의 광고를 맡았던 사람들에게는 전혀 인식되지 않았다. 15년 동안이나 텔레비전 광고를 내보내면서 단 한 번도 오래 먹을 수 있다는 장점을 언급하지 않았던 것이다.

그러면 이제 30초짜리 텔레비전 광고가 오래 먹는다는 콘셉트를 어린이들에게 어떻게 전달했는지 살펴보자.

1) 옛날에 아주 입이 큰 아이가 있었대요(한 어린이가 거대한 입 옆에 서 있다).

2) 그 입은 캔디 바를 아주 좋아했대요(어린이가 그 큰 입 속에 캔디 바를 계속 집어넣는다).

3) 하지만 그 캔디 바들은 금방 없어졌어요(어린이가 갖고 있던 캔디 바가 다 떨어지자, 큰 입은 무척 낙심한 모양을 한다).

4) 그때 아이는 캐러멜에 초콜릿을 씌운 밀크 더스를 발견했답니다(어린이가 밀크 더스를 위로 치켜들자, 입이 입맛을 다시기 시작한다).

5) 큰 입은 오래 먹을 수 있는 밀크 더스를 아주 좋아했대요(어린이가 밀크 더스를 하나씩 큰 입의 혀 위에 올려놓는다).

6) (그리고 어린이와 입이 함께 시엠송을 부른다.) 캔디 바는 금방 없어지지만 밀크 더스는 오래 먹을 수 있죠.

7) 이제부터는 밀크 더스로 입을 즐겁게 해 주세요(어린이와 큰 입이 함께 웃는다).

밀크 더스의 새로운 콘셉트를 반영한 텔레비전 광고 중 몇 장면이다. 불행히도 비트리스 푸드의 회장이 큰 입을 마음에 들어 하지 않았던 까닭에 이 광고는 오래 방영되지 못했다. 밀크 더스는 다시 영화관에서나 팔리는 상품이 되고 말았다.

이 광고의 효과는 어땠을까?

이 광고는 밀크 더스의 판매 하락세를 역전시켰을 뿐 아니라, 이후 몇 개월 만에 비트리스 푸드로 하여금 광고 이전의 판매량을 모두 합친 것보다 더 많은 밀크 더스를 팔게 했다.

밀크 더스의 경우에서 우리가 배워야 할 교훈은 — 거듭되는 얘기지만 — 포지셔닝 문제의 해결책은 제품이 아닌 잠재 고객의 마인드에서 찾아야 한다는 것이다.

17 서비스의 포지셔닝: 메일그램의 경우

밀크 더스 같은 제품의 포지셔닝과 웨스턴 유니언의 메일그램 같은 서비스의 포지셔닝 사이에는 어떤 차이가 있을까?

전략적 관점에서는 큰 차이가 없다. 기술적인 부분이 다를 뿐이다.

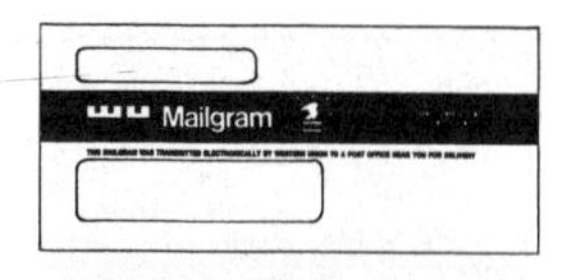

메일그램은 웨스턴 유니언과 미국 우정 공사의 합작 서비스였다.

그림 대 단어

제품 광고에서 가장 지배적인 요소는 대개 그림, 즉 시각적 요소다. 그러나 서비스 광고의 지배적인 요소는 단어, 즉 언어적 요소다. (그래서 자동차 사진이 크게 부각된 광고를 보면 자동차 광고라는 것을 바로 아는 것이다. 그것을 보고 렌터카 서비스 광고로 생각할 사람은 없을 것이다.)

밀크 더스 같은 제품인 경우에는 시각 중심의 매체인 텔레비전이 주요 광고 매체로 적합하다.

그러나 메일그램 같은 서비스인 경우에는 언어 중심의 매체인 라디오가 더 적합하다.

물론 이러한 원칙에는 예외가 많다. 제품이 어떻게 생겼는지를 모든 사람이 잘 알고 있는 경우에는 인쇄물이나 텔레비전 같은 시각 중심 매체를 이용하는 데 별다른 이점이 없다.

반대로 서비스라 해도 (O. J. 심슨O.J.Simpson이 등장한 허츠 렌터카 광고처럼) 시각적 상징물을 효과적으로 사용할 수 있는 경우

시각은 기억을 남기는 데 매우 효과적인 수단이다. 그러나 청각과 연결되지 않으면 그 효율성이 매우 떨어진다. O.J. 심슨이 공항 터미널을 가로질러 뛰어가는 장면을 잊을 사람이 몇이나 될까? 그렇다면 허츠가 이 광고로 전달하고자 하는 메시지는 무엇이었을까? 그걸 기억하는 사람은 별로 없다.

에는 시각 매체를 이용해 많은 효과를 얻을 수 있다.

하지만 이러한 예외에도 불구하고 종종 시각 매체나 청각 매체가 각각 보여 주는 일반성은 놀랍다. 메일그램의 경우에도 신문, 잡지, 라디오, 텔레비전 등의 매체를 이용해 실험한 결과, 라디오가 가장 효과적인 매체로 입증되었다.

그러나 메일그램 이야기의 핵심은 전략이지 매체가 아니다. 메일그램의 전략을 논의하기에 앞서 그 시스템을 살펴보면 도움이 될 것이다.

전자 우편

메일그램은 웨스턴 유니언이 미국 우정 공사와 공동으로 개발해 1970년부터 실험적으로 운영하기 시작한 미국 최초의 전자 우편이다.

메일그램을 보내려면 웨스턴 유니언에 전화하면 된다. 그러면 웨스턴 유니언이 메시지를 수취인 주소지 우체국에 전자로 송신하고, 수취인은 발신인이 웨스턴 유니언에 전화한 다음날(휴일일 경우에는 그다음 영업일)에 메일그램을 받는다.

이 시스템이 기술적으로 얼마나 진보된 것인지를 살펴보기 위해 뉴욕에서 웨스트 코스트로 보내는 전형적인 메일그램을 따라가 보겠다.

1) 뉴욕의 고객이 전화기에 손을 뻗어 웨스턴 유니언으로 전화를 건다.
2) 24시간 근무 체제가 갖춰진 웨스턴 유니언의 중앙 접수처에 있는 교환수가 고객의 메시지를 접수해 컴퓨터 방식의 비디오 디스플레이 장치에 입력한다.
3) 교환수는 메시지와 목적지를 고객에게 다시 확인한 후, 버지니아주 미들타운에 있는 주요 컴퓨터로 메시지를 자동 송신하기 위해 해당 버튼을 누른다.
4) 컴퓨터는 메시지를 처리한 후 뉴저지주에 있는 지상국으로 중계한다.
5) 그곳에서 메시지는 우주로 약 3만 6천 킬로미터를 날아가 적도 부근 동기 궤도를 돌고 있는 웨스타 위성에 도착한다.
6) 웨스타 위성에서 메시지는 다시 캘리포니아주 스틸밸리에 있는 지상국으로 중계된다.
7) 지상국에서 메시지는 다시 지상 통신선이나 마이크로파를 타고 수취인 소재지 우체국으로 간다. 그리고 우체국에서 고속 텔레타이프 기계로 출력된다.
8) 출력된 메시지는 푸른색과 흰색으로 만들어진 특별 봉투에 담기고, 우체부가 그것을 웨스트 코스트에 있는 수취인에게 배달한다.

발신인은 전화뿐 아니라 전신, 텔렉스, 마그네틱테이프, 컴퓨터, 팩스, 전송 타자기 등을 이용해 메일그램을 보낼 수도 있다.

왜 이런 전문 사항까지 늘어놓았을까? 메일그램의 복잡한 시스템을 논하는 이유가 뭘까?

여기에 중요한 요점이 있기 때문이다. 대부분의 광고 프로그램은 판매할 제품이나 서비스를 상세히 설명하는 데 치중한 나머지 그 이상을 보지 못하는 경우가 많다. 이러한 현상은 특히 서비스의 내용이 흥미롭거나 복잡할수록 더욱 그렇다. 광고 담당자들이 제품을 올바로 소개해야 한다는 책임감과 제품 그 자체에만 열중한 나머지, 소비자를 아예 잊고 마는 것이다.

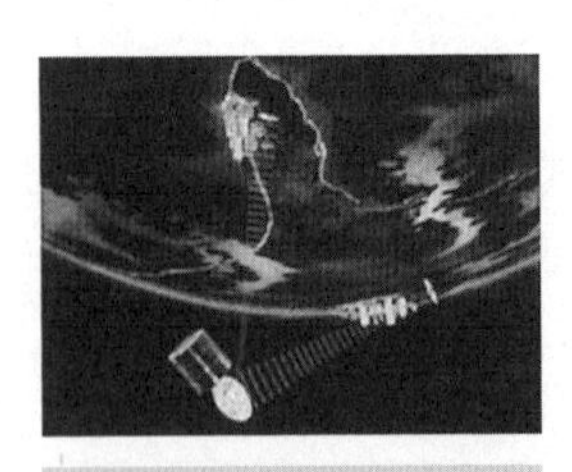

이것이 메일그램 시스템에서 핵심 역할을 수행했던 웨스타 위성이다. 이후에 우리는 웨스턴 유니언이란 기업명을 웨스타 코퍼레이션으로 바꾸라고 강권했다. 그들은 우리의 권유를 일언지하에 거절했고, 결국 파산을 맞았다. 만약 이름을 바꿨다면 도움이 되지 않았을까? 우리는 그렇게 생각한다. (오늘날 웨스턴 유니언이라는 브랜드는 환전 서비스 브랜드로 살아 있다. 옛 영화는 사라지고 희미한 그림자만 남은 셈이다.)

사실 메일그램은 전통적인 방식으로 소개되었다면 '컴퓨터로 완전 자동화한 새로운 방식의 전자 커뮤니케이션 서비스' 혹은 이와 비슷한 표현으로 선보였을 게 틀림없다(웨스턴 유니언은 지상국, 위성 등은 말할 필요도 없이 컴퓨터 프로그래밍 하나에만도 수백만 달러를 쏟아부었다).

값싼 전보

얼마나 많은 돈이 투자되었든, 또 해당 서비스가 기술 면에서 얼마나 흥미롭든, 잠재 고객의 마인드에 들어가려면 먼저 거기에 확립되어 있는 무언가와 연결되어야 한다.

그러면 웨스턴 유니언의 잠재 고객 마인드에는 무엇이 이미 자리하고 있을까? 말할 필요도 없이 전보다.

'웨스턴 유니언'이라는 이름을 듣는 순간 대부분의 사람은 세계적으로 유명한 그 황색 전보용지를 떠올린다. 메일그램 Mailgram의 '그램' 또한 전보Telegram의 '그램'과 같아서, 그러한 인식을 강화할 뿐이다.

그렇다면 이 '새로운 그램'과 '옛날 그램'은 무엇이 다를까? 가장 큰 차이는 요금이다. 전송 체계가 같고 즉시 전달된다는 점도 비슷하나 황색 용지의 전보는 파란색과 흰색의 메일그램보다 요금이 세 배나 비싸다.

따라서 우리가 메일그램을 위해 개발한 최초의 포지셔닝 주제는 아주 간단했다. "메일그램: 전보와 같은 효과를 그 몇 분의 1 값으로!"

그러나 여기서 누군가가 이의를 제기했다. "잠깐, 왜 하필이면 같은 웨스턴 유니언의 서비스인 전보를 상대로

누구든 잠재 고객의 마인드에 이미 자리하고 있는 인식에서 벗어날 수 없다. '웨스턴 유니언'이라는 이름을 들으면 대부분의 사람은 '전보'를 생각했다.

포지셔닝 하는 거죠? 자기 시장을 놓고 싸워서 도대체 뭘 얻겠다는 건지? 게다가 전보는 이제 사양 산업인데, 그런 구시대 서비스를 새롭고 현대적인 메일그램 서비스와 비교하는 이유가 뭐죠? 전보가 성장 산업은 아니라 해도 여전히 중요한 역할을 하고 있는데, 아예 죽이려는 심사인가요?"

논리적으로는 맞는 얘기다. 그러나 종종 봐서 알다시피, 사람의 마인드를 다루는 데 논리가 반드시 최선의 전략이 되는 건 아니다. 그럼에도 논리가 너무도 정연했기 때문에 이 콘셉트를 재고할 가치가 있었다. 특히 또 다른 좋은 포지셔닝 전략이 있었기 때문에 더욱 그랬다.

공개적으로 우리는 "전보는 여전히 중요한 역할을 하고 있다"고 말했다. 그러나 웨스턴 유니언의 회장에게는 사적으로 "전보는 이미 가망 없는 서비스"라고 말했다. 광고 에이전시는 이렇게 외교적 수완에 능할 필요가 있다. 이것도 우리가 현재 마케팅 컨설턴트로 일하는 이유 중 하나라 하겠다.

빠른 우편

사실 메일그램이라는 이름 자체가 두 번째의 포지셔닝 접근 방식을 암시한다. 이름 덕에 메일그램을 미국의 메일, 즉 우편과 연계할 수 있다는 아이디어가 떠오른 것이다.

어차피 다른 서비스 시장을 빼앗을 수밖에 없는 입장이었기 때문에 메일그램을 보통 우편과 대비시켜 포지셔닝 하는 것이 훨씬 유리하다는 판단이 섰다.

최근에는 1년에 약 580억 통의 제1종 우편이 전국 6천9백만 개의 우편함에 배달된다. 세대당 연간 840통에 해당하는 분량이다.

이에 비하면 전보의 수는 극히 적은 편이다.

여기서 두 번째 주제가 파생되었다. "메일그램: 중요한 메시지를 위한 새롭고 빠른 우편 서비스!"

어떤 것이 더 나은 접근 방식인가? 부정적인 면이 있음에도 포지셔닝 이론에 따르면 '싼 전보'가 '빠른 우편'보다 더 나은 방향이다. 그러나 웨스턴 유니언에게 메일그램은 미래의 성패가 달린 아주 중요한 계획이었다. 따라서 단지 판단과 추정만으로 한 가지 캠페인 방침을 결정할 수는 없었다. 그리하여 나온 것이 시험 마케팅을 통한 실험이었다. 그리고 컴퓨터 데이터를 통해 실험 결과를 추적해 보기로 했다.

'싼 요금' 대 '빠른 속도'

실험은 대규모로 실시되었다. 실험 지역도 지방 소도시가 아닌 보스턴, 시카고, 휴스턴, 로스앤젤레스, 필라델피아, 샌프란시스코의 여섯 개 대도시였다. 모두 커뮤니케이션의 중심 도시였다.

어느 쪽이 더 효과적이었을까? 실제로는 양쪽 캠페인 모두 효력이 있었다. 13주의 실험 기간 동안 메일그램은 뚜렷한 매출액 증가를 보였다.

빠른 우편이라고 광고한 도시 · · · · ·	73퍼센트 증가
싼 요금 전보라고 광고한 도시 · · ·	100퍼센트 증가

이 수치만 보면 '싼 요금 전보' 포지셔닝이 더 효과적이라는 것이 입증된 셈이다.

그러나 문제 해결의 열쇠가 된 것은 실험 대상 도시 시민들의 해당 서비스에 대한 인지도였다. 이는 캠페인 실시 이전과 이후에 조사되었다.

먼저 인쇄 매체와 텔레비전을 통한 광고가 시작되기 전에 얼마나 많은 시민이 메일그램을 올바르게 알고 있는지 알아보았더니 결과는 다음과 같았다.

빠른 우편이라고 광고한 도시 · · · · · · ·	27퍼센트
싼 요금 전보라고 광고한 도시 · · · · · ·	23퍼센트

통계상 큰 차이는 없었다. 도시별 시장 상황이 서로 비슷하다는 것을 알 수 있었다. 다시 말해 시장의 약 4분의 1은 이미 메일그램 서비스를 알고 있었다.

그러나 캠페인 실시 이후에는 크게 차이가 났다. 13주 후 메일그램의 인지도는 다음과 같았다.

빠른 우편이라고 광고한 도시 · · · · · · ·	25퍼센트
싼 요금 전보라고 광고한 도시 · · · · · ·	47퍼센트

믿을 수 없는 결과겠지만, 빠른 우편이라고 광고한 도시에서는 오히려 인지도가 27퍼센트에서 25퍼센트로 감소했다(통계상 그렇게 의미 있는 차이는 아니다).

그렇다면 이들 도시에서 이용률이 증가한 이유는 무엇일까? 메일그램을 이미 알고 있던 사람들이 캠페인으로 이를 다시 기억하고 이용했기 때문이다.

그러나 싼 요금 전보라고 광고한 도시에서는 전혀 달랐다. 메일그램의 인지도는 23퍼센트에서 47퍼센트로 배로 늘었다.

대약진이었다. 또한 이 수치는 싼 요금 전보라고 광고한 도시에서 메일그램 이용률이 장기간에 걸쳐 계속 증가할 것임을 시사했다.

전보 이용 상황의 변화도 주목할 만했다. 메일그램의 시험 마케팅이 이어지는 동안, 웨스턴 유니언은 조사 지역에서의 전보 이용 상황에 대해서도 캠페인 이전·중간·이후에 각각 조사를 진행했다. 전보 이용자 수가 시점에 관계없이 안정적이었다. 또한 메일그램을 싼 전보라고 광고하는 것이 전보의 이용자 수를 줄이기는커녕 오히려 증가시킨다는 판단도 나왔다.

광고 전략을 정하는 문제가 해결된 후, 메일그램은 어떻게 되었을까? 압도적인 성공세를 띠며 웨스턴 유니언의 가장 수익성 높은 서비스 가운데 하나가 되었다.

메일그램의 수익은 매년 증가했다. 8년 후 메일그램의 수익은 연간 3백만 달러에서 8천만 달러로 뛰어올라 있었다.

그러나 한 가지 변하지 않은 것이 있었다. 바로 그 서비스 뒤에 있는 포지셔닝 콘셉트였다. 인쇄물이든 라디오든 텔레비전이든, 모든 메일그램의 광고는 한 가지 핵심 콘셉트를 토대로 만들어졌다. "전보와 똑같은 효과를 그 몇 분의 1 값으로!"

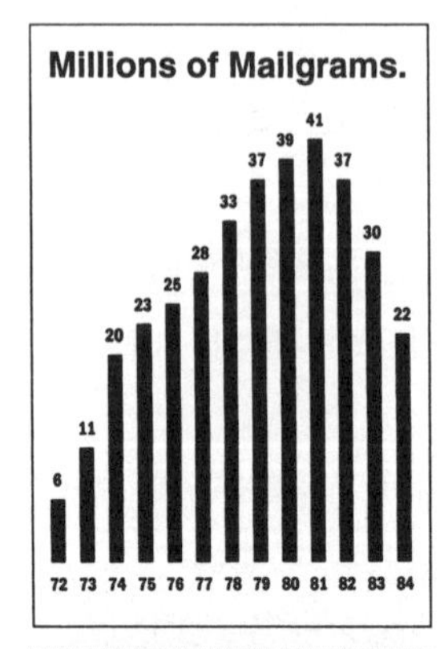

웨스턴 유니언은 1981년에 우리를 해고하고 다른 광고 에이전시를 고용했다. 새로 고용된 사람들은 '싼 전보' 전략을 즉각 중단시켰다. 도표에서 보듯 이후 3년간 메일그램의 이용 건수는 매년 큰 폭으로 하락했다. 물론 영원한 상품이나 서비스는 없다. 장기적으로 볼 때 메일그램의 쇠퇴는 팩스나 이메일의 발전에 영향 받은 바가 크다.

18 롱아일랜드 은행의 포지셔닝

웨스턴 유니언과 마찬가지로 은행도 제품이 아닌 서비스를 판다. 그러나 전국적 서비스인 메일그램과는 달리 은행업은 지역적 서비스다. 은행은 대개 법률에 따라 단일한 주·지방·도시에서만 영업하도록 제한되어 있다.

이제는 더 이상 그렇지 않다. 오늘날 시티 은행이나 체이스 은행, 뱅크 오브 아메리카, 웰스파고, 뱅크 원 등은 전국적인 은행 또는 국제적인 은행이 되기 위해 노력하고 있다. 역사는 우리에게 이 중 두 개의 은행만이 궁극적으로 은행 영역을 지배하게 될 것이라는 교훈을 가르친다(이게 바로 쌍대성의 법칙이다).

사실상 은행을 포지셔닝 하는 것은 백화점이나 가전제품점, 혹은 다른 종류의 소매점 등을 포지셔닝 하는 것과 매우 비슷하다. 소매점을 성공적으로 포지셔닝 하려면 그 지역부터 잘 알아야 한다.

롱아일랜드의 은행 사정

롱아일랜드 신탁 은행Long Island Trust Company을 위한 포지셔닝 전략이 어떻게 개발되었는지 이해하려면, 먼저 그 지역을 어느 정도 알아야 한다.

롱아일랜드 신탁 은행은 오랫동안 롱아일랜드 지역 내에서 선두 자리를 지켜 왔다. 가장 많은 지점을 보유한 가장 큰 은행이자 가장 많은 돈을 거래하는 은행이었다.

그러나 1970년대에 들어서면서 롱아일랜드의 은행 시장은 극적인 변화를 맞았다. 뉴욕주에서 마련한 새로운 법률이 시행됨에 따라 은행들이 지역에 제한 없이 지점을 설치할 수 있게 된 것이다. 그러자 시티 은행Citibank과 체이스 맨해튼Chase Manhattan, 케미컬 은행Chemical Bank 등 뉴욕시의 대형 은행들이 기다렸다는 듯이 롱아일랜드 지역으로 진출하기 시작했다.

또한 롱아일랜드에서 뉴욕시로 출근하는 많은 주민이 사실상 이 은행들과 어느 정도 거래를 하고 있었다.

그러나 이 대형 은행들의 롱아일랜드 지역 침범은 문제의 일부에 지나지 않았다. 실제로 중요한 의미를 갖는 지역은 은행 고객들의 마인드에 있는 것이었다. 조사를 해 보니 롱아일랜드 신탁 은행에 불리한 내용이 많이 나타났다.

고객 마인드의 도표화

지금쯤이면 여러분도 잠재 고객의 마인드를 파악하는 것이 중요함을 인정할 것이다. 자사의 제품이나 서비스뿐 아니라 경쟁사의 제품에 대해서도 잠재 고객이 무엇을 생각하고 있는지 알아야 한다.

이때의 이해는 직관적인 경우가 많다. 웨스턴 유니언이 전보에 얼마나 밀접하게 인식되어 있는지 알아보기 위해 굳이 많은 돈을 들여 조사할 필요는 없다. 밀크 더스나 벨기에, 몬산토 등의 포지션을 결정하는 경우에도 마찬가지다.

그러나 공식적인 포지셔닝 조사를 통한 잠재 고객 마인드의 탐색 또한 큰 도움이 되는 경우가 많다. 이는 전략 개발뿐 아니라 최고 경영진의 동의를 얻기 위해서도 매우 유용하다(한 기업에서 30년을 근무한 사장과, 30년 동안 그 기업에 대해 기껏해야 몇 분밖에 생각해 본 적 없는 소비자와는 해당 기업에 대한 생각이 다를 수 밖에 없다).

소비자의 마인드를 도표화하는 작업은 일반적으로 '의미 차별화'라고 하는 이미지 측정 기법을 통해 이뤄진다. 우리는 롱아일랜드 신탁 은행의 포지셔닝 프로그램을 개발하기 위해 이 기법을 사용했다.

대부분의 마케팅 조사는 기업 자체에 대한 소비자나 잠재 고객의 태도를 너무 지나치게 염려하는 경향이 있다. 고객이 당신의 회사나 상품, 서비스를 어떻게 생각하고 있느냐는 별로 문제가 되지 않는다. 중요한 것은 당신 회사를 경쟁 회사와 어떻게 비교하느냐에 있다. 이것이 우리가 한동안 '의미 차별화' 기법을 폭넓게 활용해 온 이유다.

의미 차별화 조사에서는 고객에게 몇 가지 특징을 나타내는 항목을 제시하고 각 기업의 순위를 1에서부터 10까지 나눈 분류표에 표시하도록 한다.

예를 들어 가격도 하나의 특징이 될 수 있다. 자동차에서 캐딜락은 가격이 높은 쪽에, 쉐베트는 낮은 쪽에 각각 표시될 것이 분명하다.

우리는 은행업의 경우 가격에 대한 소비자의 인식이 거의 없다는 점을 고려했다. 그래서 롱아일랜드 신탁 은행의 조사를 위해 (1) 많은 지점망 (2) 서비스의 다양성 (3) 서비스의 질 (4) 자본력 (5) 롱아일랜드 거주자들에게 주는 도움 (6) 롱아일랜드 경제에 주는 도움 등 여섯 가지 특징을 항목으로 정했다.

앞의 네 가지 특징은 은행 고객이 특정 은행과 거래하는 가장 기본적인 이유에 속하고, 뒤의 두 가지 항목은 롱아일랜드에만 해당한다.

조사 결과, 앞의 네 가지 항목에서 롱아일랜드 신탁 은행의 상황은 암담한 것으로 나타났다. 롱아일랜드 신탁 은행은 네 가지 특징에서 모두 최하위를 기록했다.

많은 지점망

케미컬 은행	7.3
내셔널 뱅크 오브 노스아메리카	6.7
유러피안 아메리칸	6.6
체이스 맨해튼	6.4
시티 은행	6.1
롱아일랜드 신탁 은행	5.4

서비스의 다양성

케미컬 은행	7.7
시티 은행	7.7
체이스 맨해튼	7.6
내셔널 뱅크 오브 노스아메리카	7.4
유러피안 아메리칸	7.3
롱아일랜드 신탁 은행	7.0

서비스의 질

케미컬 은행	7.2
시티 은행	7.0

내셔널 뱅크 오브 노스아메리카 · · ·	7.0
체이스 맨해튼 · · · · · · · · · · ·	6.9
유러피안 아메리칸 · · · · · · · · ·	6.8
롱아일랜드 신탁 은행 · · · · · · ·	6.7

자본력

케미컬 은행 · · · · · · · · · · · ·	8.2
체이스 맨해튼 · · · · · · · · · · ·	8.2
시티 은행 · · · · · · · · · · · · ·	8.1
내셔널 뱅크 오브 노스아메리카 · · ·	7.8
유러피안 아메리칸 · · · · · · · · ·	7.7
롱아일랜드 신탁 은행 · · · · · · ·	7.1

그러나 롱아일랜드에만 해당하는 항목에서는 위치가 전혀 달랐다.

롱아일랜드 거주자들에게 주는 도움

롱아일랜드 신탁 은행 · · · · · · ·	7.5
내셔널 뱅크 오브 노스아메리카 · · ·	6.6
유러피안 아메리칸 · · · · · · · · ·	5.2
케미컬 은행 · · · · · · · · · · · ·	5.1
체이스 맨해튼 · · · · · · · · · · ·	4.7
시티 은행 · · · · · · · · · · · · ·	4.5

롱아일랜드 경제에 주는 도움

롱아일랜드 신탁 은행	7.3
내셔널 뱅크 오브 노스아메리카	6.7
유러피안 아메리칸	5.4
케미컬 은행	5.4
시티 은행	5.3
체이스 맨해튼	4.9

롱아일랜드에만 해당하는 항목에서는 롱아일랜드 신탁 은행이 1위였다. 이름의 위력을 고려할 때 결코 놀랄 만한 결과는 아니다.

전략 개발

이런 결과를 토대로 롱아일랜드 신탁 은행은 어떤 접근 방식을 택해야 옳을까? 전통적인 지혜를 따르자면 강점은 그대로 두고 약점을 개선해야 한다. 다시 말해 질 높은 서비스, 친절한 직원 등을 강조하는 광고를 해야 하는 셈이다.

그러나 전통적인 지혜는 포지셔닝적 사고와 거리가 멀다. 포지셔닝 이론에 따르면 소비자가 이미 인정하는 곳이 출발점이 되어야 한다.

고객이 롱아일랜드 신탁 은행에 대해 인정하는 것은 '롱아일랜드'라는 포지션뿐이었다. 롱아일랜드 신탁 은행은 이 포지션을

받아들이고 대형 은행들의 침입에 반격하기로 결정했다. 그러한 주제를 담은 최초의 광고는 다음과 같았다.

당신은 롱아일랜드에 살면서 무슨 이유로 당신의 돈을 뉴욕에 보내십니까?

돈은 집에서 가까운 곳에 보관하는 게 상식입니다. 도시 은행이 아닌 롱아일랜드 신탁 은행에 맡기시면 당신의 돈은 롱아일랜드를 위해 쓰일 것입니다.

롱아일랜드 신탁 은행은 롱아일랜드의 발전을 위해 심혈을 기울이고 있습니다. 우리의 관심은 맨해튼이 아니며, 멀리 쿠웨이트에 있는 섬도 아닙니다.

한번 생각해 보십시오. 롱아일랜드의 장래에 대해 가장 많은 관심을 갖고 있는 은행이 과연 어느 은행이겠습니까? 대도시와 다섯 개 대륙 곳곳에 수백 개의 지점과 자회사를 갖고 있으면서 최근에 롱아일랜드에 진출한 은행들일까요? 아니면 50년 이상 롱아일랜드를 위해 일해 오면서 롱아일랜드에 서른세 개의 지점을 두고 있는 은행일까요?

Why send your money to the city, if you live on the Island?
Long Island Trust
The Island's largest bank.

롱아일랜드 신탁 은행 프로그램의 첫 번째 광고다. 지난 20년 동안 우리가 배운 게 있다면, 그것은 바로 이런 종류의 마케팅 프로그램이 보다 강력한 선전을 필요로 한다는 것이다. 지금 생각해 보면 너무 약하게 움직였다. 우리는 은행 총수로 하여금 인쇄 매체를 통한 인터뷰는 물론 라디오와 텔레비전 광고에도 나가게 했어야 했다. 다윗과 골리앗의 대결이야말로 사람들의 관심을 끄는 확실한 수단이다.

그리고 두 번째 광고에는 시티 은행이라는 간판이 붙은 건물 앞에 야자수가 늘어선 사진이 실렸다.

대형 도시 은행에게는 나소 지점이 꼭 당신이 살고 있는 나소(롱아일랜드의 한 카운티-역주)를 의미하는 게 아닙니다. 바하마의 수도 나소를 가리킬 가능성이 높습니다. 그곳이 사업상 더 매력적이기 때문입니다. 사실 바하마와 케이맨 제도 일대에 있는 이들 다국적 은행의 지점들은 약 750억 달러를 다국적 기업에 융자하고 있습니다.

To a big city bank,
a branch in Nassau isn't
necessarily your Nassau.
Long Island Trust
The Island's largest bank.

롱아일랜드 신탁 은행 프로그램의 두 번째 광고다. 그레이트 넥의 주택 소유자에게 나소는 부동산세를 거두는 카운티를 의미한다. 그러나 맨해튼의 은행가에게는 바하마 제도에 있는 섬을 의미한다.

물론 그것이 잘못이라는 얘기는 아닙니다. 당신이 살고 있는 롱아일랜드에는 별다른 혜택이 없다는 것을 제외하면 말입니다.

롱아일랜드는 우리에게 가장 매력적인 지역일 뿐 아니라 우리가 일하는 유일한 지역이기도 합니다. 우리는 나소 카운티에 18개 지점을, 퀸즈와 서퍽에도 16개 지점을 두고 있습니다.

그리고 우리는 50년이 넘는 오랜 세월을 이곳에서 일해 왔습니다. 우리 은행에서 대출되는 돈의 95퍼센트가 롱아일랜드 주민의 가정과 학교, 그리고 회사를 위해 사용되고 있습니다.

이후의 모든 광고도 이와 유사한 주제를 담았다.

"뉴욕은 놀러 가기에는 좋지만 은행 일을 보러 다니기엔 조금 불편한 곳이죠."

"도시 은행에게 가장 중요한 섬은 맨해튼뿐입니다." (의도적으로 맨해튼 섬을 크게 그리고 그 옆에 롱아일랜드를 작게 그려 놓았다.)

"불경기가 찾아와도 도시 은행들이 여기서 영업을 계속할까요?(대도시로 돌아갈 것입니다.)"

그리고 15개월 뒤에 다시 같은 조사가 진행되었다. 모든 항목에서 롱아일랜드 신탁 은행의 위치는 개선되었다.

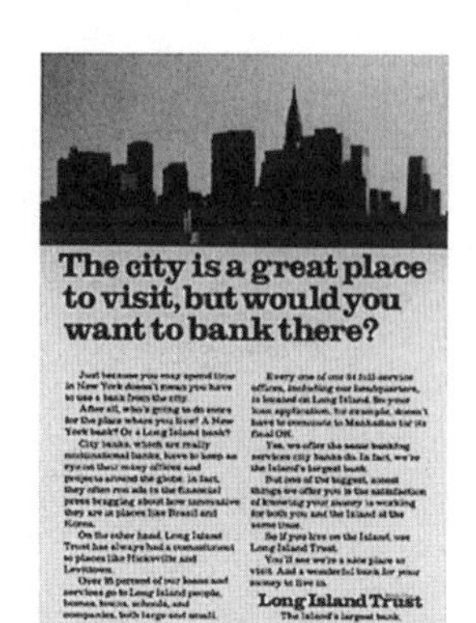

롱아일랜드 신탁 은행 프로그램의 세 번째 광고다. 이 캠페인을 벌일 무렵 뉴욕시는 심각한 재정 문제에 봉착해 있었다. 그래서 광고는 '어쩌면 시 당국이 수지 균형을 맞추기 위해 당신의 돈에 손대고 싶어 할지도 모른다'는 암시를 했다.

많은 지점망

롱아일랜드 신탁 은행 · · · · · · · ·	7.0
내셔널 뱅크 오브 노스아메리카 · · ·	6.8
케미컬 은행 · · · · · · · · · · · ·	6.6
시티 은행 · · · · · · · · · · · · ·	6.5
체이스 맨해튼 · · · · · · · · · · ·	6.1
유러피안 아메리칸 · · · · · · · · ·	6.1

실제로 케미컬 은행이 롱아일랜드 지역에 두 배나 더 많은 지점을 갖고 있음에도 롱아일랜드 신탁 은행이 최하위에서 1위로 올라섰다.

서비스의 다양성

시티 은행	7.8
케미컬 은행	7.8
체이스 맨해튼	7.6
롱아일랜드 신탁 은행	7.3
내셔널 뱅크 오브 노스아메리카	7.3
유러피안 아메리칸	7.2

'서비스의 다양성'에서는 두 칸을 올라가 6위에서 4위가 되었다.

서비스의 질

시티 은행	7.8
케미컬 은행	7.6
체이스 맨해튼	7.5
롱아일랜드 신탁 은행	7.1
내셔널 뱅크 오브 노스아메리카	7.1
유러피안 아메리칸	7.0

'서비스의 질'에서도 6위에서 4위로 올라섰다.

자본력

롱아일랜드 신탁 은행	7.0
케미컬 은행	6.7
시티 은행	6.7
내셔널 뱅크 오브 노스아메리카	6.6
체이스 맨해튼	6.6
유러피안 아메리칸	6.4

'자본력'에서는 최하위에서 1위로 뛰어올랐다.

이러한 결과는 도표만이 아니라 지점들의 실적에서도 나타났다.

롱아일랜드 신탁 은행의 연례 보고서는 이렇게 적었다. "포지셔닝 콘셉트를 개척한 광고 회사의 도움으로 롱아일랜드 신탁 은행은 롱아일랜드 주민을 위한 롱아일랜드 은행이라는 포지션을 확립하게 되었다. 캠페인의 성과는 즉각 나타났고 만족할 만한 수준이었다."

> 롱아일랜드 은행은 더 이상 우리 곁에 없다. 다른 대형 은행에 흡수되었기 때문이다. 여기까지 예시한 광고 덕에 롱아일랜드 은행의 판매 가격이 높아졌기를 바랄 뿐이다.

은행이 자사의 영업 활동 지역에 대해 판촉을 펼치는 것은 너무나 당연한 아이디어로 생각할지도 모른다. 실제로 그러하다.

그러나 가장 좋은 포지셔닝 아이디어는 너무 단순하고 명백하기 때문에 많은 사람이 지나치기 쉽다는 점을 잊지 말아야겠다.

19 가톨릭교회의 포지셔닝

종교에 마케팅 원칙을 적용하려는 시도가 무모한 발상으로 보이는가?

그렇지 않다. 어느 종교든 그 본질은 커뮤니케이션, 즉 신에서 성직자, 성직자에서 신도로 이어지는 정보 전달이다.

종교의 커뮤니케이션에서 문제가 발생하는 부분은 완전무결한 신성이나 불완전한 신도가 아닌 성직자다.

성직자가 커뮤니케이션 이론을 어떻게 활용하느냐에 따라 신도들의 종교 생활이 달라질 수도 있는 것이다.

아이덴티티의 위기

얼마 전에 포지셔닝 사고를 가톨릭교회에 적용한 일이 있었다. 이 거대한 종교 조직의 커뮤니케이션 문제를 마치 대기업이 겪는 커뮤니케이션 문제인 것처럼 다뤄 봤던 것이다.

그 일의 의뢰인은 로마 교황도 아니었고 주교 위원회도 아니었다. 어느 저명한 신학자가 지적한 '특정 아이덴티티의 위기' 사태를 크게 염려한 평신도 그룹이었다. 제2차 바티칸 공의회의 교회 개혁의 결과로 나타난 '아이덴티티의 위기' 말이다.

우리는 가톨릭교회 내부의 커뮤니케이션이 거의 무작위로 행해지는 수준임을 알 수 있었다.

기법 면에서 개선의 노력을 많이 기울인 흔적이 엿보였으나, 기존의 프로그램들은 강력한 중심을 구축할 만한 주제와 일관성이 부족한 것으로 드러났다(특히 전자 통신이 실용화된 커뮤니케이션 과잉 시대로 접어들면서 더욱 그러했다).

마치 제너럴 모터스가 기업의 총괄적인 광고 계획 없이 모든 광고를 각지의 자동차 딜러에게 맡겨 버리는 것과 같은 상황이었다. 그러다 보니 약간의 괜찮은 프로그램과 대부분의 형편없는 프로그램이 뒤죽박죽 섞여서 진행되고 있었다.

문제의 대부분은 제2차 바티칸 공의회에서 밝힐 수 있었다.

'창문의 개방'이라는 개혁 운동을 전개하기 전에 교회는 신도의 마인드에서 확실하게 인지되는 위치를 차지하고 있었다. 많은 이에게 교회는 법의 스승이었다. 교회는 규칙, 보상, 처벌을 강조하고, 신도의 나이에 상관없이 일관된 접근 방식을 펼치는 기관이었다.

그러나 제2차 바티칸 공의회는 법과 질서라는 가톨릭교회의 기본자세를 흔들어 놓았다. 많은 규칙과 규제가 불필요한 것으로 간주되었고, 예배 의식이나 양식의 변화가 늘 행해졌다. 융통성이 엄정성을 대체해 버린 것이다.

불행하게도 이처럼 중대한 변화가 진행되고 있을 때 로마에는 광고 담당자가 없었다. 벌어지는 사건들을 정리하고 선별해서 새로운 방향을 간결하게 설명하는 프로그램을 제시할 사람이 없었다.

사실 가톨릭교회는 오랜 기간 '총괄적인' 커뮤니케이션 계획이 불필요하던 단체였다. 새롭게 당면한 문제의 심각성을 인식하지 못하는 것이 어찌 보면 당연했다.

영향력의 상실

가장 심각한 문제는 새로운 교회의 성격에 대한 명확한 제시가 없었다는 점이다.

신도들은 조용히 의문을 품었다. '교회가 법의 스승이 아니라면 도대체 무엇이란 말인가?'

제2차 바티칸 공의회 이후 수년이 흘렀지만 간결한 답이 준비되지 않았다. 신도들의 마인드에 교회를 다시 포지셔닝 하려는 시도가 이뤄지지 않고 있었다. 이 점은 성직자들의 마인드에 대해서도 마찬가지였다.

대답이 없는 교회는 결국 혼란을 초래했고, 많은 사람이 교회를 떠났다.

미사에 정기적으로 참석하는 가톨릭교도의 비율이 처음으로 50퍼센트 이하로 떨어졌다.

10년 전에 비해 성직자와 수녀와 신도의 숫자는 20퍼센트나 줄었고, 성직 참여율도 60퍼센트나 줄었다.

이어서 소개하는 통계 자료는 특히 중요하다. 가톨릭교회는 "미국 사회에서 도덕적 권위를 가진 최대 공동체"(개신교 신학자 피터 버거Peter Berger가 한 말이다)로 알려져 있었다.

그러나 『US 뉴스 앤드 월드 리포트』지가 2만 4천 명의 유력 인사들을 대상으로 주요 기관의 영향력 순위를 조사한 결과, 가톨릭교회 및 종교 조직들은 최하위를 차지했다.

가톨릭교회의 도덕적 권위가 제대로 전달되지 않고 있었던 것이다.

노동 조합	66퍼센트
텔레비전	65퍼센트
대법원	65퍼센트
백악관	54퍼센트
신문	47퍼센트
정부 관료	46퍼센트
상원	43퍼센트
하원	36퍼센트
산업	33퍼센트
금융 기관	25퍼센트
민주당	22퍼센트
잡지	20퍼센트
교육 기관	18퍼센트
내각	18퍼센트
라디오	15퍼센트
광고 에이전시	15퍼센트
공화당	8퍼센트
종교 조직	5퍼센트

가톨릭교회의 역할은 무엇인가?

"현대 사회에서 가톨릭교회의 역할은 무엇인가?"

이 질문을 신부, 주교, 신도 들에게 해 보았다. 하지만 같은 대답이 나오지는 않았다.

간단히 답할 수 없는 질문이라고 하는 사람도 있었고, 여러 대답이 나올 수 있다고 응답한 사람도 있었다(모두에게 호소하는 경우의 함정을 상기하라).

기업의 간부들은 대개 이런 종류의 질문에 대한 대답을 준비해 두고 있다. 만일 제너럴 모터스의 최고 경영진에게 제너럴 모터스의 역할을 물어본다면, 그들은 주저 없이 세계 최대의 자동차 제조업체가 되는 것이라고 답할 것이다.

기업들은 자사 제품의 핵심적 특징을 찾아내고 전달하는 일에 수백만 달러를 지출한다. 그래서 나온 것들이 "흰색보다 더 하얗게", "충치 격퇴, 그것이 크레스트 치약이 하는 일입니다" 같은 캠페인들이다.

가톨릭교회도 — 아직 대답을 얻지 못하고 있는 — 이런 질문에 대해 간결하고도 분명한 용어로 대답하지 않으면 안 되었다. 그리고 그 답을 완전히 통합된 커뮤니케이션 프로그램에 집약해 새롭고 극적인 방식으로 신도들에게 전달해야 했다.

한 기업의 아이덴티티 프로그램을 만들기 위해 가장 먼저 할 일은 지금까지의 역사를 추적해 해당 기업의 가장 기본적인 사업을 찾아내는 것이다. 이 작업을 위해 그 기업의 과거 계획과 프로그램을 검토해서 성공한 사례와 그렇지 못한 사례를 살펴봐야 한다.

가톨릭교회의 경우, 2천 년 전으로 거슬러 올라가 교회의 이력을 되짚어 봐야 한다. 몇 년 전의 연례 보고서가 아니라 성경부터 살펴봐야 한다는 의미다.

우리는 교회의 역할에 대한 간결하고도 직접적인 표현을 탐색하다가 성경에 나온 명쾌한 두 가지 구절에서 해답을 발견할 수 있었다.

첫째, 그리스도가 이 땅에 계신 동안 하나님은 인간에게 그의 사랑하는 아들 예수의 말에 귀를 기울이도록 명하셨다(마태복음 17:5).

둘째, 그리스도는 이 땅을 떠나시면서 그의 제자들에게 세상의 모든 나라에 가서 자신으로부터 들은 것을 가르치라고 이르셨다(마태복음 28:19).

말씀을 가르치는 스승

예수는 교회의 역할을 '말씀을 가르치는 스승'으로 여겼음을 성경을 통해 확인할 수 있다.

그리스도는 '하나님의 아들'이다. 따라서 그의 말씀은 시간을 초월해 모든 시대에 적용됨이 분명하다. 그리스도의 비유적 말씀이 당시에만 해당되는 게 아니라 지금도 똑같이 해당되는 것이다.

그러므로 그 말씀들은 해석상 시간에 의해 변하지 않는 보편성을 지녔음이 틀림없다. 또한 그 말씀들은 간단하면서도 의미가 깊다. 그 말씀을 통해 예수는 모든 세대의 사람들에게 사고와 행동 양식을 제공한다.

따라서 오늘날 그 메시지를 전하는 모든 사람은 과거의 메시지를 지역적 또는 시대적 특성에 따라 나름의 방식에 맞춰 새로운 형태로 바꾸어 전할 수 있고 또 그렇게 해야 한다.

이러한 단계별 추적의 결과, '새로운 세대 각각의 마인드에 그리스도가 살아 있도록 하면서, 그리스도의 말씀을 그들 시대의 문제에 연관시키는 것'이 바로 교회의 역할이라고 정의할 수 있었다.

결국 제2차 바티칸 공의회는 교회의 방향을 앞이 아닌 뒤로 돌려서 '법의 스승'에서 '말씀의 스승'으로의 전환을 꾀했던 것이다.

문제의 복잡성에 비해 너무 단순하고 명확한 대답이 나온 것처럼 보일 수도 있다.

그것은 사실이다. 하지만 우리는 과거의 경험을 통해 포지셔닝 작업이란 곧 분명한 사실을 찾는 일임을 잘 안다. 분명한 사실이야말로 커뮤니케이션에서 가장 쉬운 콘셉트가 될 수 있다. 메시지 수용자들에게 가장 큰 공감을 불러일으킬 수 있기 때문이다.

그러나 불행하게도 분명한 콘셉트는 가장 인식하기 어렵고 납득시키기도 어렵다.

사람들은 복잡한 것에는 감동하지만 간단하고 명쾌한 것은 무시하려는 경향이 있다. (예컨대 대부분의 가톨릭교회 성직자는 교회의 역할에 대한 유명 신학자 에이버리 덜레스Avery Dulles의 정의를 높이 평가한다. "교회가 수행해야 할 역할은 하나가 아니라 각기 다른 여섯 가지다.")

포지셔닝의 실행

분명한 콘셉트가 확립되고 나면, 그다음에는 해당 콘셉트를 실행할 테크닉을 개발해야 했다.

가장 먼저 할 일은 설교자들을 훈련시키는 것이었다. '말씀의 스승'으로서의 역할을 다하려면 성직자들이 더 훌륭한 연사가 되어 더 훌륭한 설교를 해야 했다(오늘날 최고의 종교 연설가는 교회가 아닌 일요일 아침 텔레비전 화면에서 볼 수 있다).

설교자 훈련과 함께 "시초로의 회귀"라는 소개용 영화의 제작도 제안되었다.

주요 커뮤니케이션 계획을 시작할 때에는 사람들의 관심을 끌 만한 드라마 같은 것이 종종 필요하다. 영상 매체의 감성적 특성이 메시지를 전달하는 데 이상적이기 때문이다(신제품을 출시할 때 텔레비전이 강력한 도구로 활용되는 이유가 여기에 있다).

이 밖에도 '말씀의 스승'이라는 교회의 역할을 중심으로 면밀히 구성된 갖가지 프로그램 요소가 제안되었다.

여기서 기억해야 할 사실은, 일단 포지셔닝 전략이 정해지면 조직의 모든 활동을 그 전략에 맞추어 진행해야 한다는 것이다. 이는 가톨릭교회와 같은 거대한 조직이라 해도 마찬가지다.

그래서 무슨 일이 일어났는가?

아무 일도 일어나지 않았다.

가톨릭교회의 책임자들에게 문제 해결을 위해 우리가 세운 전략을 구현하도록 납득시키는 일은 거의 불가능에 가까웠다.

주교들은 일반인이 교회 운영에 관여하는 것 자체를 반대했을 뿐 아니라, 해결책이 너무나 간단명료하다는 이유로 받아들이기를 거부했다. 쉽고 단순한 것은 복잡한 것만큼 매력이 없었던 셈이다.

그러나 언젠가는 분명 적절한 조치가 취해지리라고 본다.

현 교황은 가톨릭교회를 과거의 보수적 체제로 회귀시켰다.

20 자기 자신과 경력의 포지셔닝

만약 포지셔닝 전략들을 상품 판촉에 이용할 수 있다면, 개인에게 적용해 보는 것은 어떨까?

마찬가지의 효과를 얻을 수 있다고 자신한다.

따라서 이번 장에서는 개인과 개인 경력에 적용할 수 있는 포지셔닝 전략을 검토해 보기로 하자.

자기 자신을 정의하라

자기 자신은 무엇인가? 사람도 상품이 겪는 것과 마찬가지의 고질로 고생하는 경우가 많다. 모두에게 호소하는 함정에 곧잘 빠지기 때문이다.

문제는 잠재 고객의 마인드다. 인간의 마인드는 하나의 상품에 하나의 콘셉트를 연결하여 기억하는 것조차 쉽지 않다. 그런데 하나의 상품에 콘셉트가 둘 셋 이상이 되면? 쉽게 기억할 사람이 거의 없다.

포지셔닝에서 가장 어려운 부분은 특정 콘셉트 하나를 선별하는 일이다. 이것은 잠재 고객의 무관심이라는 장벽을 허물기를 원한다면 반드시 행해야 할 일이다.

자기 자신은 무엇인가? 삶에서 자기 자신의 포지션은 무엇인가? 당신은 자신의 포지션을 단일 콘셉트로 요약할 수 있는가? 그리고 그 포지션을 확립하고 이용하기 위해 자신의 경력을 이끌어 나갈 수 있는가?

대부분의 사람은 자기 자신을 위한 하나의 콘셉트를 확립할 수 있을 만큼 냉혹하지 못하다. 늘 망설이며, 다른 사람이 자기 대신 움직여 주기를 기대한다.

'나는 댈러스 최고의 변호사입니다.'

정말 그렇게 자신할 수 있는가? 댈러스 법조계를 대상으로 설문조사를 실시하면 과연 당신의 이름은 얼마나 많이 언급될까?

이러한 업계 최고 포지션은 어느 정도의 재능과 어느 정도의 행운, 그리고 수많은 전략을 통해서만 성취될 수 있다. 따라서 무엇보다 선행되어야 할 첫 단계는 그러한 장기적 포지션을 확립하기 위해 사용할 콘셉트를 분리하는 것이다. 분명히 쉽지 않은 일이다. 그러나 그로 인해 얻는 보상은 매우 클 것이다.

실수를 두려워 말라

해 볼 가치가 있는 일은 형편없이 하더라도 나름의 가치가 있다. 해 볼 가치가 없는 일은 애당초 하지 말아야 한다. 그런데 해 볼 가치가 있는 일을 미루거나 완벽하게 할 수 있을 때까지 기다리면 자칫 기회를 놓치고 영원히 못 하게 될 수도 있다.

따라서 해 볼 가치가 있는 일은 설령 형편없는 결과가 나오더라도 해 볼 가치가 있는 것이다. 실패가 두려워서 확실한 것 말고는 아예 시도조차 못하는 사람, 그리고 거듭 도전하여 때때로 성공을 거두는 사람이 있다면, 직장에서 누가 더 높은 평가를 받겠는가?

134회 도루를 시도해서 96회, 즉 70퍼센트의 성공률을 기록한 야구 선수 타이 콥Ty Cobb은 기억해도 53회 도루를 시도해서 51회, 즉 96퍼센트를 성공한 맥스 케리Max Carey는 기억하지 못하는 것이 일반적이다.

경마 역사상 최고의 기수로 불리는 에디 아카로Eddie Arcaro는 연속 250회나 뜻을 이루지 못하다가 251회에서 최초의 우승컵을 손에 넣은 바 있다.

최적의 이름을 선택하라

레너드 슬라이라는 이름을 기억하는가? 로이 로저스Roy Rogers라고 개명하기까지 그를 아는 사람은 거의 없었다. 그는 개명과 더불어 영화 스타로서 성공에 이르는 중요한 첫걸음을 내딛을 수 있었다.

매리언 모리슨은 또 어떠한가? 남자 중의 남자, 카우보이의 이름으로는 다소 여성적이지 않은가? 그래서 그는 존 웨인John Wayne으로 이름을 바꾸었다.

이서 다니엘로비치라는 이름은 들어 보았는가? 그는 이름을 이사도르 뎀스키로 바꾸었다가 나중에 다시 커크 더글러스Kirk Douglas로 바꾸고 대스타가 되었다.

올리버 웬델 홈스 2세Oliver Wendell Holmes, Jr.(1841~1935. 미국의 법학자-역주)는 "운명은 그를 스미스라고 이름 붙여 그의 존재를 숨기려 했다"라는 유명한 말을 남긴 바 있다.

일반적으로 미국 법은 속이거나 오해시킬 목적이 없는 한 누구든 자신이 원하는 이름을 갖도록 허용하고 있다. 이름을 맥도날드라고 바꿔서 햄버거 가게를 여는 것 같은 행위만 하지 않는다면 말이다.

만약 당신의 이름이 '랠프 리프쉬츠'라면 당신은 이름을 바꾸겠는가? (랠프 리프쉬츠는 자신의 이름을 랠프 로렌Ralph Lauren으로 바꿨다.) 너무 자신하지는 말라. 우리는 지난 수년간 많은 경제인에게 그들 자신의 이름을 바꾸어야 한다고 제안했는데, 우리의 충고를 받아들인 사람은 아직 없다.

또한 정치가라면 'None of the Above'(설문이나 선다형 문제의 보기에서 '해당 사항 없음' 혹은 '정답 없음'이라는 의미로 쓰이는 표현. 여기서는 '찍을 사람 없음'의 의미가 된다-역주)와 같은 이름으로 바꿀 생각은 하지 않는 게 좋을 것이다. 루이지애나 주지사 선거의 예비 선거에 출마한 루서 녹스Luther D. Knox라는 인물이 실제로 법률적인 수속을 밟아 이름을 그렇게 바꾼 적이 있다. 그러나 연방 판사는 이 이름이 사람들을 오해시킬 염려가 있다고 판단해 투표용지에서 삭제했다.

의미 없는 이름의 함정을 피하라

기업가나 직장인 중에는 이니셜 병에 걸려 사업적으로든 사적으로든 희생되는 사람이 많다. 젊은 간부들은 대개 J. S. 스미스, R. H. 존스 등 이니셜을 사용하는 고위 임원들의 행태를 그대로 답습해 메모나 사업 서한에 이니셜로 표기한다.

그러나 이는 바보 같은 짓이다. 누구나 잘 아는 사람이나 이니셜을 사용하는 사치를 누릴 수 있기 때문이다. 승진을 원하거나 최고 경영진의 마인드에 기억되길 원한다면 이름을 써야지 이니셜을 써서는 안 된다. 기업이 성공하려면 기업명을 기억시켜야 하는 것과 똑같은 이치다.

자신의 이름을 써 놓고 생각해 보자. 예컨대 로저 P. 딘컬래커라고 하자. 이러한 이름은 경영진에게 심리적으로 어떠한 생각을 갖게 할까? 대기업 직원인 데다가 직책도 그리 높지 않으니까 직원 중의 다른 로저 딘컬래커와 구별하기 위해 P라는 중간 이니셜을 쓸 필요가 있었겠군, 하고 생각할까?

그렇지 않을 것이다.

만약 존 스미스나 메리 존스 같은 이름이라면 그 외에 다른 존 스미스나 메리 존스와 구별하기 위해 중간 이름의 이니셜이 필요할 것이다.

그러나 이러한 경우에 정말 필요한 것은 새로운 이름이다. 혼란을 초래하는 것은 포지셔닝에 성공하는 데 가장 큰 방해물이다. 너무 흔한 이름은 마인드에 새길 수 없다. 별 상관도 없는 존 T. 스미스와 존 S. 스미스를 굳이 구분해서 기억하려고 할 사람이 어디 있겠는가.

특별한 기억 장소를 점유하지 못하는 이름들은 별 볼일 없는 나머지 이름들과 함께 곧 기억 속에서 사라지고 만다. 결국 의미 없는 이름의 함정에 빠진 사람은 희생될 수밖에 없는 셈이다.

라인 확장의 함정을 피하라

당신에게 딸이 셋 있다면 메리 1, 메리 2, 메리 3이라고 이름을 짓겠는가? 조금 더 사실적으로 접근해 보자. 당신에게 딸이 셋 있다면 메리, 메리언, 메릴린이라고 이름을 짓겠는가? 어느 쪽을 선택하더라도 이런 식의 작명은 평생 지속될 혼란을 일부러 만들어 내는 것과 같다.

이름을 자식에게 물려주고 거기에 '2세'라고 붙여 주는 것도 결코 자식을 위하는 일이 아니다. 자식에게는 별개의 아이덴티티를 부여해야 한다.

이 문제는 조금 더 짚어 볼 가치가 있다. 같은 이름을 쓰는 아버지와 아들이 함께 활동하는 경우, 아들이 절대적으로 불리하다(프랭크 시나트라와 프랭크 시나트라 2세의 경우를 생각해 보면 금방 알 수 있다). 반면에 성이 대물림되며 강력한 힘을 더해 갈 수도 있다. 정계에서는 특히 그러하다. 루스벨트, 케네디, 부시, 고어 등의 성이 갖는 브랜드 파워를 보라.

특히 연예계에서는 확실한 아이덴티티를 대중에게 심어 주는 일이 가장 중요하다. 따라서 이미 유명해진 이름은 가급적 쓰지 말아야 한다.

지금의 리자 미넬리Liza Minnelli는 어머니 주디 갈런드Judy Garland의 한창 때 명성을 능가하는 대스타다. 그러나 만약 리자 갈런드라는 이름으로 나섰다면, 처음부터 핸디캡을 안고 시작하는 셈이 되었을 것이다.

프랭크 시나트라 2세Frank Sinatra, Jr.는 라인 확장에 관한 가장 안타까운 이름에 속한다. 그는 투 스트라이크를 안고 타석에 선 타자나 다름없다.

프랭크 시나트라 2세라는 이름은 청중에게 이런 생각을 갖게 한다. '아버지만큼 노래를 잘하지는 못하겠지.' 그리고 사람은 자신이 기대한 대로 들으려고 한다는 점을 생각해 보라. 어떻게 그가 아버지를 능가할 수 있겠는가.

자신이 탈 말을 찾으라

야심 많고 총명한 사람들이 때로 장래가 불투명하다고 느낄 때, 대개 어떤 행동 양식을 보이는가?

그들은 더 열심히 노력한다. 오랫동안 더 열심히 노력함으로써 목표에 다가가려고 애쓴다. 성공의 비결은 끊임없이 열심히 노력해서 옆 사람을 앞서는 것이고, 그러면 명성과 돈은 저절로 찾아든다는 것이다. 과연 그럴까?

틀린 생각이다. 다들 알다시피, 열심히 노력하는 것만으로 성공이 보장되는 경우는 드물다. 보다 명석하게 일하는 것이 더 나은 방법이다.

구둣방 아들들의 이야기는 과거뿐 아니라 현대에도 통용된다. 오늘날 관리직에 있으면서도 자신의 경력을 관리할 줄 모르는 사람이 너무 많기에 하는 말이다.

그들의 승진 전략은 종종 능력과 노력이 전부라는 순진한 생각에 기반한다. 그리고 그들은 정말 열심히 일하고는 누군가가 요술 지팡이로 어깨를 두드려 줄 날만을 손꼽아 기다린다.

그러나 그런 날은 좀처럼 오지 않는다.

명성과 부에 이르는 길은 자기 자신 안에 없다는 것이 진리이기 때문이다. 성공에 이르는 유일하고도 확실한 길은 자신이 이용할 말을 찾아내는 것이다. 이는 자아가 강한 사람에게는 받아들이기 힘든 일인지도 모른다. 그러나 인생의 성공은 당신 스스로 얼마나 해내느냐보다는 다른 사람이 당신을 위해 얼마나 해주느냐에 더 많이 달려 있다는 점을 잊지 말아야 한다.

그런 면에서 케네디의 연설은 틀렸다. 자신이 회사를 위해 무엇을 해 줄 수 있는지를 묻지 말고, 회사가 나를 위해 무엇을 해 줄 것인지를 물어야 한다. 따라서 만약 당신의 경력으로 제공받을 수 있는 기회를 최대한 이용하고 싶다면 눈을 크게 뜨고 당신을 위해 그런 일을 해 줄 말을 찾아야 한다.

1) 첫 번째로 탈 말은 회사다.

당신의 회사는 어디로 가고 있는가? 조금 더 무례하게 묻자면, 어디로든 가고 있기는 한 회사인가?

자신들의 밝은 전망을 실패할 것이 뻔한 상황에 매어 두는 사람이 너무나 많다. 그러나 실패는 적어도 제2의 기회를 제공한다. 더 나쁜 상황은 성장할 가능성이 평균 이하인 회사에 몸을 묶어 두는 경우다.

당신이 아무리 우수해도 패자에게 운명을 맡겨서는 이로울 것이 없다. 타이타닉 호가 침몰할 때, 가장 우수한 승무원도 가장 최악의 승무원과 같은 구명보트에 올라탔다. 그것도 운이 좋아서 물 밖에 있을 경우에나 해당하는 얘기다.

혼자 힘으로 되는 일은 거의 없다. 회사가 가망이 없다는 생각이 들면 새로운 회사를 찾으라. IBM이나 제록스 같은 회사에만 들어가라는 얘기가 아니다. 평균 이상의 회사는 얼마든지 찾을 수 있다.

컴퓨터, 전자, 광학, 커뮤니케이션 등 미래형 성장 산업에 운명을 걸어 보길 권한다.

그리고 모든 유형의 소프트 서비스가 제조업보다 빠른 성장세를 보이는 추세임을 간과해서는 안 된다. 따라서 은행업이나 리스 산업, 보험업, 의료업, 금융업, 컨설팅 서비스 분야의 기업들을 살펴보기 바란다.

또 한 가지 잊지 말 것은, 과거형 제품 영역에서 경력을 쌓은 사람들은 전혀 다른 제품 분야, 특히 서비스 산업에서의 기회를 자칫 간과하기 쉽다는 사실이다.

그리고 미래형 회사로 전직할 때 오늘의 급료에 너무 집착하지 말 것을 당부한다. 미래에 받을 급료가 얼마인지를 묻길 바란다.

Microsoft
Intel
Cisco
Yahoo!
Oracle
Dell
Starbucks
Wal-Mart
Home Depot

당신이 만약 초기에 이들 기업 중 한 곳에 운명을 걸었다면, 지금쯤은 틀림없이 부자가 되어 있을 것이다.

2) 두 번째로 탈 말은 당신의 상사다.

회사에 대해 물은 것과 같은 질문을 당신의 상사에게 적용해 보라.

그 사람은 어디로든 가고 있는가? 그렇지 않다면 다른 누가 가고 있는가? 항상 주변 사람 중에 가장 현명하고, 우수하고, 유능한 사람을 위해 일하도록 노력하라.

성공한 사람들의 전기를 읽어 보라. 처음에는 하찮은 직책에서 출발해 대기업의 사장이나 CEO가 되기까지, 누군가의 후광을 업고 성공의 사다리를 올라간 사람이 얼마나 많은가.

그럼에도 몇몇 사람은 실제로 무능한 사람을 위해 일하고 싶어 한다. 시들어 가는 꽃에 둘러싸인 싱싱한 꽃이 한결 더 돋보인다고 생각하기 때문일 것이다. 그러나 그들은 성과가 없으면 해당 조직 전체를 버리는 최고 경영진들의 경향을 잊고 있는 것이다.

두 종류의 사람이 직업을 얻고자 찾아왔다고 치자.

한 사람은 자신의 전문성에 자신만만하다. '귀사에는 정말 제가 필요합니다. 귀사에 취약한 부분이 바로 저의 전문 분야이기 때문입니다.'

또 한 사람은 정반대의 유형이다. '저의 전문 분야에서 귀사는 매우 강합니다. 귀사의 성과는 정말 뛰어납니다. 저는 최고와 함께 일하고 싶습니다.'

어느 유형이 직장을 얻기 쉬울까? 물론 후자다.

그러나 이상하게도 경영진은 전자를 더 자주 만나게 된다. 전문가가 되고 싶어 하는 사람, 높은 직위와 거기에 걸맞은 급료를 바라는 사람 말이다.

랠프 에머슨Ralph W. Emerson(1803~1882. 미국의 시인 겸 사상가-역주)은 "별을 향해 마차를 매어 두라"라고 말한 바 있다. 당시에도 멋진 충고였지만 오늘날에는 더욱 멋진 충고라 하겠다.

당신의 상사가 성공하면 당신도 그럴 가능성이 높아진다.

3) 세 번째로 탈 말은 친구다.

많은 직장인이 사적인 친구는 많이 사귀지만 사업상의 친구는 별로 사귀지 않는 경향이 있다. 사적인 친구는 물론 귀중한 존재다. 그리고 그들은 텔레비전을 사는 일, 자식들의 짝을 찾아 주는 일 등에 큰 도움이 된다. 그러나 더 나은 직장을 찾을 때에는 큰 도움이 되지 못한다.

사업상의 큰 기회는 거의 예외 없이 사업상의 친구로부터 찾아온다. 또한 조직 외부에 사업상의 친구가 많을수록 더 크고 급료도 더 많은 직장을 얻을 가능성이 높다.

친구를 사귀는 것만으로는 안 된다. 때로 그 우정이라는 말[馬]을 끌어내 타 보는 연습을 하지 않으면 안 된다. 연습해 두지 않으면 정작 필요할 때 타지 못할 수도 있기 때문이다.

10년이나 연락을 주고받지 않았던 사업상의 친구가 갑자기 식사나 하자고 연락이 오면 대개 다음의 두 가지 일이 일어난다. (1) 당신이 식사 값을 내야 하며, (2) 그 친구는 직장을 구하고 있다.

직장이 필요해 그러한 행동을 피한다면 이미 때는 늦다. 친구라는 말을 타려면 사업상의 모든 친구와 정기적으로 연락하고 지내야 한다.

그들이 흥미를 가질 만한 기사나 광고를 오려 보내거나, 승진했을 때 축하 편지를 보내는 것도 좋다.

사람들은 자신과 관련된 기사를 전부 볼 수는 없다. 사실 놓치는 경우가 대부분이다. 자신이 모르고 있었거나 지나쳐 버린 기사를 받으면 누구나 기뻐할 것이다.

4) 네 번째로 탈 말은 아이디어다.

빅토르 위고Victor Hugo는 죽기 전날 밤, “세계의 군대를 전부 동원하더라도 아이디어가 떠오르는 것을 막을 수는 없다”라고 일기에 썼다.

아이디어 하나로 정상에 오를 수도 있다는 것은 누구나 알고 있다. 그러나 사람들은 아이디어 하나에 너무 많은 기대를 걸곤 한다. 그래서 그 자체로 훌륭할 뿐 아니라 다른 모든 이가 훌륭하다고 인정하는 아이디어를 원한다.

그러나 그런 아이디어는 없다. 아이디어가 주변 사람들에게 받아들여질 때까지 기다리다가 시기를 놓치는 경우는 흔히 볼 수 있다. 우물거리다간 누군가에게 빼앗길 수도 있다.

몇 년 전에 유행한 ‘인in-아웃out’ 이론으로 설명하자면, ‘인’이라는 것이 명확해지는 순간 그것은 이미 ‘아웃’ 되어 가고 있는 것이다.

아이디어라는 말을 타려면 조롱이나 거부를 각오해야 한다. 기꺼이 시류를 거스르는 용기가 필요하다.

목을 내놓지 않고서는 새로운 아이디어나 콘셉트로 첫 번째가 될 수 없다. 빗발치는 비난과 욕설도 감수해야 한다.

그리고 그 아이디어가 옳았다는 것이 입증될 때까지 묵묵히 자기 할 일을 해 나가야 한다.

우리가 처음에 포지셔닝 콘셉트를 내놓았을 때에도 마찬가지였다. 그러나 우리는 비난과 논박, 논쟁이 뒤따라야 그 아이디어가 계속 살아 있고 회자될 수 있다는 생각을 버리지 않았다.

『애드버타이징 에이지』에 우리의 포지셔닝 기사가 나가고 얼마 지나지 않아 리오 그린런드Leo Greenland(1920~2011. 미국의 광고 전문가-역주)는 필자들을 비난하는 글을 썼다. "광고계의 이단아"라는 것이 그나마 그가 우리에게 보낸 찬사였다.

심지어 업계에서 가장 명망 높았던 한 광고 에이전시의 사장은 우리의 포지셔닝 콘셉트를 단 한마디로 일축했다. "헛소리야." 이것이 홈스테드에서 열린 전국 광고주 회의에서 빌 번벅Bill Bernbach이 한 말이다. 심리학자인 찰스 오스굿Charles Osgood의 말을 들어 보자.

> **어떤 원리의 타당성을 알 수 있는 하나의 지표는 그 원리가 얼마나 집요하고 활발한 반대에 부딪히느냐에 달려 있다. 어느 분야에서든 그 원리가 분명히 터무니없고 논박하기 쉬운 것이라면 사람들은 그것을 무시하기 마련이다. 반면에 그것이 반박하기 어렵고, 게다가 독자성이라는 기본적인 전제에 의문을 제기하는 것이라면 그들은 그 아이디어에서 뭔가 잘못된 점을 찾아내기 위해 총력을 기울일 것이다.**

충돌을 두려워해서는 안 된다.

아돌프 히틀러가 없었다면 윈스턴 처칠Winston Churchill은 어떻게 되었을까? 우리는 그 답을 알고 있다. 히틀러가 제거된 후 때마침 찾아온 기회를 놓치지 않은 영국 국민들은 윈스턴 처칠을 정권에서 물러나게 했다.

자신의 연주회가 악평을 받았다는 소식을 접하고 리버라치 Liberace(1919~1987. 미국의 피아니스트-역주)가 어떻게 했는지 알고 있는가? 그는 '눈물을 흘리며 은행으로 향했다.'

충돌이나 갈등 요소가 없는 아이디어나 콘셉트는 아이디어라고 불릴 가치조차 없다.

5) 다섯 번째로 탈 말은 신념이다.

다른 사람들과 그들의 아이디어에 대한 신념을 말하는 것이다. 자신으로부터 한발 벗어나 외부 세계에서 행운을 찾는 것 또한 매우 중요하다. 삶의 대부분을 실패만 거듭했던 한 사나이의 이야기를 예로 들어 보겠다.

그의 이름은 레이 크록Ray Kroc이다. 그는 이미 중년을 넘긴 나이에, 아무 데서도 인정받지 못하는 실패자였다. 그러다가 마침내 그의 인생을 바꾼 두 형제를 만나게 되었다.

그 형제들은 아이디어를 갖고 있었지만 신념이 없었다. 그래서 그들은 자신들의 아이디어와 함께 자신들의 이름까지 크록에게 헐값에 넘겼다.

이후 레이 크록은 미국 최고의 갑부 중 한 사람이 되었다.

그 형제는 누구였을까? 맥도날드 형제였다. 앞으로 맥도날드 햄버거를 먹을 때, 맥도날드 체인을 성공으로 이끈 것은 한 아웃사이더의 비전과 용기, 그리고 인내였음을 기억해 주길 바란다.

맥도날드라는 이름을 가진 형제가 이룬 일이 아니었다.

6) 여섯 번째로 탈 말은 자기 자신이다.

또 한 마리의 말이 있다. 그 말은 다루기 힘들고, 까다롭고, 예측할 수 없다. 많은 사람이 타 보려고 애쓰지만, 성공하는 경우는 극히 드물다.

그 말은 바로 자기 자신이다. 누구든 혼자 힘으로 사업이나 인생에서 성공할 수 있지만 결코 쉬운 일은 아니다.

인생과 마찬가지로 비즈니스는 사회적 활동이다. 따라서 경쟁만큼 협력도 필요하다.

판매를 예로 들어 보자. 혼자서는 아무것도 안 된다. 누군가 사 주지 않으면 판매는 성사되지 않는다.

경마에서도 가장 가볍고, 가장 영리하며, 가장 강인한 기수가 반드시 최다승을 올리는 것은 아니라는 사실을 기억해야 한다. 가장 우수한 기수가 시합에서 꼭 우승하는 건 아니라는 뜻이다.

경주에서 이기는 기수는 일반적으로 가장 좋은 말을 탄 기수다. 탈 말을 선택한 다음에 할 일은 전력 질주해서 그 가치를 최대한으로 끌어내는 것이다.

Al Ries &
Jack Trout
Authors of POSITIONING, MARKETING WARFARE, and BOTTOM-UP MARKETING
HORSE SENSE
The Key to Success Is Finding a Horse to Ride

1989년, 우리는 이 개념을 확대해 『호스 센스*Horse Sense*』라는 책을 출간했다. 이 책은 초라한 판매량을 기록하는 데 그쳤다. 여기서 우리는 한 가지 교훈을 얻었다. 우리에게 '자기 동기부여' 사업에 뛰어들 자격이 없다는 것을 깨달은 것이다. 그런 일은 토니 로빈스Tony Robbins나 톰 피터스Tom Peters에게 맡기는 게 옳다.

21 성공에 이르는 여섯 단계

포지셔닝 프로그램은 어떻게 시작해야 할까?

결코 쉬운 일이 아니다. 사람들은 흔히 문제 자체를 면밀히 검토해 보지 않은 채 해결책을 얻겠다는 유혹에 빠진다. 그러나 성급하게 결론을 내리기에 앞서 자신의 상황을 체계적인 방식으로 생각해 보는 것이 바람직하다.

이러한 사고 과정에서 머리 회전을 원활하게 하기 위해, 먼저 자기 자신에게 물어볼 여섯 가지 질문을 여기에 소개하고자 한다.

이 질문들은 물어보기는 쉬워도 대답하기엔 결코 쉽지 않다. 당신의 용기와 신념을 시험하며 마음속 깊은 곳까지 들여다볼 것을 요구할지도 모른다.

1. 지금 갖고 있는 포지션은 무엇인가?

포지셔닝은 거꾸로 사고하는 것이다. 즉 자기 자신에서 시작하는 것이 아니라 잠재 고객의 마인드에서 출발해야 한다.

자기 자신이 무엇인가를 묻기 전에, 잠재 고객의 마인드에서 자기 자신이 어떤 포지션을 점유하고 있는지를 먼저 살펴보라.

오늘날 커뮤니케이션 과잉 사회에서 사람들의 마인드를 바꾸는 것은 아주 어려운 일이다. 따라서 이미 마인드에 자리하고 있는 무언가와 함께 시작하는 편이 훨씬 쉽다.

잠재 고객의 마인드를 파악할 때 주의할 점은 기업의 자만심이 방해가 되지 않도록 하는 일이다. '우리 회사의 포지션은 무엇인가?'에 대한 대답은 시장에서 나오는 것이지 기업의 마케팅 부장에게서 나오는 것이 아니다.

약간의 조사비가 들더라도 돈을 아껴서는 안 된다. 나중에 문제를 발견하고 발을 구르는 것보다는 지금 정확히 알아 두는 편이 낫기 때문이다.

편협한 사고를 가져서도 안 된다. 세세한 것에 집착하지 말고 큰 그림을 봐야 한다.

사베나의 문제는 항공 회사인 사베나에게 있었던 것이 아니라 국가로서의 벨기에에 있었다.

세븐업의 문제도 레몬 라임 음료에 대한 소비자의 태도가 아니라, 소비자 마인드에서 콜라류가 차지하는 압도적인 점유율에 있었다. '소다수 주세요'라고 하면 대부분의 사람이 코카콜라나 펩시를 달라는 말로 이해하는 것이다.

세븐업은 큰 그림을 보는 안목을 통해 성공적인 '비非콜라' 캠페인을 개발할 수 있었다.

오늘날 대부분의 제품은 '비콜라' 캠페인을 전개하기 전의 세븐업과 같은 상태에 있다. 대부분의 잠재 고객 마인드에 미약한 포지션을 갖고 있거나 아예 갖고 있지 못한 것이다.

따라서 당신이 해야 할 일은 우선 자신의 상품이나 서비스, 콘셉트 등을 잠재 고객 마인드에 이미 존재하고 있는 사실에 연계할 방법을 찾는 것이다.

2. 당신은 어떠한 포지션을 갖고 싶은가?

이제 당신의 수정 구슬을 꺼내 놓고 장기적인 관점에서 소유해야 할 최상의 포지션이 무엇인지를 발견해야 한다. 여기서는 '소유한다'는 말이 핵심이다. 커뮤니케이션 프로그램들은 어떤 포지션을 소유하기 위해 실행하는 것이다. 그러나 오늘날 너무나 많은 프로그램이 다른 누군가가 이미 선점하고 있어서 소유 불가능한 포지션을 확보하겠다고 나서고 있다.

포드는 에드셀을 포지셔닝 하는 데 실패했다. 한 가지 이유는, 당시 자동차 구매자들의 마인드에 크롬을 두껍게 도금한 중저가 자동차가 또다시 들어설 자리가 없었기 때문이다.

이와는 달리 리처드슨 메릴Richardson Merrill은 콘택과 드리스턴이 점유하고 있던 감기약 시장에서 포지션을 확립하려고 할 때, 현명하게도 기존 제품들과의 정면충돌을 피했다. 두 제품이 낮 시간을 놓고 싸우도록 놔둔 채, 리처드슨 메릴은 '야간 감기약' 포지션을 선점하기로 결정하고 나이퀼을 출시한 것이다.

그 결과 나이퀼은 리처드슨 메릴이 근래에 출시한 신제품 중에서 가장 큰 성공을 거두었다.

때로는 너무 많은 것을 원하는 경우도 있다. 지나치게 광범위한 포지션을 소유하길 원하는 경우가 그러하다. 하지만 광범위한 포지션은 잠재 고객의 마인드에 좀처럼 구축되지 않는다. 설령 그러한 포지션을 구축했다 하더라도 나이퀼처럼 전문화한 제품이 공격을 가하면 쉽게 무너지고 만다.

모두에게 호소하려는 함정이 바로 이런 것이다. 라인골드Rheingold 맥주의 그 유명한 캠페인도 여기에 속한다. 라인골드는 뉴욕시의 근로자 계층을 선점하기를 원했다(이 계층에 맥주를 많이 마시는 사람이 다수임을 고려할 때 목표는 잘 잡은 셈이다).

그래서 그들은 라인골드 맥주를 마시는 이탈리아인, 라인골드를 마시는 흑인, 라인골드를 마시는 아일랜드인, 라인골드를 마시는 유태인 등을 주제로 몇 개의 훌륭한 광고를 선보였다.

모두에게 호소하고자 했던 라인골드의 시도는 결국 어느 누구에게도 호소하지 못한 채 끝나고 말았다. 이유는 간단했다. 선입관은 모든 사람이 기본적으로 갖고 있는 성질이다. 어느 한 인종이 라인골드를 마신다고 해서 그것이 다른 인종에게도 영향을 끼칠 수는 없었던 것이다.

라인골드는 이 캠페인 덕에 뉴욕의 모든 인종으로부터 외면을 당하는 신세가 되었다.

라인골드가 비틀거리고 있는 동안 F&M 셰이퍼 양조사는 "한 잔 이상 마실 때 꼭 맞는 맥주"라는 캠페인을 통해 셰이퍼 맥주를 맥주 애음가들을 위한 맥주로 포지셔닝 하는 데 성공했다. 맥주 애음가 포지션이 비어 있음을 깨닫고 재빨리 움직여서 그것을 선점했던 것이다.

자기 자신의 경력에서도 같은 실수가 되풀이되기 쉽다. 모두에게 호소하려고 하면 아무것도 되지 못한다. 자신의 전문 분야에 초점을 맞추는 것이 현명한 처사다. 여러 가지를 할 수 있는 팔방미인이 아니라 전문가로서 독특한 포지션을 확립하는 것이 훨씬 더 낫다.

오늘날의 노동 시장은 스스로를 전문가로 정의하고 포지셔닝 하는 사람들의 것이다.

3. 누구를 이겨 내야 하는가?

만일 자신이 제안한 포지셔닝 방식이 시장의 리더와 정면충돌을 요구한다면 곧 포기하는 것이 옳다. 포지셔닝에서는 장애물을 넘기보다는 피해서 가는 것이 현명하다. 일단 물러서서 자세를 가다듬은 다음에 아무도 확고하게 장악하고 있지 않은 다른 포지션을 찾도록 애써야 한다.

당신은 어떤 상황을 자기 입장에서 생각하는 것만큼이나 경쟁자의 관점에서 생각하는 시간도 충분히 가져야 한다.

미식축구는 상대편을 고려하지 않은 채 자기 자신의 관점에서만 생각하면 아주 쉬운 게임이다. 6점을 올리고 싶으면 공을 골라인 밖으로 가져가기만 하면 된다.

미식축구를 어렵게 만드는 것은 득점의 문제(포지션을 정의하는 문제)가 아니다. 미식축구를 어렵게 만드는 것은 당신과 골라인 사이에 버티고 서 있는 열한 명의 수비수들(포지션을 확립하는 문제)이다.

어떤 식으로 경쟁자와 맞붙느냐 또한 대부분의 시장 상황에서 중요한 문제에 속한다.

4. 자금은 충분한가?

포지셔닝의 성공에 큰 장애가 되는 요소 하나는 불가능을 달성하려는 시도다. 고객 마인드의 일부를 점유하려면 돈이 든다. 포지션을 확립하기 위해서도 돈이 든다. 포지션을 확립한 뒤에 그것을 유지하는 데에도 돈이 필요하다.

오늘날의 소음 수준은 불쾌할 정도로 높다. 무수한 모방형 상품과 수많은 모방형 기업이 잠재 고객의 주목을 끌고자 치열한 경쟁을 벌이고 있기 때문이다. 주목을 끄는 일이 점점 더 어려워지고 있는 상황인 셈이다.

사람들은 연평균 약 20만 회에 달하는 광고 메시지를 접한다. 30초 광고에 24만 3천 달러를 내는 슈퍼볼 광고도 이 20만 회 가운데 하나에 불과한 셈이니, 오늘날의 광고주들이 얼마나 불리한 확률로 승부를 걸고 있는지 짐작할 수 있을 것이다.

프록터 앤드 갬블 같은 기업이 무서운 경쟁 상대가 되는 것도 이 때문이다. 이러한 회사는 신제품을 낼 때 우선 테이블 위에 2천만 달러 정도를 쌓아 둔다. 그러고는 경쟁자들을 죽 둘러보면서 말한다. '자, 얼마들 걸 거야?'

만약 높은 소음 수준을 극복할 만큼 충분한 돈을 쓰지 않으면 업계마다 있기 마련인 '프록터 앤드 갬블' 부류들이 당신의 콘셉트를 빼앗아 가는 것은 시간문제다. 이러한 소음 수준 문제에 대처하는 한 가지 방법은 당신이 활동하는 지리적 범위를 좁히는 것이다. 신제품이나 새로운 아이디어를 전국적 혹은 국제적으로 소개하려 하지 말고 시장 단위로 도입해 판매하는 것이다.

한정된 자금을 몇 개의 도시에 나누어 모자라게 쓰는 것보다는 한 도시에 집중해서 충분히 쓰는 게 훨씬 더 나은 방식이다. 한 지역에서 성공을 하면 언제든 해당 프로그램을 다른 지역으로 확대할 수 있지 않은가. 최초의 지역 선정이 적절해야 함은 물론이다.

예컨대, 뉴욕에서 1위의 스카치가 되었다면 그 스카치를 미국 전역으로 확대해도 좋다(뉴욕은 미국 전역에서 스카치를 가장 많이 마시는 곳이다).

5. 얼마나 참고 견딜 수 있는가?

우리의 커뮤니케이션 과잉 사회는 끊임없는 변화에 따른 혹독한 시련을 겪고 있다. 어리둥절해질 정도로 빠르게 아이디어가 아이디어를 대체하고 있다.

이러한 변화에 대응하려면 장기적인 안목을 갖는 것이 중요하다. 기본적인 포지션을 결정하고 나면 그것을 계속 고수해야 한다.

포지셔닝은 점진적으로 누적되는 성질을 가진 콘셉트다. 광고의 장기적 성질을 이용하는 콘셉트인 셈이다.

몇 년이고 매달려야 한다. 성공한 대부분의 기업은 절대로 승리를 얻은 공식을 바꾸지 않는다. 말을 탄 남자가 저녁노을 속으로 사라지는 말보로의 광고는 벌써 몇 년째 계속되는지 모를 정도다. 크레스트가 벌이는 충치와의 싸움도 세대가 바뀌어 다음 세대 어린이들이 애용자가 되었을 정도다. 급속한 변화의 세계에서 기업은 전보다 더 전략적인 사고를 하지 않으면 안 된다.

어느 정도 예외는 있겠지만, 기업은 기본적 포지셔닝 전략을 가능한 한 바꾸지 말아야 한다. 장기적인 전략을 구현하는 데 필요한 단기적 전술 변경일 뿐이어야 한다.

방법은 기본 전략을 채택하고 그것을 개선해 나가는 것이다. 그것을 극적으로 표현할 수 있는 새로운 방법들을 찾아내고, 그것의 진부함을 피할 새로운 방법들을 찾아내는 것이다. 즉, 햄버거에 질린 로널드 맥도날드라도 결국은 햄버거를 먹게 만들 만한 새로운 방법들을 찾는 것이다.

잠재 고객의 마인드에 포지션을 차지하는 것은 값진 부동산을 소유하는 것과 같다. 한번 수중에서 잃어버리면 그것을 다시 얻기란 불가능에 가깝다.

라인 확장의 함정이 그 좋은 예다. 라인 확장을 통해 실제로 야기하는 일은 기본 포지션을 약화하는 것뿐이다. 일단 기본 포지션을 잃으면 어느 기업이든 닻을 잃고 표류하는 배와 같은 신세가 된다.

리바이스는 캐주얼웨어 분야로 라인을 확장하는 동안 청바지 부문의 기본 포지션을 '디자이너 상표' 청바지들에게 빼앗겼다.

6. 광고는 원하는 포지션에 어울리는가?

창조적인 사람들은 포지셔닝 사고에 저항하는 경우가 많다. 포지셔닝 사고가 자신들의 창의성을 제한한다고 믿기 때문이다.

사실 맞는 말이다. 포지셔닝 사고는 확실히 창의성을 제한한다.

커뮤니케이션 프로그램의 가장 큰 비극 가운데 하나는 단계별로 도표와 그래프를 그려 가며 신중하게 준비한 전략이 종종 실행 단계에서 '창조적인 사람들'의 손으로 넘어간다는 점이다. 그들은 계획안을 받자마자 한껏 솜씨를 발휘해 이런저런 기술을 적용하는데, 그러다 보면 전략은 기술의 구름 속으로 사라져서 다시는 알아볼 수 없게 된다.

이렇게 창의성을 적용한 광고를 만드는 데 수천 달러를 들이는 것보다는 차라리 전략을 써넣은 플립 차트를 만들어 광고에 내보내는 편이 훨씬 더 낫다.

"에이비스는 렌터카업계에서 2위에 불과합니다. 그런데 고객은 어째서 우리를 이용할까요? 우리가 더 열심히 일하기 때문입니다."

이것은 광고라기보다는 마케팅 전략을 설명하는 프레젠테이션처럼 들린다. 실제로는 둘 다라고 해야 옳다.

당신의 광고는 당신의 포지션에 어울리는가? 예컨대 당신이 입고 있는 옷은 당신이 은행가인지, 변호사인지, 혹은 예술가인지를 말해 주는가?

자신의 포지션을 손상하는 너무 창조적인 옷을 입고 있는 것은 아닌가?

창의성 자체만으로는 아무런 가치가 없다. 그것은 오직 포지셔닝의 목적에 부합하여 발휘될 때에만 가치가 있는 것이다.

외부인의 역할

때로 이런 의문이 생긴다. 포지셔닝은 자신이 직접 하는 것이 좋을까, 아니면 누군가를 고용해 시키는 것이 좋을까?

여기서의 누군가는 물론 광고 에이전시를 가리킨다. 광고 에이전시? 그 매디슨 애비뉴 광고업자들의 도움을 과연 누가 필요로 한단 말인가?

실은 모두가 필요로 한다. 다만 돈이 아주 많아야 광고 에이전시를 이용할 수 있을 따름이다. 돈이 충분하지 않은 경우라면 자신이 직접 포지셔닝 하는 방법을 배우지 않으면 안 된다. 외부인에게서 얻을 수밖에 없는 귀중한 재료들을 스스로 적절히 적용하는 방법을 배워야 하는 것이다.

그렇다면 외부인은 무엇을 제공하는가? 무지라는 재료, 즉 객관성을 제공한다.

외부인은 기업의 내부 사정을 잘 모르기 때문에 외부에서 일어나는 일들을 더 제대로 볼 수 있다. 잠재 고객의 마인드에서 일어나고 있는 일들 말이다.

내부인은 안에서 밖을 보는 사고방식에 익숙하지만, 외부인은 당연히 밖에서 안을 보며 사고하는 습성을 갖는다.

객관성은 광고·마케팅 커뮤니케이션 에이전시, 혹은 PR 회사가 공급하는 중요한 요소다.

외부인으로부터 얻을 수 없는 것

한마디로 말해서 마법이다. 어떤 기업가들은 광고 에이전시의 역할을, 요술 지팡이로 소비자들을 몰고 나와 상품을 사도록 만드는 데 있다고 믿는다.

그 요술 지팡이는 물론 '창의성'이라 불리는 것으로, 광고 초심자들이 중요시하는 필수품이다.

일반적으로 사람들은 광고 에이전시가 '창조 행위를 한다'고 생각한다. 또 우수한 광고 에이전시는 '창의성'으로 가득 차 있어서 언제든 자유자재로 광고 문제를 해결하는 데 그 창의성을 응용한다고 생각한다.

너무나도 창조적이어서 짚으로 금실을 짤 수 있다는 얘기를 들어 본 적이 있는가? 광고계에서 아주 창조적이라고 알려졌던 어느 광고 에이전시와 관련해 전해지는 얘기다.

회사명도 아주 창조적이었기 때문에 혹시 여러분도 들은 적이 있을지 모른다. 바로 주식회사 럼플스틸트스킨Rumplestiltskin이다.

이런 전설은 아직도 살아 있다. 오늘날까지도 광고 에이전시의 창의성이라면 짚으로 금실을 짤 수도 있다고 생각하는 사람들이 실제로 있다.

그러나 그렇지 않다. 광고 에이전시는 짚으로 금실을 짤 수 없다. 만약 그럴 수 있다면 짚으로 금을 방직하는 사업에 종사하지 누가 광고 사업을 하겠는가.

우리가 틀렸다. 창의성은 죽지 않았다. 그것이 여전히 매디슨 애비뉴에서 유행하기에 하는 말이다. 모든 사람이 '포지셔닝'이라는 말을 쓰고는 있지만, 과연 그 진정한 의미를 제대로 아는 광고 종사자가 얼마나 될지 궁금하다.

오늘날 창의성은 죽었다. 매디슨 애비뉴에서 벌어지고 있는 게임의 이름은 포지셔닝이다.

22 올바른 포지셔닝 게임

어떤 사람들은 포지셔닝 게임이 너무 어렵다고 생각한다. 대개 단어에 너무 집착하기 때문이다.

그들은 단어에 의미가 있다고 잘못 생각한다. 웹스터 사전에 삶을 지배당하는 셈이다.

단어의 역할을 이해하라

지난 수십 년간 의미론학자들이 주장해 왔듯이, 단어에는 의미가 없다. 의미는 단어를 쓰는 사람에게 있다.

누군가가 그 안에 설탕을 담기 전에는 비어 있는 설탕 단지와 마찬가지로, 단어는 누군가가 그것을 사용하고 의미를 부여하기 전에는 무의미하다.

또한 구멍 뚫린 설탕 단지에 설탕을 넣어 봐야 소용이 없듯이, 구멍 뚫린 단어에 의미를 부여하는 것도 부질없는 짓이다. 구멍 뚫린 단어는 버리고 다른 단어를 쓰는 편이 훨씬 더 낫다.

'폭스바겐'이라는 단어에 고급 중형차라는 콘셉트를 넣으면 구멍 난 단지에 부은 설탕처럼 질질 새고 만다. 그래서 낡은 설탕 단지는 한쪽에 밀쳐 두고 새로운 콘셉트에 걸맞은 '아우디'를 채택하는 것이다. 폭스바겐 공장에서 만드니까 폭스바겐을 붙여야 한다고 주장할 생각은 하지 않기를 바란다. 경직된 사고는 포지셔닝의 성공에 방해가 될 뿐이다.

오늘날 포지셔닝에 성공하려면 정신적 사고에 광범위한 융통성을 도입해야 한다. 사전, 역사책 등에 구애받는 일 없이 단어를 선별하고 사용할 수 있어야 한다.

관습적으로 수용되는 의미는 중요하지 않다는 얘기가 아니다. 정반대로, 자신이 확립하고 싶은 의미를 유발하는 단어를 고를 수 있어야 한다.

당신이라면 폴란드를 어떻게 포지셔닝 하겠는가?

폴란드 사람들을 조롱하는 너무나 많은 폴란드 농담이 이미 폴란드라는 설탕 단지를 오염한 상태다. 따라서 당신은 먼저 비스와강과 오데르강이 흐르는 그 아름다운 나라의 이름을 바꿔야 한다. 바르샤바와 슈체친이 있는 나라의 이름을 말이다.

하지만 이게 윤리적으로 옳은 일일까? 아무리 이름을 바꿔도 그 나라는 폴란드다. 그렇지 않은가? 단어 자체에는 의미가 없다는 것을 기억해 주기 바란다. 의미를 담아 채우기 전에는 빈 그릇에 불과하다. 상품, 사람, 국가 등을 재포지셔닝 하려면 때로는 그릇을 먼저 바꾸지 않으면 안 된다.

어떤 의미에서는 모든 제품이나 서비스가 '포장된 상품'이다. 만약 상자로 팔리지 않으면 이름으로 포장해서 팔아야 한다.

단어가 사람에게 주는 영향을 알아야 한다

단어는 방아쇠와 같다. 그것은 마인드에 묻힌 의미를 유발하는 역할을 한다.

누구나 이를 충분히 이해한다면, 제품명을 바꾸거나 자동차에 머스탱(야생마)과 같은 정서적인 단어를 붙인다고 해서 이득을 얻을 일도 없을 것이다.

그런데 대부분의 사람은 이러한 단어의 역할을 잘 이해하지 못한다. 사실 정상에서 약간 벗어나 있다. 완전히 이성적이지도 않고 그렇다고 완전히 미친 것도 아닌 중간쯤에 위치한다고 볼 수 있다.

정상적인 사람과 미친 사람의 차이점은 무엇일까? 정신 이상자들은 정확히 어떤 행동 양식을 보이기에 미쳤다고 할까? 일반 의미론의 개념을 발전시킨 알프레드 코지브스키Alfred Korzybski의 설명에 따르면, 정신 이상자란 현실 세계를 자기 머릿속에 있는 세계에 맞추려는 사람이다.

스스로 나폴레옹이라고 생각하는 정신 이상자는 외부 세계를 자신의 망상에 맞추려고 애쓴다.

반면에 정상적인 사람은 지속적으로 현실 세계를 분석하고, 그렇게 습득한 사실에 맞추기 위해 자신의 머릿속에 있는 것을 바꿔 나간다.

이 과정은 사실 대부분의 사람에게 매우 귀찮은 일이다. 게다가 사실에 맞추기 위해 끊임없이 자신의 의견을 바꾸고 싶어 하는 사람이 과연 몇이나 될까?

사실을 자신의 의견에 맞게 바꾸는 것이 훨씬 쉬운 일이다.

그래서 정상에서 약간은 벗어날 수밖에 없는 우리는 먼저 자신의 마음을 결정한 다음에 그 의견을 '입증할' 사실을 찾아낸다. 또는 가까운 '전문가'의 의견을 그대로 받아들이고는 사실에 신경 쓰지 않는다(이 경우가 더 일반적이다).

그렇기 때문에 심리적으로 적합한 이름은 위력을 발휘한다.

마인드가 현실 세계를 이름에 적합하게 맞춘다는 의미다. 같은 차라도 '거북이'라는 이름보다는 '야생마'라는 이름이 훨씬 더 빠르고 세련되며 역동적으로 느껴지는 것이다.

언어는 마인드의 통용 화폐와 같다. 관념적으로 생각하려면 단어를 조작하고 조종할 필요가 있다. 이때 적절한 단어를 선택하면 사고 과정 자체에도 영향을 줄 수 있다.(마인드가 추상적인 생각이 아니라 '언어로' 사고한다는 증거는 언어가 학습되는 과정에서 수없이 입증된다. 예컨대 영어에 능숙하려면 영어로 생각하는 습관이 몸에 배어야 한다.)

그러나 여기에도 한계는 있다. 만약 단어가 현실에서 너무 동떨어져 있으면 마인드는 그 단어의 사용을 거부한다. 모두 '소형'이라고 생각하는 치약 튜브에 '대형'이라고 써 붙여 보라. 또한 모두가 '대형'이라고 생각하는 튜브에 '소형'이라고 써 붙여 보라. 표기 그대로 받아들일 소비자는 거의 없다.

중화인민공화국을 흔히 '레드 차이나Red China'라고 부른다. 누구도 이 나라를 '인민의 공화국'으로 믿지 않기 때문이다(중국 내부에서는 중화인민공화국이라는 호칭이 의심할 여지없이 효과적인 이름이다).

변화에 신중하라

많은 것이 바뀐다 하더라도 사실 본질까지 변화하는 것은 거의 없다. 그럼에도 오늘날 사람들은 변화라는 환상에 사로잡혀 있다. 세상이 날마다 더 빠르게 변화하는 것처럼 보이는 까닭이 여기에 있다.

몇 년 전만 해도 일단 히트 상품만 되면 적어도 50년 정도는 장수하는 것이 보통이었다. 그러나 요즘은 그러한 상품의 수명이 훨씬 짧아졌다. 심지어 연 단위가 아닌 월 단위로 끝나는 히트 상품도 있다.

신제품과 새로운 서비스, 새로운 시장은 물론 새로운 미디어까지 끊임없이 생겨나고 있다. 그리하여 성숙 단계에 이르면 곧 망각의 피안으로 사라져 버리고 다시 새로운 사이클이 시작되는 것이다.

지난날 차림새를 중시한 신사는 매주 이발을 했다. 그러나 오늘날 그렇게 매주 머리에 신경 쓸 정도로 한가한 신사는 없다.

지난날 대중에게 다가가는 주요 수단은 대중 잡지였다. 그러나 오늘날 그것은 네트워크 텔레비전으로 대체되었고, 미래에는 케이블 텔레비전이 될 것으로 예상된다. 오늘날 유일하게 영구적일 것으로 보이는 것은 변화뿐이다. 변화무쌍한 삶은 더욱 빠르게 돌아가고 새로운 유형들은 쉴 새 없이 나타났다가 사라진다.

많은 기업에게 변화는 이제 생활 방식이 되어 버렸다. 그러나 과연 변화에 보조를 맞추는 방법이 변화밖에 없을까? 사실은 그렇지 않다는 것이 입증되고 있다.

주위를 둘러보라. 많은 기업이 변화에 보조를 맞추기 위해 서둘러 시도했다가 내팽개쳐 버린 프로젝트의 잔해가 얼마나 많이 널려 있는가. 싱어는 가정용 전기 기구의 붐을 타려는 시도를 했다. RCA는 컴퓨터 붐에 뛰어들었다. 제너럴 푸드는 패스트푸드업계의 붐에 편승하려 했다. 이니셜 기업명이라는 한때의 유행을 좇아 기업 아이덴티티를 무작정 버렸던 수많은 기업은 말할 필요도 없다.

그러나 가장 잘하는 분야에 버티고 앉아 그에 걸맞은 프로그램을 전개해 온 기업들은 모두 큰 성공을 거두었다. 이에 해당하는 대표적 기업으로는 믿을 만한 가전제품을 생산하고 판매하는 데 주력해온 메이택Maytag, 환상과 재미를 상품화하는 데 주력해 온 월트 디즈니, 방문 판매를 버리지 않은 에이본Avon 등이 있다.

비전이 필요하다

변화는 시간의 바다에 출렁이는 파도와 같다. 파도는 단기적으로 동요와 혼란을 일으키지만, 장기적으로는 파도 밑의 흐름이 더 중요하다. 따라서 변화에 대처하려면 장기적인 안목을 갖춰야 한다. 기본적인 사업 방향을 결정하고 고수해야 하는 것이다.

대기업이 방향을 바꾸는 것은 항공 모함이 방향을 바꾸는 것과 같다. 실제로 방향 전환이 이루어지는 것은 1킬로미터나 더 나아간 다음이다. 만일 그 방향 전환이 잘못된 것으로 드러나 제자리로 돌려놓으려면 전보다 더 오랜 시간, 더 먼 거리를 가야 한다.

회사는 포지셔닝 게임에 성공하려면 다음 달이나 내년에 할 일이 아니라 5년이나 10년 후에 할 일을 생각하고 의사 결정을 내려야 한다. 다시 말해서 기업은 눈앞에 밀려오는 파도 하나하나를 헤치는 데 급급해 뱃머리를 돌려서는 안 된다. 보다 먼 장래를 위해 올바른 방향으로 뱃머리를 계속 유지해야 한다.

그래서 비전을 가져야 한다. 너무 협소한 기술을 바탕으로 포지션을 정립하는 일은 무의미하다. 점점 진부해지고 있는 제품이나 결합투성이인 기업명을 바탕으로 포지션을 구축하는 것도 마찬가지다.

무엇보다도 먼저 효과가 있는 것과 없는 것을 구별하는 안목을 키워야 한다. 쉬운 일처럼 들리지만 결코 쉬운 일이 아니다. 밀물 때에는 무엇이든 효과 있는 것처럼 보이지만, 썰물 때에는 모든 것이 효과 없는 것처럼 보이기 때문이다.

또한 자기 자신의 노력과 경제의 전반적 동향을 구별하는 법도 배워야 한다. 오늘날 마케팅 전문가 중에는 요행의 덕을 톡톡히 본 사람이 많다. 방심해서는 안 된다. 오늘 잘 나가는 마케팅 천재도 내일은 생활 보호 대상자가 될지 모른다.

끈기 있게 버텨야 한다. 오늘 올바른 결정을 내린 사람에게 내일의 태양이 빛날 것이다.

일단 스스로를 바른 방향으로 포지셔닝 하고 나면, 기업은 얼마든지 변화의 조류를 타고 다가오는 기회를 활용할 수 있게 된다. 한 가지 주의할 점은, 기회가 다가오면 신속하게 움직여야 한다는 것이다.

용기가 필요하다

시장을 지배하는 포지션은 어떻게 확립되었을까? 그 역사를 살펴보면 초콜릿의 허쉬에서 렌터카의 허츠에 이르기까지 공통된 실마리가 있다. 그것은 마케팅 기교도 아니며, 혁신적인 제품도 아니다. 바로 경쟁 상대가 발판을 굳히기 전에 주도권을 잡는 것이다. 구시대 군대 용어로 표현하자면, 시장의 리더들은 '최대 화력을 동원해 가장 먼저 고지에 도달한' 기업들이다. 즉, 리더들은 대부분 정세가 아직 유동적일 때 마케팅에 많은 돈을 쏟아부은 기업들이다.

예를 들어, 허쉬는 초콜릿 업계에서 매우 강력한 포지션을 확립한 이후 한때 광고의 필요성을 느끼지 않았다. 이러한 자신감은 마즈Mars와 같은 2위 경쟁자들로서는 꿈도 꿀 수 없는 사치였다('사치'라는 표현에 주의하길 바란다).

물론 허쉬는 일정 시간이 흐른 후 광고를 재개했다. 그러나 때는 이미 너무 늦었다. 오늘날 허쉬 밀크 초콜릿 바는 초콜릿 영역에서 가장 잘 팔리는 상품이 아님은 물론 5위 안에도 들지 못한다.

우리는 여기서 한 가지 교훈을 배울 수 있다. 업계 리더의 확립은 행운과 타이밍뿐이 아니라, 타사가 물러앉아 자만하고 있을 때 과감하게 자금을 쏟아붓는 배짱에 의해서도 좌우될 수 있다는 사실이다.

객관성이 필요하다

포지셔닝 시대에서 성공하려면 철저하게 솔직해야 한다. 의

사 결정 과정에서부터 모든 자아와 아욕을 배제하기 위해 힘써야 한다. 자아와 아욕은 현안을 흐릴 뿐이다.

포지셔닝에서 가장 중요한 것은 제품을 객관적으로 평가하고, 그것이 잠재 고객이나 소비자에게 어떻게 받아들여지고 있는지를 파악하는 능력이다.

농구에서는 바스켓을 걸어 매는 백보드가 필수 불가결한 요소다. 마찬가지로 포지셔닝에서는 자신의 아이디어를 받아서 바운드해 줄 누군가를 필요로 한다.

자신의 문제를 해결할 수 있는 간단한 아이디어를 얻었다고 생각하는 순간, 대개는 다른 무엇인가를 잃는다.

그것은 다름 아닌 객관성이다. 당신이 생각해 낸 아이디어는 반드시 다른 누군가의 신선한 눈으로 다시 평가받아야 한다. 그리고 그 사람의 평가를 당신이 또 재평가해 봐야 한다.

포지셔닝은 탁구와 마찬가지로 둘이 하는 것이 가장 좋은 게임이다. 이 책을 둘이 쓴 것도 결코 우연이 아니다. '주고받는' 환경 속에서만 아이디어는 완벽하게 다듬어질 수 있는 셈이다.

단순성이 필요하다

오늘날 효과가 있는 것은 명백한 아이디어뿐이다. 커뮤니케이션 홍수 속에서 명백한 것 외에는 성공할 수 없다.

그러나 명백한 것이 항상 명백하게 드러나는 것은 아니다. '보스' 케터링Charles F. Kettering(1876~1958. 미국의 발명가-역주)은

데이튼 연구소 벽에 다음과 같은 표어를 붙였다. “문제는 해결되고 나면 간단한 것이다.”

그렇다면 오늘날 효과가 있는 단순한 아이디어란 어떤 것일까? 이해를 돕기 위해 몇 가지 예를 들겠다.

“캘리포니아 건포도, 자연의 캔디.”

“알맞은 물기에 고기가 많이 들어 있는 게인스버거, 통에 들어 있지 않은 개밥 통조림.”

“버블 염은 버블 껌의 넘버 염!”

이런 것들이 오늘날 효과가 있는 단순한 아이디어다. 직설적으로 제시한 간단한 단어로 단순하고 명백한 콘셉트를 전하는 것이다.

우리 주변에서는 문제의 해결책이 너무도 간단해서 간과해 버리는 경우를 종종 볼 수 있다. 그러나 의심의 눈으로 봐야 할 것은 오히려 기교적이고 복잡한 아이디어들이다. 단순하지 않다는 이유만으로 효과가 없을 수 있기 때문이다.

과학의 역사는 복잡한 문제에서 단순한 해결법을 찾았던 케터링과 같은 사람들의 역사인 셈이다.

어느 광고 에이전시의 사장은 고객 담당 임원진에게 모든 광고의 레이아웃 뒷면에 반드시 마케팅 전략을 붙여 두도록 엄명했다.

그렇게 하면 광고주가 해당 광고의 목적을 물어 올 때 담당자가 간단히 레이아웃의 뒷면을 보고 답변할 수 있지 않겠냐는 의도였다.

그러나 광고는 그 자체가 전략이라고 해도 좋을 만큼 단순해야 한다.

그 광고 에이전시는 실수한 것이다. 뒷면이 아닌 앞면에 치중했어야 했다.

교묘함이 필요하다

포지셔닝 게임의 초심자들은 종종 이렇게 말한다. "이 얼마나 간단한가. 자신의 것이라고 말할 수 있는 포지션을 찾아내기만 하면 되니 말이야."

물론 간단하다. 그러나 쉽지는 않다.

효과적이면서도 비어 있는 포지션을 찾아내야 하기 때문에 어려운 것이다. 예컨대, 정치에서는 누구든 극우(보수적 포지션)나 극좌(사회주의적 포지션) 포지션은 쉽게 확립할 수 있다. 그런 자리는 보통 비어 있기 때문이다.

그러나 그런 포지션으로 선거에 임해서 과연 승리할 수 있을지는 의문스럽다.

스펙트럼의 중간에 가까우면서도 비어 있는 지점을 찾아내야 한다는 의미다. 진보 진영에서 약간 보수적인 입장을 취하거나, 보수 진영에서 약간 진보적인 태도를 취하지 않으면 안 되는 것이다.

이런 일은 상당한 자제와 교묘함을 요구한다. 사업과 인생에서 큰 성공을 거둔 사람들은 모두 스펙트럼의 중심 근처에서 빈

포지션을 찾아낸 사람들이다. 가장자리는 안 된다.

때로는 포지셔닝에 성공하고도 판매에서 실패하는 경우가 있다. 이를 '롤스로이스 사고방식'이라고도 부른다.

'우리 회사는 이 분야의 롤스로이스입니다'라는 주장이 흔히 통하는 게 요즈음 상황이다.

그러나 롤스로이스가 해마다 미국에서 몇 대나 팔리고 있는지 알고 있는가?

정말 적다. 대략 몇천 대에 불과하다. 이에 비해 캐딜락은 50만 대나 팔린다. (오늘날 영국에서는 아랍어로 된 롤스로이스 광고도 볼 수 있다. 충격이 아닐 수 없다. 그러나 롤스로이스의 경우 대당 가격이 보통 6만 달러 이상이니 시장이 협소할 수밖에 없다.)

캐딜락이나 롤스로이스나 모두 콘셉트는 호화 승용차다. 그러나 둘 사이에는 엄청난 차이가 있다. 일반 자동차 구매자에게 롤스로이스는 그림의 떡인 셈이다.

하지만 캐딜락은 미켈롭과 같은 여타의 고가품과 마찬가지로 그림의 떡이 아니다. 큰맘 먹으면 손을 뻗어 볼 수도 있는 고가품이다. 성공적인 포지션 설정의 비결은 독특한 포지션과 광범위한 호소 대상이라는 두 가지 상반된 요소 사이에서 균형을 취하는 데 있다.

인내가 필요하다

신제품을 전국적인 규모로 발매할 수 있는 기업은 흔치 않다.

대부분의 회사는 자사의 브랜드가 성공할 만한 장소를 찾아 자리를 잡은 다음, 그곳에서부터 다른 시장으로 확대해 나간다.

지리적으로 확대해 나가는 것이 하나의 방법이다. 한 시장에서 기반을 굳히고, 이어서 동에서 서로, 또는 그 반대 방향으로 진출하는 것이다.

인구 통계학적인 확장 방법도 있다. 필립 모리스의 말보로 담배는 전국적인 톱 브랜드로 성장하기 전에 먼저 대학생 사이에서 1위를 차지했다.

소비자의 연령층을 넓혀 나가는 방법도 있다. 특정 연령층에서 브랜드를 확립한 다음에 다른 연령층으로 확대하는 방법이다. 펩시콜라는 젊은이 사이에 '펩시 세대'를 형성해서 제품을 정착시킨 후 대상을 확대하며 매출을 늘려 나갔다.

유통 경로 확대도 매출 확대의 기술이 된다. 웰라Wella는 헤어 케어 제품을 먼저 미용실에서 판매해 브랜드를 인지시킨 다음에 약국, 슈퍼마켓 등으로 판매 경로를 확대했다.

세계적 안목이 필요하다

세계적 사고의 중요성도 놓쳐서는 안 된다. 톰, 딕, 해리 등만 주시하는 기업은 피에르, 한스, 요시오 등을 놓치게 된다.

마케팅은 급속도로 세계적인 게임이 되고 있다. 한 나라에서 포지션을 확보한 기업들이 그 포지션을 활용해 다른 나라로 진출을 꾀하는 일이 늘고 있다. IBM은 독일 컴퓨터 시장의 약 60퍼센트를 차지하고 있다. 놀랄 일이 아니다. 사실 IBM은 이익의 반 이상을 해외 시장에서 벌어들이고 있다.

세계를 상대로 뛰기 시작한 기업 중에는 세계 시장에 발을 들이자마자 기업명이 걸림돌로 작용한다는 사실을 발견하고 당황하는 경우도 있다.

전형적인 예가 U.S. 러버다. 이 회사는 세계 시장에 고무 제품 이외에도 많은 상품을 발매하기 시작하면서 기업명을 유니로열로 바꾸고 전 세계적으로 통용되는 새로운 기업 아이덴티티를 창출했다.

'고객' 지향이 될 필요가 있다

마케팅 종사자들은 '우리' 지향파와 '고객' 지향파, 이렇게 두 부류로 나뉜다.

'우리' 지향파는 새로운 콘셉트의 본질을 이해하는 데 어려움을 겪는다. 판매부장의 사무실에 상품을 포지셔닝 하는 게 아니라 고객의 마인드에 포지셔닝 하는 것이라는 콘셉트 말이다.

'우리' 지향파는 '자조·자립' 세미나 같은 행사에 떼 지어 몰려다닌다. 이들은 적절한 동기 부여만 있으면 무엇이든 가능하다고 확신한다.

'우리' 지향파는 역동적인 연사가 되기도 한다. '우리의 의지와 우리의 결단력, 우리의 노력, 우리의 탁월한 판매 인력, 우리의 충직한 대리점, 우리의 이것, 우리의 저것 등, 이런 것들을 토대로

우리는 성공할 수 있습니다.'

그럴지도 모르겠다. 그러나 상황을 보다 명료하게 보는 쪽은 대개 '고객' 지향파다. '고객' 지향파는 경쟁에 주의를 집중한다. '고객' 지향파는 마치 장군이 전장을 면밀히 살펴보듯 시장을 주의 깊게 살펴본다. 이들은 경쟁자의 약점을 찾아내어 이용하고, 경쟁자의 강점은 피한다.

'고객' 지향파는 특히 우수한 인력이 성공의 열쇠라는 환상을 빠르게 내던진다.

'우리는 최우수 인력을 보유하고 있소'라는 태도야말로 가장 큰 환상 가운데 하나일 것이다. 모든 군 장성이 익히 알고 있듯이, 각기 다른 군대에 속한 개별적인 병사들의 전투 능력상의 차이는 언제나 대단치 않게 드러난다. 어느 한쪽이 더 나은 훈련을 받고 더 나은 장비를 보유해서 전투의 우위를 점할 수는 있다. 그러나 많은 수의 병사가 관계되는 전투의 경우, 타고난 개인적 능력이 끼치는 영향력은 극히 미미하다.

기업의 경우도 마찬가지다. 만약 당신이 일 대 일로 볼 때 당신 회사의 직원들이 경쟁사의 직원들보다 우수하다고 믿는다면 당신은 무엇이든 믿을 가능성이 높다. 산타클로스도 믿고 이빨

1988년 우리는 '우리 대 고객' 콘셉트를 확대해 『일반인 마케팅*Bottom-Up Marketing*』이라는 책을 출간했다. 회사 내부에서 포지션을 찾아서는 안 된다. 고객 마인드에 효력을 발휘할 전술과 관련하여 회사 외부에서 포지션을 찾아야 한다. 그런 다음에 그 전술을 회사 내부로 들여와 그것을 충분히 활용할 수 있는 전략을 개발해야 한다.

요정 이야기도 믿을 것이다.

물론 개별적인 차이를 평준화하는 요인은 숫자다. 제한된 수의 지원자 중에 우수한 신입 사원 한 사람을 채용하는 것은 언제든 가능하지만, 그러한 인력을 1백 혹은 1천 명 단위로 확보하는 것은 전적으로 다른 문제다.

약간의 수학만 적용해 보아도 어떤 회사든 직원이 수백 명만 넘으면 평균적인 인력의 질이 경쟁사와 별 차이가 없음을 알 수 있다. (물론 경쟁사가 평균적으로 봉급을 더 많이 주는 경우에는 얘기가 달라질 수 있다. 그러나 이렇게 질을 높이려면 양을 희생해야 한다. 질을 위한 양의 희생, 이게 반드시 강점이 된다고 볼 수도 없다).

제너럴 모터스가 포드와 대결을 벌인다면, 그 성패가 관련 사원 개개인의 능력에 좌우될까? 분명 아닐 것이다.

그 성패는 어느 쪽이 더 나은 장군과 더 나은 전략을 보유하느냐에 따라 달라질 것이다. 그리고 당연히, 그 외의 여러 면에서 제너럴 모터스가 유리한 점을 상대적으로 많이 보유한 상태에서 벌이는 싸움이 될 것이다.

그렇다면 필요하지 않은 것은?

마케팅의 천재라는 명성은 필요 없다. 오히려 그것 때문에 치명상을 입을 수도 있다.

업계의 리더 자리를 차지한 메이커들은 종종 자사의 성공을 뛰어난 마케팅 기술 덕으로 생각하는 오류를 범한다. 그래서 그 마케팅 기술을 다른 제품과 다른 시장에도 활용할 수 있다고 생각한다.

컴퓨터에 뛰어들어 크게 좌절한 제록스가 바로 이러한 경우다.

마케팅 노하우의 메카로 알려진 IBM도 유사한 실수를 저질렀다. 현재까지 IBM의 보통 용지 복사기는 제록스의 아성에 아무런 흠집도 내지 못하고 있다. IBM의 칼날이 제록스의 옷깃을 살짝 스치기나 했는지 모르겠다.

포지셔닝의 규칙은 모든 형태의 상품에 적용된다. 포장 상품 분야를 예로 들어 보자. 브리스톨-마이어스는 팩트Fact라는 치약으로 크레스트에 도전했지만, 판촉비로 5백만 달러를 날리고 손을 들었다. 이어서 리졸브Resolve라는 브랜드로 알카셀처의 자리를 넘보다가 1천1백만 달러의 손해를 보았다. 또 디졸브Dissolve로 바이엘의 지위를 탈취하려다가 재정적인 두통만 악화되었을 뿐이다. 이들은 또한 데이트릴을 내세워 타이레놀에 공격을 가하기도 했다. 두통이 더 악화되었음은 물론이다.

'확고한 리더와는 정면 대결을 벌이지 말라.' 이는 우리의 주문呪文이 되었다. 1985년 우리는 이 콘셉트를 확대해 『마케팅 전쟁*Marketing Warfare*』이라는 책을 출간했다. 이 책은 지금도 베스트셀러 반열에 들어 있다.

이미 지위를 확보하고 있는 타사에 정면 대결을 하는 것은 일종의 자살 행위다. 그럼에도 많은 기업이 이런 시도를 벌인다. 그들은 엄연한 열세를 알고 있으면서도 어떻게든 계획을 도출해 앞으로 나아간다. 마케팅 전장에서는 이런 식의 무모한 돌진이 일상적으로 벌어지고 있다.

뻔한 결과를 앞에 놓고 말이다.

지구상에 있는 대부분의 기업은 업계에서 2위 이하에 포진해 있다. 그래서 어떤 일이 벌어질까?

리더십의 법칙은 가장 최초이자 가장 중요한 마케팅 법칙이다. 그러나 만약 당신이 리더가 아니라면 어떻게 해야 할까? 1993년 우리는 이에 대한 대답, 주요 사항 등을 한데 묶어 『마케팅 불변의 법칙 22가지 *The 22 Immutable Laws of Marketing*』라는 책을 출간했다. 핵심적인 답변 하나를 소개하면 다음과 같다. "만약 리더가 아니라면, 리더가 될 수 있는 영역을 새로 창출하라."

사람의 가슴속에는 영원히 솟아오르는 희망의 샘이 있는 모양이다. 2위 이하의 기업 대부분은 끊임없이 계획을 세워 선두 주자에게 공격을 가한다. IBM에 도전한 RCA처럼 말이다. 결과는 뻔하다. 재난만이 그들을 기다릴 뿐이다.

반복하건대, 포지셔닝의 규칙 제1조는 고객의 마인드를 차지하려는 싸움에서 이기려면 강력하고 확고한 포지션을 보유한 기업에게 정면 도전을 해서는 안 된다는 것이다. 피해서 가든지 비밀리에 하든지 어떤 방법을 선택해도 좋지만 정면 대결만큼은 피해야 한다.

리더는 이미 고지를 점령해서 잠재 고객의 마인드에 1위 포지션을 차지하고 있다. 상품 사다리의 맨 위 칸에 있는 것이다. 사다리를 오르려면 반드시 포지셔닝 규칙을 따라야 한다.

오늘날 우리의 커뮤니케이션 과잉 사회에서 벌어지고 있는 게임의 이름은 포지셔닝이다.

이 게임에서는 상대적으로 뛰어난 선수만 살아남을 수 있다.

지난 세월 동안 우리는 이 20년 된 책에 나오는 내용 가운데 중요한 사항들을 집중적으로 조명하는 수많은 글을 써서 발표했다. 끝으로 강조하고 싶은 것은 우리가 일관된 믿음을 견지해 왔다는 사실이다. 또한 우리는 그동안 우리를 믿지 않는 많은 사람을 접해 왔다. 그중 대표적인 인물이 하버드대학교의 마이클 포터Michael Porter다. 웃기는 것은 그런 그조차 본인의 경쟁 우위를 확보하기 위해 '포지셔닝'을 이용했다는 점이다.